本书系教育部人文社会科学研究基地重大项目“长江三角洲区域研发联盟构建与提升自主创新能力研究”(07JJD790133)研究成果

本书出版受国家社科基金重点项目“中国创新型都市圈发展的路径设计与规划导控研究”(编号：12AZD100)、东南大学2012年基本科研业务费基金(人文社科)重点研究领域定向项目“创新型都市圈的基本特征与发展机制研究”(编号：SKYD30120016)的资助

长三角区域研发联盟研究

张宗庆 著

东南大学出版社

·南京·

图书在版编目(CIP)数据

长三角区域研发联盟研究/张宗庆著.—南京:东南大学出版社,2013.10

ISBN 978-7-5641-4576-7

Ⅰ.①长… Ⅱ.①张… Ⅲ.①长江三角洲—区域经济合作—研究 Ⅳ.①F127.5

中国版本图书馆 CIP 数据核字(2013)第 241211 号

长三角区域研发联盟研究

出版发行:东南大学出版社
社　　址:南京市四牌楼 2 号　邮编:210096
出 版 人:江建中
网　　址:http://www.seupress.com
经　　销:全国各地新华书店
印　　刷:南京玉河印刷厂
开　　本:700mm×1000mm　1/16
印　　张:13
字　　数:277 千字
版　　次:2013 年 10 月第 1 版
印　　次:2013 年 10 月第 1 次印刷
书　　号:ISBN 978-7-5641-4576-7
定　　价:28.00 元

目　录

第1章　论区域研发联盟

从区域的角度研究研发联盟，是创新研究所面临的新课题。本章对区域研发联盟的外延与内涵、联盟的模式、联盟的方式与运行机制进行了初步探讨，并就区域研发联盟与自主创新能力的提升进行了研究。研究认为，联盟的构建有利于企业自主创新能力的提升，但联盟的模式必须与创新的类型相匹配，企业的自主创新能力才能得到提升。

1.1　区域研发联盟的必要性

鲍莫尔在研究资本主义增长奇迹时认为，增长背后的推动力是三个方面的结合：企业内部系统化的创新活动；一个创新行业中的所有企业在生产新产品和创建新工艺的过程中都争先恐后地竞争；企业之间在创造和运用创新上的协作①。这表明了创新过程中各主体之间相互竞争而又同时进行合作的重要意义。区域研发联盟便是一种重要的创新协作机制。从目前的研究来看，研发联盟主要是从微观角度进行的，如大学与企业、企业与企业的研发联盟。从区域的角度来研究研发联盟，既是我们面临的新课题，也是区域联盟合作的深化与具体化。

1.1.1　区域研发联盟的概念

阐述区域研发联盟的概念，首先是对区域的诠释。本章借用一对概念——区域化（Regionalization）和区域主义（Regionalism）来命名。区域化是一种自然的现象，它来自由下至上的动力②，从而形成区域层面的集中合作，主要由市场及企业的经济活动发起，是区域内经济主体互动的动态过程及经济活动的自发集中；区域主义对应的则是政府的推动力③，是由若干政府间的协议和安排或者由某地政

---

① （美）威廉·鲍莫尔著；郭梅军译.资本主义的增长奇迹——自由市场创新机器[M].北京：中信出版社，2004.

② Lorenz D.. Economic Geography and the Political Economy of Regionalization: The Example of Western Europe[J]. American Economic Review, 1992, 82(2): 84-87.

③ Wolcott L.. Regionalism: Political Implement[J]. American Economic Review, 1945, 35(2): 368-376.

府的政策引导，通过由上至下的动力体现出的政治思想和政治过程。但这两种区域一体化的历程不是严格割裂的，一般都会统一于某区域合作组织的具体形式中。例如某些自由贸易区的形成，其动力可能既来自贸易型企业的需求，又来自该地区间协调经贸关系的政府安排。又如我国深圳建立的大学城与企业合作的区域创新模式，是当地企业和政府两方力量共同作用的结果。本章所研究的区域研发联盟也不例外。

区域为创新提供了活动空间。欧洲区域创新研究小组(GREMI)在20世纪80年代中期提出，区域创新环境(Innovative Milieu)不仅是地理意义上的单位，而且是一种具有开展协作过程能力的联合体，其优势来自地理上的接近而带来的协调成本、信息沟通成本的降低，以及对学习、合作和网络化所带来的社会资本的利用。区域环境通过集体学习强化区域的创新能力，并为企业的创新过程提供了资源和机会。

区域研发联盟正是在区域创新环境的背景下发展起来的一种研发合作形式。研发联盟的概念与技术联盟、研究联合体、研究合作伙伴、产研(学)联盟、合作技术创新等概念几乎是并列的。但一般所说的研发联盟主要从微观层面进行定义，而区域研发联盟，则主要从系统角度来讨论创新，处于区域、产业层面，因而具有网络性、互动性、多面性。

与已有的概念，如区域创新系统(Regional Innovation Systems)、产业区(Industrial District)、新产业空间(New Industrial Spaces)、地方生产体系(Local Production Systems)、学习型区域(Learning Region)等相比，区域研发联盟的切入点有所不同。以区域创新系统为例，从理论渊源上讲，区域创新系统和区域研发联盟的发展脉络是不同的，前者从"国家创新系统"概念演化而来①，由于一国内部各区域之间的技术创新背景存在差异，同时研发活动在地理上的集中会产生紧密的互动，从而影响创新绩效，因而必须对区域层面的创新系统进行强调，于是有了区域创新系统概念的产生②；区域研发联盟的思路则是从企业出发，由下至上发展起来的，其内核是企业之间的合作，外延是区域内企业与高校、科研机构等主体的合作，以及政府的制度设计等。总之，这几种区域创新模式的研究是从区域创新的动力出发，分析区域内的创新主体之间以及区域外部环境的关系，对技术创新的理解过于宽泛，同时，提升区域竞争力的抽象目标也使得学者对区域创新的把握难以达成共识。因此，本章对区域研发联盟的研究将从企业创新能力的角度出发，探讨如何在区域创新环境下，通过区域研发联盟的构建来提升企业的自主

---

① (英)克里斯托夫·弗里曼著；张宇轩译.技术政策与经济绩效：日本国家创新系统的经验[M].南京：东南大学出版社，2008.

② Iammarino, S.. An Evolutionary Integrated View of Regional Systems of Innovation: Concepts, Measures and Historical Perspectives[J]. European Planning Studies, 2005, 13(4): 497-519.

创新能力。

1.1.2　在区域层面上构建研发联盟的动因

构建区域研发联盟，其动力来自外部和内部两个方面：

首先，外部的压力促使区域研发联盟的构建成为提升创新能力的重要手段。对于发展中国家来说，利用比较优势而选取低级的产业结构可能会导致陷入"比较优势陷阱"。随着越来越多的贸易争端以及人民币的升值、工资成本的迅速上升，中国在产业链的低端会逐渐丧失竞争优势，面对跨国公司技术领先优势，本土企业亟需提升自身的创新能力。根据 Acemoglu 等人的研究，一国在经济发展的早期主要采用以投资为基础的战略(Investment-based Strategy)，当经济发展到接近世界前沿水平时，应转变为以创新为基础的战略(Innovation-based Strategy)。如果这一转变过程过慢，将可能使经济陷入非收敛陷阱(Non-convergence Trap)，无法赶上世界前沿水平①。我国目前存在明显的地域性产业结构同构的现象，如长三角、珠三角等地区。在区域层面上构建研发联盟，在重点行业中形成研发联盟，消除本土企业之间恶性竞争的意愿，减少重复研发投入，有效整合本土研发资源，在行业中形成一个本土企业的利益共同体，参与到以跨国公司为主要竞争对手的市场竞争中，将是处于产业链低端的后发国家企业在未来若干年里提升自身竞争力的必要选择。

其次，从研发活动本身的演化规律来看，区域研发联盟的构建是企业研发发展到一定阶段的产物。Nobelius 指出，企业研发可分为六个阶段，其中对前五个发展阶段的描述给出了企业从自身独立研发到企业之间的合作研发进而构建跨边界的网络式联盟的一般规律：第一阶段，研发是象牙塔式，通过集中于技术的创新突破，完成独立的纯技术研究；第二阶段，研发的主要特征是商业元的发展模式，通过客户或市场需求来决定研发产品或项目，企业更加强调市场销售率的增加；第三阶段，企业间竞争加剧，新产品投放市场的速度加快，企业通过多投资研发项目来增加企业竞争力；第四阶段，从供应商和客户角度出发，将研发项目和制造业整合，由于战略的需要，公司开始寻找战略联盟，通过内外资源的结合来满足生产需求；第五阶段，研发主要是以网络为主，集成系统，该阶段扩张了研发的活动界限，一切的活动都要以全球化竞争、快速的技术变革、共担昂贵的技术投资为出发点②。这表明，出于自身需要，在一定范围内企业间的科技活动具有越来越紧密的联系，即前面所说的区域化过程。这里的网络式跨边界联盟的地域范围，不

① Acemoglu, D., Aghion, P. and Zilibotti, F.. Distance to Frontier, Selection, and Economic Growth[J]. Journal of the European Economic Association, 2006, 4(1): 37－74.

② Nobelius, D.. Towards the Sixth Generation of R&D Management[J]. *International Journal of Project Management*, 2004, 22(5): 69－375.

是一个地理意义上的概念，而更多是经济意义上的联系，企业间的合作范围可能仅仅是某些都市群或科技园区，也可能是跨国跨洲的大范围研发合作。企业研发发展到第六个阶段，其主要形式是研究实验室，更加注重基础研究，能够增加产品特性，具有更强的技术性能和发展潜力，所使用的技术形式更加广泛，通过网络的交流使用多技术工具研发。在这一阶段，企业间将更加重视在竞争基础上的合作，在基础研究领域共同承担研究任务，进而缩短新产品的开发周期，不断巩固市场地位。显然，从企业研发合作到区域研发联盟，既是企业发展的需要，也是研发日益复杂化、高级化，要求相应的组织与之相匹配的产物。

1.2 理解区域研发联盟

陈柳和刘志彪首次提出在长三角地区的区域层面构建研发联盟，他们指出这一联盟的内涵可以包括两个层次：首先，通过政策层面的制度设计促进重点行业中的企业形成研发联盟，有效整合本土研发资源，在行业中形成一个本土企业的利益共同体，参与到与跨国公司为主要竞争对手的市场竞争中。企业是研发的主体力量，企业之间的合作是研发联盟的内核。其次，通过制度设计引导形成涵盖企业和科研院所的广泛联盟，以产品为纽带、以市场为导向，促进产学研的有效合作，科研院所与企业的合作是区域研发联盟的外核①。

结合国内外的研究，本章认为，区域研发联盟应具有丰富的内涵，值得进行充分的研究。下面从区域研发联盟的层次、模式、方式与运行机制等方面进行研究与理解(图 1 - 1)。

联盟的层次，可以分为区域、产业和企业层次。在区域层次上的联盟构建为企业进行研究开发活动提供了创新环境；另一方面，作为创新主体的企业间联盟也成为区域经济发展的微观动力。因此，本章认为，区域层次的联盟构成了区域研发联盟的外延，而企业层次的联盟是区域研发联盟的内涵，但从具体的运作过程来看，产业是区域研发联盟最终的归属，同一产业内部或相关产业之间的研发联盟是直接面对市场需求扩大化、技术复杂化趋势的联盟层次。在产业层次或区域层次，还可能有高校、科研机构的加入，与企业进行合作，共同构建研发联盟。上述各种层次的联盟是如何形成，以及外部机构是如何加入与企业的研发联盟中，就是区域研发联盟的模式问题。

① 陈柳，刘志彪. 本土创新能力、FDI 技术外溢与经济增长[J]. 南开经济研究，2006(3)：90 - 101.

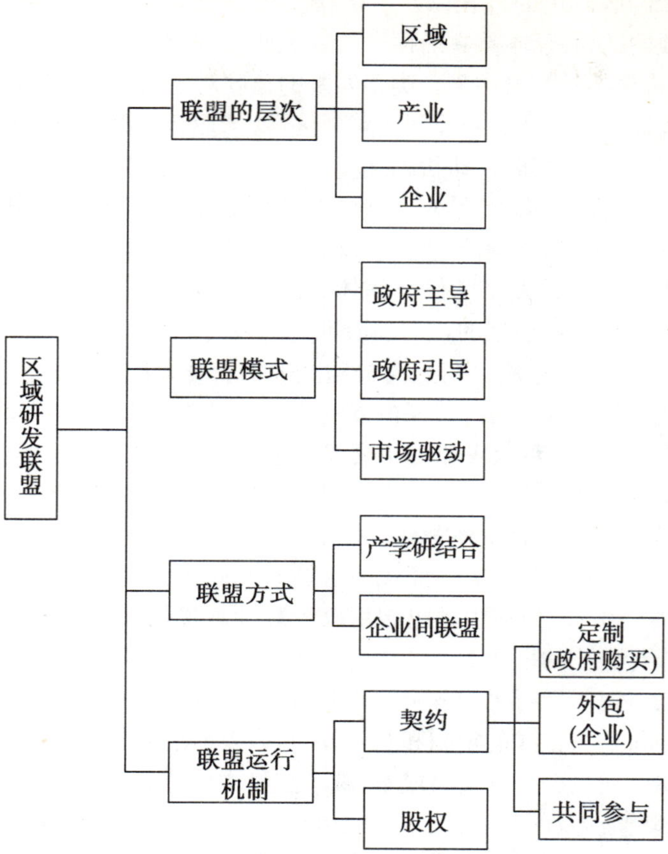

图 1－1　区域研发联盟的内涵

区域研发联盟的模式大体上可以分为政府主导、政府引导和市场驱动模式。政府主导模式主要涉及一些基础性研究或是战略性领域的研发，以及部分跨地区的大型项目研发合作，这需要在各地政府的组织沟通协调下进行研发联盟构建。对此，杨煜和张宗庆以处于不同发展阶段的产业为线索，通过对台湾的代表性区域研发联盟——南台湾纺织研发联盟和纳米碳球研发策略联盟的案例分析，阐述了类似观点①。政府引导和市场驱动是两种最常见的模式，其核心都是为研发联盟提供激励机制，政府通过税收、法律、支持中小企业等配套制度的建设，为研发主体提供利益驱动，将有力地促成区域研发联盟的构建。但在某些情况下，通过市场无形之手力量的驱动，也能够促使企业间通过研发联盟的形式进行合作，这

① 杨煜，张宗庆．区域研发联盟中的政府：理论、台湾的案例及其对长三角地区的启示[J]．科学学与科学技术管理，2009(9)：21－26.

与前面所分析的区域化的过程以及区域研发联盟形成的内在动因是一致的。关于区域研发联盟的模式，本章在后面分析区域研发联盟与自主创新能力提升之间的关系时，还将再次从与自主创新类型匹配的角度对这几种模式进行阐述。

区域研发联盟的方式除企业间的跨地区、跨产业合作外，还包括企业与高校、科研机构间以及高校之间、科研机构之间的合作，共同创造原创性的思想和原型。从西方国家的发展历程来看，针对区域创新的联盟方式，只有美国早在 1980 年就通过 Stevenson-Wydler 技术创新法案以及 Bayh-Dole 法案等政策，鼓励高校的科研成果向产业的转移以及产学研合作体系的建立；但在欧洲和日本，政府对产学研的结合最初是持反对态度的，仅仅强调企业间联盟的形式。比如，欧洲在 1986 年"单一欧洲协定"之前，法律禁止高校与企业的合作，认为高校应当以学术性基础科学的研究为重而反对科技成果的商业化。日本在 20 世纪 90 年代中期以前都是以大企业为首、中小私营企业为主要参与者的研发联盟方式，高校充其量只是提供受过训练的专业雇员。进入经济衰退期之后，日本意识到产学研结合方式的重要性，于 1995 年颁布了科学技术基本法以及日本版的 Bayh-Dole 法案等等。如今，产学研结合及企业间联盟已经成为区域研发联盟的两种主要形式，但两者间的界限已经很模糊，例如在中国出现由高校教师直接创办中小技术企业，同时再与其他企业进行合作的模式等等。

区域研发联盟的运行机制分契约式和股权式两种，其中契约式的联盟运行机制包括政府通过购买方式的定制和企业外包，以及研发联盟各主体之间的共同参与机制。为降低研发合作的交易成本，减小交易中的道德风险并遏制机会主义行为，需要根据联盟涉及的知识特征，考虑相匹配的运行机制：当研发合作的知识具有可编码性、互补性、范围较窄的情况下，研发联盟倾向于采用契约式形式；当研发合作的知识具有不可编码性、协同性、范围较宽的情况下，研发联盟倾向于采用股权式形式①。

1.3 区域研发联盟与自主创新能力提升

1.3.1 自主创新的类型

在国外研究文献中，没有自主创新这一概念，比较接近的概念则是本土创新(Indigenous Innovation)。在我国，自主创新的概念由来已久，傅家骥将创新分为三类，即模仿创新、自主创新与合作创新②。这个概念从性质上是与模仿创新相对而言，指具有独创性的性质；二是从方式上与合作创新相对而言，指自己独立创新。路风认为，"自主创新"概念的实质就无关乎创新活动的能不能"自主"或"不

---

① 许春，刘奕. 企业间研发合作组织模式选择的知识因素[J]. 研究与发展管理，2005(5)：58 - 68.

② 傅家骥主编. 技术创新学[M]. 北京：清华大学出版社，1998：96.

自主”创新的问题，而是强调中国的经济发展必须要以创新为动力①。提出自主创新的概念，更多地具有政策含义，即中国的发展是依靠技术引进还是依靠自主创新，实质上是要不要创新的问题。根据这样的理解，自主创新的类型主要有如下四类：一是建构技术创新，或集成创新；二是转型技术创新；三是事关全局性的重大创新；四是系统标准的创新。

芮明杰和刘明宇从知识分工的角度，认为知识在企业能力中的作用可以分为特殊性知识（Specific Knowledge），整合性知识（Integrative Knowledge），以及配置性知识（Deployment Knowledge）②。特殊性知识是企业具有的关于某个领域的知识，一般为显性知识；将许多领域的特殊性知识整合起来就成为整合性知识；在价值创造中运用到的知识为配置性知识。

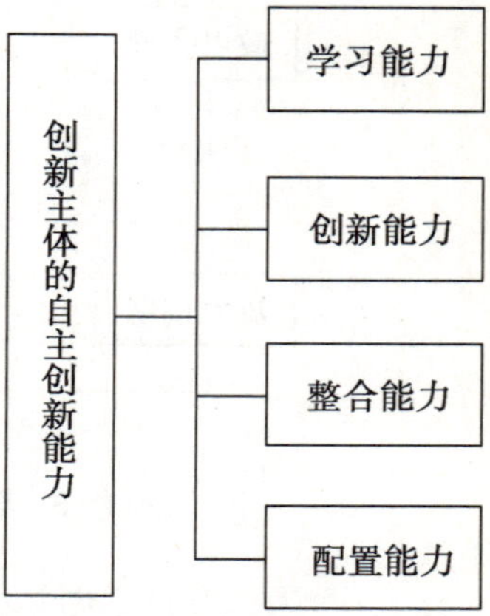

图 1－2　自主创新能力的定义

根据上述研究，本章认为，可以将自主创新能力定义为创新主体学习新知识、把握新技术的学习能力，创造新知识、新技术的创新能力，整合新知识、新技术的整合能力，与运用新知识、新技术创造价值的配置能力（图 1－2）。

1.3.2　区域研发联盟与自主创新能力提升之间的关系

杨煜等通过对长三角纺织业的实证分析③，探讨了区域研发联盟与经济增长方式转变之间的联系，认为区域研发联盟作为自主创新的载体，可以在知识存量水平尚不足以支撑创新驱动的区域经济增长时，以创新主体在区域层面上的合作，发挥各自优势，提升创新能力，促成经济增长方式的转变。结合本章对创新类型的划分，这里进一步提出自主创新的类型与区域研发的模式之间存在的内在联系（图 1－3）。

首先，通过区域研发联盟的构建，可以提高自主创新主体的学习能力、创新能力与整合能力。对于学习能力的提升，目前的研究已经达成共识，即在区域创新环境下，学习机制包括组织学习（Organization Learning）和集体学习（Collective Learning），并且在学习过程和学习能力提升的过程中，区域内企业和研发机构及高校等部门的创新能力得到提高。在各创新主体间竞争合作的同时，知识的分工

① 路风. 走向自主创新：寻求中国力量的源泉[M]. 桂林：广西师范大学出版社，2006.

② 芮明杰，刘明宇. 模块化网络状产业链的知识分工与创新[J]. 当代财经，2006(4)：83－86.

③ 杨煜，等. 区域研发联盟与经济增长方式转变：理论与长三角纺织业的实证. 科研管理，2010(5)：1－10.

联系日益密切，各方在共有知识的基础上进行广泛的合作，在激烈的市场竞争和自身利益的驱动下，区域内各创新主体需要加强对创新知识进行整合的能力，创造创新的持续产出。

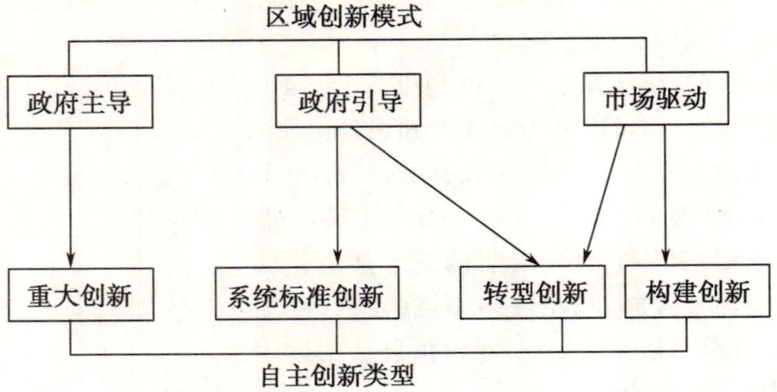

图 1－3　区域创新模式与自主创新类型的内在联系

其次，为提升自主创新能力，区域创新的模式需要与自主创新的类型进行匹配，如图 1－3。对于重大创新，由于投入规模和风险较大，需要在政府的主导下，由政府提供部分资金投入，并组织相关的科研机构、高校、企业等，进行上游的原始知识的创新。而对系统标准类型的创新，政府只需在政策上进行引导即可。例如华为、中兴等企业，在从事标准类型创新时，根据政府信息产业部门提供其所支持的标准方向，通过企业间研发合作，并积极寻求高校和机构的合作，在标准创新方面做出了许多创新成果。同样需要政府引导的还有转型创新，因为此类创新也是大方向上的创新，需要政府在方向上进行战略性的把握，但这并不是绝对的。例如在发达国家，整个市场对于下一个技术热点领域的把握没有一致性的意见时，政府无法参与转型创新，只能通过市场机制，让多重创新的成果由市场进行筛选，最终获得市场的才是转型成功的创新成果。类似地，构建创新也只在市场的驱动下进行，无需政府力量的介入，完全依靠各企业自身的利益驱动和发展需要，进行区域研发联盟的构建，以模块化或一体化等形式进行创新。

1.4　本章小结

从区域的角度研究研发联盟，是经济社会发展日益区域化所面临的一个新课题。厘清区域研发联盟的外延与内涵、主要模式与联盟方式、联盟的运行机制，对于有效构建区域研发联盟，提升区域创新系统的效率，提升区域内企业自主创新能力，实现经济发展方式的转变，都具有重要的理论与现实意义。

第 2 章　区域研发联盟与自主创新

自主创新是长三角经济转型的必然选择，合作创新是实现自主创新战略的有效方式。本章在对长三角区域合作创新的动力和当前的困局进行分析的基础上，论述了构建区域研发联盟对长三角经济转型的推动作用。

2.1　自主创新是长三角区域经济转型的必然选择

长三角地区是中国综合实力最强的区域，已成为推动中国经济持续增长的重要经济动力。优越的初始禀赋条件，以及基于 FDI 的出口导向的工业化战略，形成了目前长三角地区企业与跨国公司之间的代工关系，这是长三角地区经济发展的关键因素之一。但是不同于日本和韩国早年通过技术引进方式创新和培育自己的品牌企业的发展道路，长三角地区的这种以“国际代工”为特征的经济成长模式，带来了一个不可避免的问题：就是作为接受代工的长三角地区的企业仅具有对产业低技术环节的加工能力，自身缺乏产品设计和研发优势，缺乏技术创新能力，缺乏具有自主知识产权的知名品牌，信息来源和销售渠道严重依赖海外供应商和进口商。总体上处于全球产业链“微笑曲线”的中低端，缺乏持续的自主创新，产业技术进步主要依赖于跨国公司的技术外溢。

当今时代，谁在知识和科技创新方面占据优势，谁就能够在发展上掌握主动。目前在绝大多数领域内，引领未来的科技制高点主要为创新型国家所控制。根据世界银行统计，在全球研究与发展的资金投入中，美国、欧盟和日本等占 86%；在国际技术贸易收支方面，高收入国家获得全球技术转让和许可收入的 98%。这些国家的高技术产业都已成为制造业产品贸易的主体，服务业也向高端迅猛发展。在这种情况下，后发国家的生存与发展雪上加霜，能否拥有具有自主知识产权的核心技术已经成为影响这些国家现代化进程的关键因素。日益清楚的是，在新一轮全球科技竞争中，发展中国家面临着更加复杂的局面：如果能提高创新能力，不断提升比较优势，就有可能获得发展的机遇和主动权，跟上世界发展步伐；否则，也可能进一步拉大与先进国家的发展差距，甚至最终被边缘化。可见，发展的本质是创新能力的提高。没有知识产权和核心技术，国家发展就与高利润无缘，从维护国家战略利益的角度，自主创新已成为区域意志和利益的体现与象征。

因此，走自主创新之路，变“中国制造”为“中国创造”，发展属于本国的核心技术而不仅仅是获得价值链上分工收益的最小部分，是实现长三角经济转型乃至经济长期增长的必然选择。

2.2 长三角区域合作创新

2.2.1 合作创新——实现自主创新的有效方式

技术变革的加快、产品生命周期的缩短以及市场竞争的加剧使得大多数企业的生存环境发生了剧烈变化，及时进行技术创新并且对其商业化是企业生存和发展的关键。人们过去强调在企业内部开发新产品和新技术，而今越来越意识到仅依靠企业内部有限的知识和资源进行研发将变得日益困难。于是，一些企业纷纷把视角转向外部，寻求与其他企业合作，以获取共同的或互补的技术创新目标。高校、研究机构的技术能力也只有通过同企业结合，才能更好地实现市场价值。单个企业、研究机构由于实力所限，往往难以承担某些新技术和新产品的开发，包括技术力量雄厚的大公司也在寻找机会同其他企业、研究机构进行合作研发。此外，许多企业单独对一项新技术或新产品的开发会造成研发重复投资。而合作研发不仅可以解决单个企业研发资金不足的问题，还能减少多企业单独创新引致的重复投资。并且，合作研发所带来的技术溢出会带来正的社会外部性，这是独力进行研发所不具备的。

合作创新与自主创新的宗旨并不抵触。自主创新战略所强调的，是通过提高本土企业的技术创新能力，发展专有的核心技术，进而形成本土企业的核心竞争力参与国际竞争，合作创新则是实现这一战略目标的一种有效方式。

2.2.2 长三角区域合作创新的动力

凭借卓越的商业氛围、深厚的工业基础，长三角已成为全国最富有创新力的地区[①]，在创新实力方面具备雄厚的领先优势。两省一市政府和企业的科技投入都很高，高科技产业发达，技术市场兴盛，高校、科研院所云集，科研基础雄厚，产学研合作活动频繁。

一、激烈的外部环境：区域合作创新的强大推力

如前文所说，为避免被走“高端道路”的先进国家所“俘获”，实现经济的长期增长，走自主创新之路，从投资驱动为主向创新驱动为主转变是长三角地区现阶段经济发展的必然选择。为了实现这一目标，就必须充分利用区域内的科技资

① 根据中国科技发展战略研究小组编写的《2008 年区域创新能力报告》，上海、江苏、浙江的地区创新综合实力在全国分列 1、4、5 位。

源，不断拓展创新发展的空间。在科学技术越来越成为支撑和推动经济、社会发展重要力量的时代背景下，加强长三角地方间科技合作以保持区域经济的竞争实力，是顺应科技发展趋势和激烈区域间竞争的必然选择。

二、历史文化传统：区域合作创新的社会基础

地理位置相近、文化背景相通的社会背景为地方合作开辟了潜能和空间。历史传统上，长三角中江苏省、浙江省和上海市两省一市地缘相近、人缘相亲、文化相通、风土人情相似，在经济、社会、科技等方面的交往与合作历史悠久。长期以来深厚的吴越区域文化共性和经济发展纽带，强有力地维系了三地在文化和传统上的共性，一定意义上成为区域创新体系内三地合作的社会基础。

三、科技资源优势互补：区域合作创新的前提条件

作为经济发达的区域，长三角积聚了国内外大量的知识和科技要素，初步具备了有助于创新的物质条件。上海市是我国最发达的科技和教育中心之一，综合优势较强，江苏省的优势在于基础学科领域，高校比较集聚，两地均拥有一大批著名高校和科研院所，科技人才荟萃，科研实力雄厚。浙江省民营经济发达，市场机制灵活，科技需求旺盛。两省一市各具发展特色和科技资源优势，在科技创新与合作等领域有互惠互利和取长补短的需要。

四、前期合作成果：区域合作创新的现实基础

在中央科技部协调支持下，长三角内的江浙沪地方政府陆续制定和出台了一系列科技合作和技术转移的政策和规定、签署了各方面的合作协议。从2003年11月，两省一市政府共同签署《沪苏浙共同推进长三角区域创新体系建设协议书》，建立长三角创新体系建设联席会议制度。到2008年6月，两省一市科技部门正式印发《长三角科技合作三年行动计划》。长三角区域创新体系建设从“对话性合作”走向“制度性合作”，针对长三角区域经济和社会发展中的重大关键、共性技术，由国家牵头、两省一市共同组织了不同领域的联合攻关。

同时，自“星期六工程师”始，长三角的民间科技互动早已开始。此外，许多企业与高校、科研机构开展跨区域合作，共同研制和开发工业产品，成立研发中心。

2.2.3 长三角区域合作创新的困局

虽然长三角地区具有开展区域合作创新的雄厚基础条件，然而就实质而言，其进展缓慢、收效甚微，无法为该地区产业升级和经济增长提供持续的动力。

首先从微观层面来看，企业并未广泛地开展合作创新活动，如表2-1所示，绝大部分创新活动仍是在企业内或企业集团内部进行的，只有近20%的创新活动有其他企业或高校、科研院所参与。两省一市的高校、科研院所科研基础虽然最雄厚，但高校、科研院所参与合作研发的比例最高的江苏省也仅有9%，都不到10%。与我国其他地区相比，长三角地区的合作创新活动并不显著，可见该地区雄厚的科技基础并未得到充分的利用。

表 2-1　长三角地区工业企业产品创新按合作形式的分布情况(2004—2006 年)

地　区	占有产品创新企业的比重(%)				
	本企业自主研发	本企业集团研发	与其他企业合作研发	与高校、科研院所合作研发	其他
上海	74.9	9.9	7.4	2.9	4.8
江苏	72.1	5.0	7.3	9.0	6.6
浙江	78.1	2.4	5.3	6.4	7.8

数据来源:《2007 中国工业企业创新调查资料汇编》。

其次,地方政府的本位倾向以及政绩的非共享性也在一定程度上制约了长三角地区内部的跨行政区合作创新。

地方政府的本位倾向,即地方政府为了实现地方经济发展目标和政绩目标,追求本行政区域内的经济利益最大化,因而在经济发展中从本位主义的角度出发,采取相应的措施、策略或政策的一种行为原则或行为方式,主要表现为各地方政府通过行政管制手段,限制外地商品进入本地市场或限制本地资源流向外地的行为。在向市场经济转轨过程中,中国地方政府的经济功能仍在不断强化,其主要表现为:一是虽然政府从经营国有企业领域逐步退出,但仍通过"灵活的地方政策"变相地强化对地方经济发展的控制,千方百计谋求地方经济在短期内的快速增长;二是企业为了寻求地方保护并获得非正常的竞争利益,与地方政府共同承担着行政区经济运行主体的职能。由于市场经济体制发育迟缓,政府力量和来自社会的企业、组织个人在其中相互进行利益寻租,往往可以获得垄断利益或一些通过市场交换无法获得的巨大衍生利益。

西方经济学理论中政府的主要职能是提供公共产品,但是事实上许多产品介于纯公共品与纯私人品之间,各国政府实际提供的产品中,并不完全局限于非排他性和非竞争性产品的范畴。在中国这样一个转型大国,强势政府必然引发政府竞争,任何一个政府机构都与上级机构在资源和控制权的分配上处于互相竞争的状况,同时,这个政府机构又与类似机构在横向层面上展开竞争①,且由于部门利益的存在和强化,地方政府各部门也成为政府竞争中不可忽视的重要竞争主体。特殊的历史与体制背景下,中国各级政府的经济功能十分突出,推动 GDP 刚性增长成为其首要执政目标;同时,各级政府作为地方国有资产的代理人,对辖区内国有资产及其运行还承担着所有者的职责。在地方政府强烈追求自身利益最大化的动机驱使下,政府干预经济的行为十分严重,从而使区域经济运行带有强烈的

① 刘培林. 地方保护和市场分割的损失[J]. 中国工业经济,2005(4):69-76.

地方政府行为色彩①。长三角地区是中国经济发达的都市密集区，但是诸多行政单元各自进行“理性选择”的整体结果却表现为区域发展的无序竞争②。由于GDP动机的拉动和攀比效应，地方政府的R&D投资表现出明显的排他性，显然不愿其他地区分享本地对R&D投资而产生的“搭便车”行为和技术外溢。更由于合作创新涉及跨地区的投资来源、风险承担、成果收益的分配等具体现实问题，无论是原则性的框架协议，还是可供操作的项目方案，各地方政府均未能形成共识，区域合作创新更多地表现为跨区的企业之间、企业与高校之间的非官方和自发的交流。

另外，引进技术以及跨国公司的技术外溢并不能替代本土企业的自主创新。全球产业结构整合必然伴随着在投资回报率牵引下的国际资本流动，进而引发产业技术的同方向流动。近年来的FDI热潮必然在客观上使中国加入动态的全球技术进步过程。但不容忽视的是，大多数后发国家根本不可能依靠FDI解决产业代际级差问题。后发国家在工业化进程中通过吸引FDI来引进和移植先发国家的成熟制造产业技术或成熟的制造业，即通过引进模仿推动本国产业结构转换，理论上可以省略或缩短制造业结构转换的某些阶段，但实际只是产业结构存量比例快速重置或在空间上的布局调整，并非实质性的制造业转型与升级。这必将导致后发国家过于依赖国外的资本、技术以及相关的生产组织体系，不仅易使本国经济陷入依附性和边缘化，而且会阻碍国内现有产业结构的调整与升级，最终形成并始终不能摆脱与先发国家间“轮与轴”的不平等关系。例如2005年长三角地区创造了全国高新技术产品进出口总额4 159亿美元的60%，但外资在长三角地区的投资主要集中在加工贸易领域，采取外方掌控核心技术，中方进行生产组装的形式，相当部分企业对外技术依赖严重，拥有自主知识产权的高新技术产品出口比重不到10%，申请的发明专利数量仅为美、日的1/30，韩国的1/4③。事实证明，“以市场换技术”的战略，并不适用于现在的长三角地区，并且随着本土企业产品的不断高端化，与跨国公司间不可避免的要产生竞争关系，“买不来技术”的现象将越来越普遍。为了尽快培养本土企业的自主创新能力，拥有核心竞争力参与到以跨国公司为主要竞争对手的市场竞争中，就必须加强长三角地区合作创新，充分利用区域内创新资源。

---

① 刘君德. 中国行政区划的理论与实践[M]. 上海：华东师范大学出版社，1996.

② 张明之，乔蔚虹. 基于区位竞争优势的产业竞争力：整合与升级[J]. 南京政治学院学报，2004(3)：53-57.

③ 宋林飞. 长三角年鉴2007[M]. 南京：河海大学出版社.

2.3 构建区域研发联盟推动长三角经济转型

2.3.1 区域研发联盟对区域创新能力的促进

构建以企业为主体的区域研发联盟可以充分发挥市场的主导作用。无论是产品的创新还是技术的创新，最终的创新成果都需要转变为能够得到市场承认的价值才可称之为是成功的创新。我国传统的政府主导的大规模技术课题引领创新模式（如863计划、973计划等），往往关注的都是高尖端技术或具有广泛应用前景的共性基础技术，这种模式有效地促进了企业与高校、科研院所的合作创新，也取得了一定成果。但是作为市场直接参与主体的企业，显然对创新成果的市场价值有更准确的判断。构建以企业为主体的区域研发联盟，由企业来确定合作项目，政府主要发挥支持与服务功能，可以更有效地激发企业参与创新活动的主动性，充分发挥市场的主导作用。

长三角区域研发联盟将发挥“科研——产业共同体”的作用。为什么科学革命没有发生在中国？这也是著名的李约瑟之谜要求回答的问题。多年来，不同的学科从各自的视角提出了各自的解释，其中较有影响的有：文化决定论、国家统一论、需求失败论等。从科学技术发明产生的微观基础来看，研发人员的知识储备及耦合状态是决定技术创新成功概率的关键性因素。我们认为，在长三角目前的研发体系条件下，生产与应用研究、应用研究与基础研究的脱节是制约科研投入产出效率提升的关键性因素。区域合作创新需要建立新的组织体系和运转机制，即需要将单一的、分散的或脱节的个体组织整合成为集知识的创新、传播和商业化应用为核心的一体化组织，即“科研——产业共同体”。因此，通过构建长三角区域研发联盟形成“科研——产业共同体”是推动区域产业整合和自主创新的有效途径。在一些发达国家，学术界与产业界只能边界日益融合，产业界首先缩小了公司内部实验室的规模和范围，而将创新的外部源泉（主要是学术界的知识创新）整合为自身的技术支撑系统，公司内部的实验室正日益变为科学研究联合行动和长期战略同盟的组成部分。学术界与产业界相互渗透，使得各方价值观趋于一致，超越了各自传统的职能边界，互相分享和维护创新，以实现共同的战略目标。区域研发联盟恰好可以在长三角地区发挥这一“科研——产业共同体”的作用，更好地为区域合作创新及自主创新战略服务。

2.3.2 区域研发联盟对区域主导产业的优化

现代区域经济的增长，从根本上讲是产业部门成长的过程，而成长首先是从主导产业部门成长开始。罗斯托认为主导产业的发展对区域经济的增长会产生扩散作用，把自身已有的优势辐射到其产业链上相关的产业中去，进而带动整个区域经济的发展。这一扩散作用的根本在于创新的优势，“在这些部门中，革新创造的可能，或利用新的有利可图或至今尚未开发的资源的可能，将造成很高的增长率并带动这一经济中其他方面的扩充力量”①。

区域主导产业是一定地域空间经济在较长一段时间内经过理性和非理性的碰撞、市场竞争与政府引导后大浪淘沙的产业选择。从比较优势和竞争优势结合的角度看，在当今全球化的国际分工体系中，我国有条件发展成为全球重要的制造业基地。从现有发展基础看，长三角地区有条件发展成为未来中国重要的高新技术产业带和先进制造业基地，以奠定我国作为全球制造业基地的地位。但是这种制造业基地不是由跨国公司控制着核心技术、关键元器件、关键设备、品牌和销售渠道的“世界工厂”或“加工场”角色，而是应该成为一个拥有自我创新能力、自主知识产权、独立品牌和销售渠道的全球化制造业基地。

另外，区域研发联盟合作创新会凸显长三角主导产业的区域特色。区域经济之所以存在，差异性的主导产业存在是关键性因素。区域主导产业是区域分工的产物，分工要求差别，区域经济究其实质也就是区域特色经济，即以特色的主导产业带动区域经济整体发展。构建区域研发联盟有利于推动长三角地区结合现有资源，开展具有区域特色的自主创新，抑制地区间的产业结构趋同。

2.3.3 以区域研发联盟推动长三角地区产业集群升级

在长三角地区，产业集群是规模经济的全新演绎。市场经济的规模效应被注入了鲜明的区域特色：不仅是单体企业“做精做强”，更是众多企业以产业集群形式“抱团打天下”。产业集群不仅奠定了改革开放以来长三角地区与日俱增的经济辐射功能，也在不断提升长三角面向世界市场的竞争能力。

集群嵌入全球价值链有两种途径：其一，走低端路线，生产者在价值链的底部进行竞争；其二，走高端路线，集群提高在全球经济中的参与度、实现持续的收入增长。但目前长三角地区以出口加工为主的产业集群基本处于全球产业分工的最低端，区域内的同构现象也很严重，“流行”的高科技产业，如电子通信、生物医药等，即使在传统产业也大多集中在化纤纺织、丝绸纺织、制衣、制鞋、五金制品、精细化工等轻工业。更重要的是，在工资成本上升、新劳动法实施、人民币升值和更加严厉的环境规制政策出台后，许多集群化的企业正面临着严重的生存问题。基于此，必须实现长三角地区产业集群的模式升级，使集群的竞争优势建立在技术创新和技术进步的基础上。而集群的升级能力是决定集群能否成功嵌入全球价值链的主要因素。集群升级不仅是嵌入全球价值链的主要条件，也是集群企业回应外部挑战的必然选择。

集群化的企业开展合作创新，由于生产链上的合作关系，天生的就拥有技术

---

① 沃尔特·罗斯托. 经济成长阶段[M]. 北京：商务印书馆，1962.

匹配性优势。按照波特的竞争优势理论，企业的基本竞争优势不外乎是成本领先优势和差异化优势。通过区域研发联盟开展合作创新，可以有效地在集群企业间分担创新成本、分散失败风险，形成创新的“规模经济”，长期的战略研发联盟合作，更有助于集群企业形成独有的差异化产品及品牌，大大增强长三角地区产业集群参与国际竞争的能力。

2.3.4 构建区域研发联盟有利于长三角由投资驱动转向创新驱动

罗斯托[20]认为，生产性投资率显著提高，某一个或若干个制造业部门必须获得更多的发展，同时良好的政治制度和社会结构足以推动国内外经济的发展，这些是经济起飞的基础性条件。从长三角地区经济成长的态势来看，这些条件已经基本具备，但仔细分析，长三角制造业的大幅度增长是建立在投资大幅度增加的基础上的。以 2004 年为例，长三角地区三次产业投资占全社会固定资产投资的比重分别为 0.70%、54.18%、45.12%，其中仅制造业投资就占全社会投资的 34.54%，2005—2006 年也保持在这一比例上。根据波特国①家竞争优势理论判断，长三角地区总体上还处于投资驱动阶段，尤其是高端制造业的国际竞争优势不明显，尽管重化工业、电子、汽车制造等产业是长三角地区的优势产业，但产业结构质量有缺陷。如苏州已经成为国际电子信息产品的重要生产基地，但大量的只是高科技产品的下游加工组装业，并且缺乏牢固的根植性，要素成本的变动对其集聚的稳固程度将产生重大影响，从投资驱动经济增长向创新驱动转变已十分迫切。

培育传统制造业持续的创新能力是实现增长方式转型的重要环节。作为“中国制造”的重要基地，尽管长三角地区是中国制造业最发达、制造产业门类结构最完备的地区之一，然而加工贸易占进出口的比重仍然超过了 60%，这一产业结构状态成为区域产业结构转型与升级的重要制约因素。一方面，由于对生态环境的破坏而导致的负外部性，使得加工贸易型制造业在可持续发展的国家宏观政策背景下难以为继；另一方面，要素成本的刚性攀升又大幅度挤占了原本较为微薄的利润，使得加工贸易型制造业面临转型与升级的急迫性。传统制造业转型与升级改造的方式主要包括以信息技术的渗透来提升传统制造业知识含量，延伸传统制造业生命周期，创新传统制造业运转流程，以及调整传统制造业布局结构等。将信息技术等创新成果导入传统制造业原有的产业技术系统，促使其以主导技术为核心的产业技术系统发生整体上的台阶式跃迁的过程，需要持续的创新能力作为支撑。

要获得持续的创新能力和区域整体竞争优势，必然要求打破外资在产业技术

① 迈克尔·波特. 竞争论[M]. 北京：中信出版社，2003.

创新领域的控制甚至垄断，构建区域研发联盟，在重点行业中形成研发联盟，消除本土企业之间恶性竞争的意愿、减少重复研发投入，有效整合包括高校、科研院所在内的本土研发资源，在行业中形成一个本土企业的利益共同体，是实现长三角地区自主创新战略的关键环节，也是有利于推动长三角由投资驱动转向创新驱动的一项积极可行的战略举措。

2.4　本章小结

走自主创新之路是长三角地区的必然选择，合作创新是实现这一战略目标的有效方式。长三角地区拥有开展区域合作创新的雄厚条件，但并未加以充分利用，有效整合包括高校、科研院所在内的本土研发资源，构建以企业为主体的长三角区域研发联盟，是形成具有区域化特色创新、充分发挥市场在创新中的主导作用、获得持续创新能力和区域整体竞争优势的关键环节，也是推动长三角地区经济转型的一条积极可行的战略选择。

第3章 区域研发联盟的模式选择

对目前长三角区域开展合作创新的主要模式进行了描述，并借鉴 Jaffe① 在研究大学的科研研究对相邻地区产生的溢出时所提出的地理一致性指数的概念对长三角地区合作创新的技术外溢进行实证，随后根据实证结果分析当前模式下的不足，并提出在长三角区域层面构建研发联盟的模式。

3.1 目前长三角区域开展合作创新的主要模式

20 世纪 80 年代长三角地区就开始探索区域合作，90 年代江浙两省主动接轨上海浦东开发开放，进入 21 世纪以来，长三角两省一市加快了区域合作的进程，合作创新进入了新的阶段。2003 年 11 月两省一市共同签署《沪苏浙共同推进长三角区域创新体系建设协议书》，建立了长三角区域创新体系建设联席会议制度。标志着长三角区域合作创新开始步入制度性层面，合作创新的协调机制初步形成。从 2004 年起，两省一市共同设立了长三角区域联合科技攻关计划，集中区域内的科研力量，重点攻克具有共同研究基础、长三角经济和社会急需发展的、具有重大突破性的关键技术。至今已开展联合攻关 10 余项，涉及环境保护、公共安全、社会事业等关乎民生的多个领域，并开始推广和示范应用。2008 年两省一市又完成了《长三角科技合作三年行动计划(2008—2010)》的编制工作，进一步加大了合作创新力度，拓宽了合作创新的领域。

现阶段长三角开展区域合作创新的主要模式仍是以政府引导为主，选取若干高技术课题或共性技术开展项目联合攻关。在长三角区域创新体系建设联席会议办公室制定的《长三角科技合作三年行动计划(2008—2010)》明确提出“选择对我国经济社会发展和长三角区域持续发展具有重要战略意义的若干战略高技术，集聚科技资源和科技人才，加强原始创新、集成创新、引进消化吸收再创新，组织力量联合攻关”、“集聚三地科技优势，以产业共性技术研究开发与示范应用为重点，结合重大工程建设和重大项目实施，着力攻克一批关键技术，突破瓶颈制约，

① Jaffe A. B., Real Effecfs of Academic Research[J]. American Economic Review, 1989, 79(5): 957-970.

为提升长三角产业竞争力提供科技支撑”。并且在这份计划书中，将电子信息、生物医药等已具有良好基础和国内优势的高技术领域，以及纺织、中药等在长三角具有一定国际竞争力、在国内领先的传统优势产业作为重点攻关目标，提出了若干重点项目。这种区域合作创新模式，与我国80年代以来开展的“863”、“973”等国家性科技发展计划颇为相似。其主要方针是“有限目标，突出重点”。这些计划的实施，为我国科学技术的发展、经济建设和国家安全作出了重要贡献。我们可以将这种模式称为“区域统治型”模式，其突出特点是政府行政指导下的创新与扩散机制，体现着强烈的技术赶超色彩。

图3－1描述了目前长三角地区开展合作创新的主要模式，但这种模式是否适用于构建长三角区域研发联盟，仍然值得思考。首先这类科技计划主要是由政府主导，虽然也鼓励企业的参与，但其中国家级的科研机关和各高等院校才是计划的主导力量，而企业要加入该类计划必须通过政府和相关部门的严格筛选，因此只有极少数具有相当实力的企业才能作为计划的承担单位，这样就违背了以企业为主体构建区域研发联盟的宗旨，也不能最大限度的利用区域科技资源，开展具有广泛市场应用价值的创新活动。另外构建区域研发联盟必然涉及两省一市跨区域的科技合作事项，跨区域的协同服务机制能否有效发挥作用，区域间科技资源的共享是否存在障碍，作为相对独立的各区域主体出于各自科技、经济发展的利益需要所做出的“理性选择”，都对区域研发联盟是否能起到促进区域合作研发的作用有重大影响。

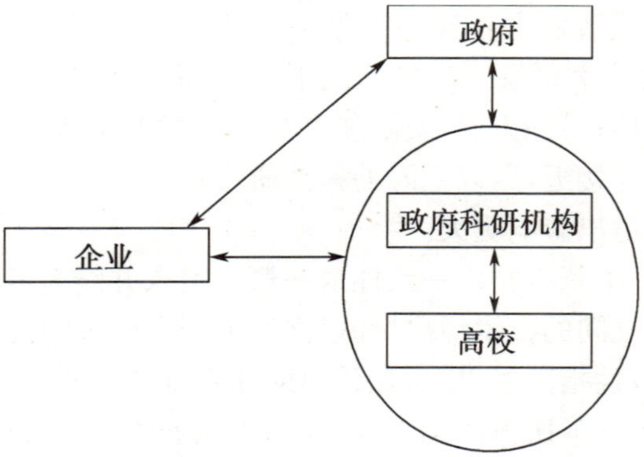

图3－1　区域统治型合作创新模式

3.2　区域研发联盟溢出对长三角各地区主体的影响

本节实证的关键解释变量是相邻地区研发联盟对本地区创新产出所带来的溢出，将利用高新产业数据对长三角两省一市分别进行面板回归。

3.2.1 模型

借鉴 Griliches[①]-Jaffe 知识生产函数的框架，本节将对以下模型进行实证：

$$\ln(Y) = C + \alpha\ln(RD) + \beta[\sum\ln(\lambda * RD)] + \gamma\ln(exy) + \varepsilon$$

模型中，Y 代表创新产出变量，RD 代表创新投入，exy 为出口销售额，ε 代表随机扰动。关键性解释变量为 $\lambda * RD$，其中 λ 为技术一致性指数，来源于 Jaffe[②] 在研究大学的科研研究对相邻地区产生的溢出时所提出的地理一致性指数（Geographic Coincidence Index）的概念。其含义为：当大学等研究机构与产业 R&D 在地理上和技术领域分布相对一致时，有利于技术创新与扩散。其数学公式为：

$$\lambda = \frac{\sum_s U_s TP_s}{\left[\sum_s U_s^2\right]^{\frac{1}{2}} \left[\sum_s TP_s^2\right]^{\frac{1}{2}}}$$

其中，S 代表产业，U 代表某地区大学研究室在某产业内的研究人员数，TP 代表某地区某产业内所有的研究人员数。如前文中所述，Jaffe 的假设是，在拥有相类似的技术研究基础的情况下，相邻近地区间将产生更高的技术溢出；并且，在同样相邻的情况下，拥有相类似的技术研究基础的地区间也将产生更高的技术溢出（但是这种技术溢出不一定对相邻地区都产生正的外部性，比如由于技术水平相当接近，两地之间竞争的成分要大于合作，技术模仿现象严重，那么这种溢出的后果则是会给一方或者双方在经济上带来负的影响）。举例来说，在广东与江苏拥有相类似水平的技术研发基础的状况下，在上海的科技研发投入，将会对江苏产生更多的技术溢出；另一方面，安徽和上海都与江苏相邻，但是由于上海与江苏的技术研发能力更为接近，所以上海的科技研发投入对江苏产生的技术溢出影响就要比安徽的技术溢出影响更大。

基于上述假设，本章将技术一致性这一概念引入并结合各地区的创新投入来反映长三角地区相互间的技术溢出，并以之作为研发联盟的代理变量。

借鉴 Jaffe 一致性指数的思想，在计算时用产业内研发人员素质 q（从事科技人员中，科学家与工程师所占比例）与产业内平均研发投入 p（从事科技人员的平均经费）在不同省区间的交互作用来计算。数学公式为：

$$\lambda_{ij} = \frac{2(p_i q_i)(p_j q_j)}{(p_i q_i)^2 + (p_j q_j)^2}$$

---

① Griliches Z. Issues in Assessing the Contribution of R&D to Productivity Growth[J]. Bell Journal of Economics, 1979, 10(1): 92 - 116.

② Jaffe A. B., Real Effects of Academic Research[J]. American Economic Review, 1989, 79(5): 957 - 970.

其中 i、j 代表相邻的两地区。这样计算出的技术一致性指数，反映了相邻两地区某产业在研发人员素质和研发投入水平上的相似程度，体现了技术基础具有多大程度的一致性。$\lambda_{ij} \in (0,1)$，且该数值越接近于 1，说明两地间该产业的技术一致性越高。

在计算出技术一致性指数 λ_{ij} 后，用 $\lambda_{ij}RD_j$ 反映相邻地区区域研发联盟对本地区的技术溢出效应。这样，长三角地区每个行政区就受到周边两个相邻行政区的区域研发联盟技术溢出的影响。例如，江苏省受到江苏与上海的技术一致性指数与上海研发投入乘积的影响，同时还受到江苏与浙江的技术一致性指数与浙江研发投入乘积的影响。

另外选取了出口效应作为控制变量，根据 Liu and Burk(2007)①的研究：产品出口，尤其是高技术产业新产品出口，有利于对国际市场的了解、学习国际先进技术，有利于产业创新。因此，本章实证中用新产品出口销售额来表示。

3.2.2　数据来源及描述性统计

Jaffe 的经验研究发现，这种区域间的溢出并不是在所有领域都有很明显的体现，他选取的是制药、化学、电子、机械等高技术产业。本章借鉴 Jaffe 的经验，选取高技术产业进行实证，全部数据来源于《中国高技术产业统计年鉴》(1996—2008)。《中国高技术产业统计年鉴》对高技术产业的界定与分类为：医药制造业、航空航天器制造业、电子及通信设备制造业、电子计算机及办公设备制造业、医疗设备及仪器仪表制造业。其中航空航天器制造业在长三角地区的产业规模都较小，浙江甚至缺失该产业，因此本章在实证中并未采用该产业数据。

本章实证选取的创新产出指标是新产品产值。通常关于创新产出的变量还有用专利来表示的，但 Griliches② 认为用专利来作为创新产出存在着不足：有些专利并没有商业化价值，专利往往倾向于高估计创新产出的真实价值；另外有些企业为了能及时推出新产品或出于商业技术保密的考虑而没有立即申请专利，这样也低估了创新产出的真正价值。

图 3-2 描述了长三角两省一市新产品产值在 1996—2007 年间的变化情况(新产品产值这一数据指标，在高技术产业统计年鉴上从 1997 年开始才有统计)，从产出规模上看，上海居首，江苏其次，浙江相对较小。绝对数字上，在 2007 年，上海的高技术产业新产品产值达到了 1 444.5 亿元，江苏达到 1 354.3 亿元，浙江达到 493.9 亿元；从增长率上看，尤其是 2000 年后，长三角两省一市的高技术产业

① Liu X., Burk T. Innovation Performance and Channels for International Technology Spillovers: Evidence from Chinese High-tech Industries[J]. Research Policy, 2007,36(3): 355-366.

② Griliches, Z. Patent Statistics as Economic Indicators: A Survey[J]. Journal of Economic Literature, 1990,28(4): 1661-1707.

都表现出了较高的增长势头。

创新投入选取的指标是新产品开发费用，图 3 - 3 描述了长三角两省一市高技术产业新产品开发费用在 1995—2007 年间的变化情况，总体上看，长三角地区都呈高速增长趋势，其中江苏增长最快，2005 年后，上海与浙江的新产品开发费用大致相当。

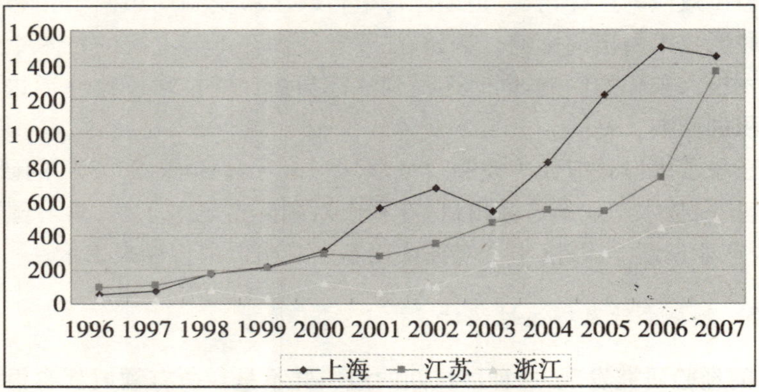

图 3 - 2　1996—2007 长三角高技术产业新产品产值(亿元)

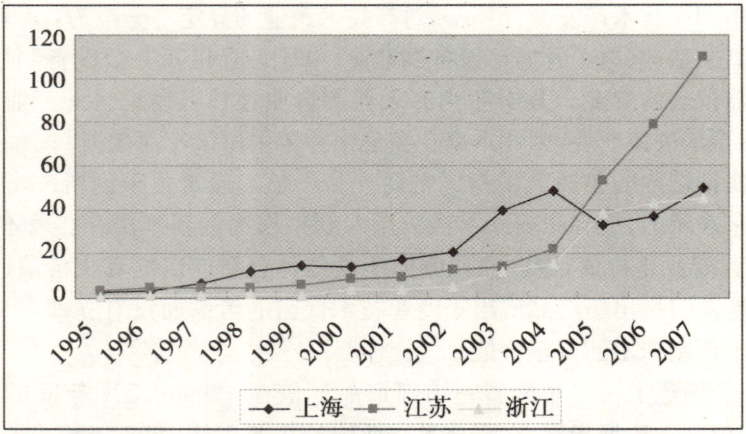

图 3 - 3　1995—2007 长三角高技术产业新产品开发费用(亿元)

关键性解释变量：相邻地区区域研发联盟的技术溢出。每个地区都受到相邻两个地区区域研发联盟溢出的影响，以上海为例，既受到江苏的技术溢出也受到浙江的技术溢出，数值上体现为沪苏的技术一致性指数与江苏的创新投入的乘积，以及沪浙的技术一致性指数与浙江的创新投入的乘积。限于篇幅，在这里就不将中间计算的数值一一列举出来，但要加以说明的是，这种区域研发联盟的溢出，既受到两地间技术一致性指数的影响，同时还要取决于相邻地区的创新投入。

3.2.3　面板模型检验

对长三角两省一市分别进行回归，也就是将同一区域的高技术产业分产业作为一组，进行面板数据的回归。经过尝试，发现创新产出的一阶滞后较为合理，因为创新投入到产生产出是一个需要较长时间的过程。这样，被解释变量（新产品产值）的数据是 1996—2007 年，解释变量（本地区新产品开发费用、相邻地区的区域研发联盟溢出）的数据是 1995—2006 年，每一个区域分 4 个高技术产业共获得 48 个样本。

面板数据的分析同时包含了截面因素和时间序列因素，所以参数估计值可能同时受到两种不同因素的影响。面板数据的计量分析一般有固定效应（FE：fixed effect）和随机效应（RE：random effect）两种形式。我们有必要在利用面板数据构建模型时首先对模型的设定形式进行检验，具体采用固定效应还是随机效应模型视 Hausman 检验的结果而定。

表 3-1　长三角两省一市受本地区创新及相邻区域研发联盟技术溢出的影响

因变量：lny	江苏	上海	浙江
C	8.243 7*** (5.65)	10.782 6*** (6.25)	8.937 9*** (6.70)
本地区创新投入：*RD*	0.436 0*** (2.803 4)	0.532 4** (2.215 7)	0.367 2** (2.064 2)
研发联盟溢出 1：$\lambda_1 RD_1$	0.129 3* (1.935 2)	−0.153 6* (1.702 7)	0.104 7** (2.422 2)
研发联盟溢出 2：$\lambda_2 RD_2$	−0.098 6 (1.347 3)	0.123 0* (1.987 6)	−0.079 8* (1.886 3)
出口效应：*exy*	0.578 3*** (3.334 3)	0.497 2** (2.496 2)	0.624 6*** (2.921 5)
样本总数	48	48	48
样本组数	4	4	4
Hausman *P* 值	27.337 6 0.000 0	52.574 0 0.000 0	55.543 2 0.000 0
模型类型	*FE*	*FE*	*FE*
R^2	0.913 7	0.927 2	0.882 1

注：***、**、* 分别代表 1%、5%和 10%的水平上显著；括号内的为 *t* 统计值。对于江苏来说 $\lambda_1 RD_1$ 代表上海对江苏的研发联盟溢出效应，$\lambda_2 RD_2$ 代表浙江对江苏的研发联盟溢出效应；对于上海来说 $\lambda_1 RD_1$ 代表江苏对上海的研发联盟溢出效应，$\lambda_2 RD_2$ 代表浙江对上海的研发联盟溢出效应；对于浙江来说 $\lambda_1 RD_1$ 代表上海对浙江的研发联盟溢出效应，$\lambda_2 RD_2$ 代表江苏对浙江的研发联盟溢出效应。

实证结果表明，本地区的创新投入目前依然是长三角两省一市创新的基本动力，增加研发投入有助于产业创新。出口对创新都表现出强烈的刺激作用，说明长三角出口导向战略在现阶段仍然有利于吸收国际技术溢出，并且在江苏、浙江这两个制造业规模相对大的省份，这种影响都比上海更加明显。但从另一个角度思考，随着江苏、浙江的技术能力提高、产业转型升级，这种出口带来的刺激效应或许会逐渐减弱，增强本土创新能力才是根本的出路。

研发联盟的溢出效应在两省一市也存在差异。对江苏来说，从上海获得的研发联盟溢出效应为正，而从浙江获得的研发联盟溢出效应为负；对于上海来说，从江苏获得正的研发联盟溢出，从浙江获得的研发联盟溢出效应为负；而浙江的情况是，从江苏和上海获得的研发联盟溢出均为正。江苏和浙江都从上海获得正的研发联盟溢出效应，可解释为上海拥有相对较高的技术水平，处于技术相对低端的江苏和浙江可以通过学习和模仿从与上海的研发联盟中获得较多的正技术外部性。而在与江苏的研发联盟合作中，上海与浙江都得到负的技术溢出效应，这可能是因为江苏的技术研发水平总体上介于上海和浙江之间，区域间的产业竞争关系更为激烈所引起的。上海受到与浙江的研发联盟的正的技术外部性，可能是由于上海与浙江之间的技术差距相对较大，浙江的技术能力的提升会提高其对上海高技术产品的需求，因此浙江与上海更多的是互惠互利的关系，而不同于其与江苏的竞争关系。

以上对研发联盟在两省一市间区域溢出的分析表明，现有模式下区域研发联盟未必对各区域主体都产生正的技术外部性，各地区出于自身利益的考虑而引发的竞争是这种状况产生的一个可能原因。下面就将通过一个博弈模型来分析地区政府竞争逐利而导致的合作不充分，从而不能达到区域整体利益最大化。

3.3 地方政府间研发合作竞争的博弈

现阶段中央政府考核地方政府的主要经济指标和政府业绩主要体现在各地区利用外资量、GDP 总量和财政收入等等。另外，地方经济效益的好坏直接影响到政府执行公共职能(例如提供就业机会、建设地区基础设施等)的能力。

作为一种特殊的竞争形式，地区竞争体现为区域内的利益主体通过经济活动，为获取有利于本地区的发展而展开较量。地区竞争并不仅是区域间企业为原料供给或市场划分而展开的竞争，也不完全是地方政府为在区域综合实力的角逐过程中领先而在政策等方面的较量。由于将空间因素纳入到了竞争之中，地区竞争比一般的经济竞争要复杂得多：地区竞争主体并非单一，区域内企业、集团、产业及地方政府都为竞争主体；地区竞争的不完全性，早在 20 世纪初期，一些经济学家便发现了考虑空间因素的市场是不完全竞争市场。产品差异是产生垄断的重要原因，而地理位置经常被作为产品差异的基础。地区竞争既包括市场竞争，又包括非市场竞争。在市场竞争条件下，地区竞争所谋取的利益具有明确的排他性，而在非市场竞争条件下，地区竞争所追逐的利益可能具有排他性，也可能具有相容性。

两省一市三地政府在创新过程中也存在着地区竞争，客观上形成了博弈对策关系。区域间多方面的交流不可避免，广泛性的技术合作也非常普遍，在研发合作中，出于对地区利益的追求，本地区政府都希望在尽可能多的获得合作方的技术诀窍的同时，尽量减少本地区技术的外流，以免提升了对方相对本地区的产品竞争力。中央政府会通过一些改革来尽可能遏制地方政府对区域经济利益的过分追求，而地方政府也会采取一些对策来应付中央政府的改革，尽可能使本地区在全国这块“大蛋糕”中占到较大的份额。

为简化分析，我们假定只有甲、乙两个地方政府，出于地区经济利益的考虑，双方都将选择最有利于本地区经济发展的策略。中央政府从全局考虑，通过行政命令以及制定政策促使地方政府开展合作研发，地方政府必须服从。但是地方政府可以选择对合作的重视程度，行为抉择有重视、不重视两种，对合作的重视程度直接影响合作研发的投入成本、合作所获得的技术产出成果以及可能的技术溢出。

如表 3－2 所示，如果甲乙都对合作研发足够重视，建立切实有效的协调机制，投入足够多的研发成本，均得到 1 分的收益，地区整体收益为 2；如果都缺乏足够的重视，对合作研发仅仅是敷衍了事，必然使得合作缺乏效率，不能产生合作成果却还要投入一定成本，因此均得到－1 分的损失，地区整体损失－2；如果甲选择重视而乙并不重视，其结果是乙投入的成本较少还能由于同甲的合作中吸收甲地区的技术诀窍而额外获利，最终获得了 1.5 的利益，而甲既投入了成本又由于技术流失的负外部性，损失反而比都不合作的时候还要大，最终损失了－1.5，合作研发对地区产生的整体效应为 0；最后一种情况是甲不重视而乙重视，分析机理跟前一种情况类似，但由于两地区产业结构与技术能力的不同，甲获利 1.5 的同时，乙的损失并没有前一种情况下甲的损失大，最终损失－0.5，地区整体获益 1。

表 3－2　地方政府选取合作研发策略的博弈模型

		地方政府乙	
		重视	不重视
地方政府甲	重视	A(1,1)	B(－1.5,1.5)
	不重视	C(1.5,－0.5)	D(－1,－1)

在策略 A 的情况下，甲乙两地政府均选择对合作研发高度重视，各获得 1 分的收益，地区整体获利为 2，这是最有利于宏观经济策略组合，但这并不是一个稳定的策略组合。对于乙政府来说，它选择不重视，这样因为搭便车就可以使自己

获利提高为1.5，此时策略组合变为B。在策略组合B中，甲也有改变自己策略的冲动，因为如果此时乙的策略不变，而甲选择不合作，那么它的损失就可以从−1.5减小为−1，B组合同样不稳定，此时的策略组合变为D，双方都选择不重视，损失都为−1。但是D也不是一个稳定的策略组合，乙只要再次改变策略，选择重视，就可以挽回部分损失，最终策略组合变为C，甲选择不重视，获利1.5，而乙选择重视，损失−0.5。此时的策略组合，恰恰是一个稳定的策略组合，因为无论甲乙任何一方单方面改变策略，都会给自己带来损失。最终的结果是，在这场合作研发的博弈中，一方获益而另一方并未得到正的外部性。这恰好与我们之前以长三角地区区域研发联盟对各地区主体的溢出影响所做的实证当中反映的状况相符——区域研发联盟并不一定对参与的双方都产生正的外部性。

这一博弈模型表明，如果都从本地区的利益出发，各自为政，缺乏足够的统一协调机制，在区域研发联盟的合作研发中，难以产生使地区整体获益最大的结果。

3.4 长三角区域研发联盟的模式选择建议

本章之前的分析论述表明，现有的区域合作创新模式下，不能将企业的创新资源最大程度的利用，构建区域研发联盟，必须以企业为主体；并且由于地方政府间存在竞争，而我国现阶段地方政府对地区经济、科技、社会的各方面发展都具有巨大的影响力，要使得区域研发联盟能够充分发挥作用，必须在政府层面首先健全地方利益协调机制、构建有效的合作制度框架。

针对现有区域创新合作模式下的问题，我们认为长三角区域研发联盟的构建模式，应从以下两大方面入手：

3.4.1 由区域统治型为主模式转向区域网络型模式

从整个长三角地区来看，合作创新不应该是单一部门、单一领域的事，应是在各部门之间互动产生的，构建区域研发联盟的目的，就是要增强这种互动，最大限度的利用区域科技创新资源。网络治理的规范基础在于行动者能够认识到彼此之间具有互补性的利益，基于信任、忠诚和互惠的相互依赖关系能够促使和维持行动者之间的合作行动。其主要运作模式既不是由政府选定目标并控制预期效果的行政命令，也不是由自主行动者为追求利润最大化的争论议题，而是行动者在政策运行过程中水平式的自我协调。

首先，正确定位地方政府作用。长三角地方政府应当好引导者、服务者和统筹者，工作重点应是发挥科技合作政策平台构建、基础设施支撑和科技合作项目催化的作用，为地方科技合作创造有竞争力的区位软环境。这一软环境包括风险投资的易获得性、经验丰富的企业家队伍、技术熟练的劳动力集聚、较令人满意的政府政策、大学或研究机构与企业的合作、善于接受新鲜事物和知识的人群、辅助支持的服务业、有吸引力的居住环境等。长三角地区原本就有较完备的制造产业技术和产业基础，同时也具有较发达的人文社会环境和较高素质的人力资本储备，系统整合这些优势资源是形成区位竞争优势的重要环节。其次，以市场为导向，推动企业跨地区、跨部门、跨所有制兼并、联合、重组，培育和发展一批有国际竞争能力的大企业、大集团，激发企业的创新活力。再次，组建区域性的行业协会、商会级科技中介组织等具有联盟性质的组织。行业协会要突破行政区域障碍，组成跨地区的行业联盟，共同制定区域行业发展规划、区域共同市场规则，按照市场化的方式推动产学研合作。在培育长三角民间组织发展的同时，鼓励其自发组织各种类型的创新机构，完善创新过程中的专业化服务体系。

如图 3 - 4 所示，在网络型治理模式下，长三角区域研发联盟的创新来源有三种：政府研究机构、高校和企业研发中心。其中政府研究机构以高尖端技术和基础性研究为主，企业以应用研究为主，高校则介于二者之间。联盟创新的主要方向应是追求可以迅速获得市场价值的成果，企业是联盟的主导力量，高校和科研机构的主要任务是为创新提供技术支持，政府在联盟发展中的角色应是引导者、服务者和统筹者，着力打造优质的区域创新环境。风险投资和中介组织共同构成创新服务系统，既为各种创新主体提供必要的资金支持，也在技术传播、扩散中起着重要的作用。这样创新的知识技术水平高低并存，面向市场的应用研究由于有了企业的广泛参与可以迅速实现产业化，面向未来的高尖端技术和具有广泛应用前景的示范性基础研究仍可由政府立项并组织相关科研机构、高校及有实力的高技术企业联合攻关。

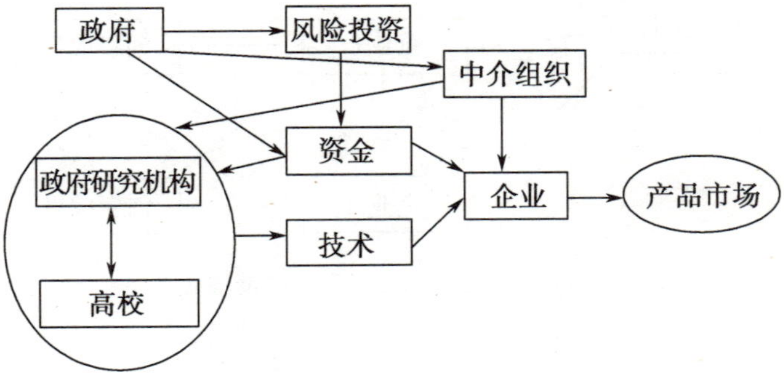

图 3 - 4　长三角区域研发联盟的区域网络型模式

在这种网络型模式中，依然离不开政府对创新活动的积极引导和支持。为了适应这一以企业为主体的新型合作创新模式，我们认为长三角地区政府还应该在科技资助模式上有所改变。

长三角区域经济的具体企业可能成千上万，但重点产业的数量却是有限的。通过专业的划分一个产业上中下游产业链组成结构，我们可以把许多企业归于同一产业中。这同一产业的若干相关企业本质上是存在各种各样联系的。通过在长三角地区如电子、软件、生物医药、纺织、汽车制造等重点产业组建区域产业研发联盟，政府对企业的资助与引导就可以有的放矢，而且可以做到百发百中。这与原先政府面对众多企业，试图发现潜在的扶持对象来说可谓天壤之别。政府在脉络清晰的联盟资助机制上，更容易找到产业的共性瓶颈或症结所在。

图 3－5 简要描述了传统的政府科技资助模式：政府选择若干家目标企业、高校及研究机构，通过向这些企业、高校、科研机构逐个提供科技资助来促进地区科技创新和产业发展。然而政府投放这若干家并不可能都达到预期的效果，很多资助都打了水漂，即使一些受资助的单位取得了一些成果，其绩效也是参差不齐的。并且这种资助的受益者大多是高校、科研机构及大型企业，中小型研发企业或研发个体想要得到资助非常困难。在这种情况下，政府的科技资助资金的使用效率非常有限，且并不能起到带动区域科技创新、充分利用创新资源的作用。但是，如果如图 3－6 所示，政府资助的模式由原先单一的对众多高校、科研机构及企业进行资助，转为对数量有限的区域研发联盟进行资助，从整个产业着眼，从构建产业内区域研发联盟和共性平台入手，那么政府的科技资助效率将会获得极大的提高。不仅众多的中小型研发企业和研发个体的潜力可以得到发挥，那些资金及设备实力雄厚的高校、研究机构和大企业也可以利用研发联盟的便利条件，改变科研

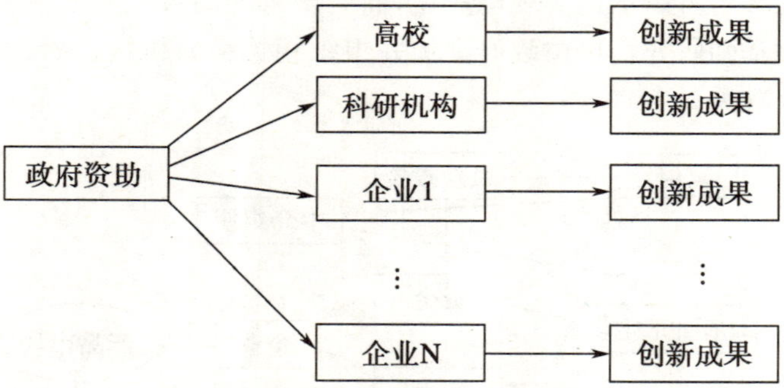

图 3－5　传统的政府科技资助模式

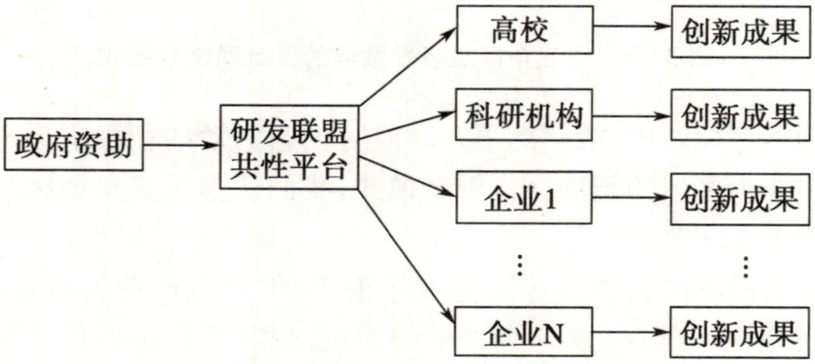

图 3－6　加入区域研发联盟的政府科技资助模式

资金的使用结构,提高资源配置效率。原先不够专业的政府人士面对错综复杂的各种科技项目评估与自主变成现在的由专业人士掌管的研发联盟专家项目评估。来自产业界和科技界的联盟专家委员会专家可以出色的完成各种专业项目评估任务,他们真正的了解产业脉搏和行业科技发展的前沿动态。这样经过专家委员会评估甄选出的共性资助项目具有极高的公信力。只要制度和机制设计合理,通过这种由专业人士评审项目并通过构建服务与技术平台的模式来促进产业发展,可以有效的避免政府内部的寻租行为,极大的提高科技资金的使用效率。

从传统的对万千林立的企业的资助转为对重点产业的区域研发联盟进行资助。政府资助对象的改变使得政府更容易把握产业发展的现状和趋势。功能完备的区域研发联盟可以迅速收集相关产业的即时经营数据资料并在第一时间发现制约产业发展的共性症结,这是原先的模式所不具备的。政府在原先的模式下试图找出各企业共性问题的做法,既不科学,也不系统;取而代之的区域研发联盟可以很巧妙的化解这一系列问题。政府结合当地实际来促成研发联盟的形成,再依靠研发联盟来建设共性技术和服务平台,可以把宝贵的科技资助都用在刀刃上,集中解决行业共性症结,为企业和个体研发扫清前进路上的障碍。同时研发联盟还可以带动广大的中小企业共同参与到创新活动中来,充分的利用地区科技资源。

3.4.2 实现区域间的战略协同

长三角区域研发联盟的建立,需要政府在区域层面的制度设计与政策引导。之前的实证与理论分析表明,各地区主体如果完全从自身利益考虑,并不是一个有效率的选择。以上实证还仅仅是从三个大的区域主体的层面进行分析,各主体内较小的行政单元之间同样存在着竞争关系。诸多行政单元各自进行"理性选择"的整体结果同样有可能使对区域整体更有利的良性合作演变成为恶性竞争。

建立利益协调机制,是促进区域合作与发展的核心,在长三角地区目前的合作创新制度框架中,虽然提出了要建立利益协调机制,但具体到如何实施,则缺少明确的制度安排。部分区域规划和合作协议在实施中的约束力问题并未切实解决。在地区政府协商层面,长三角地区已经形成了一定的机制,目前要解决的问题是如何保证决策的约束力。要提高区域协调的有效性,必须建立具有实质性能力的"超省区级别"的协调与监督机构。

在政府层面,需要建立利益和政绩共同体的协同机制,实现地方政府间的战略协同,是成功的构建长三角区域研发联盟的必要保障。

所谓协同,原指业务多元化的企业集团,通过对子系统的相互协作,可以使公司的整体效益大于各独立组成部分效益总和的效应。如果将整个长三角地区视为一个多元化企业集团,江浙沪三地的诸多行政单元确实像集团内既独立运行又紧密联系的子系统,各子系统之间确实存在着战略协同的可能:

第一，识别协同机会。这是基于对集团内企业间的关联度或相互依存关系的分析。构建区域战略协同机制下的研发联盟，也正是基于经济全球化和网络化背景下，随着产品生命周期缩短，个性化产品纷呈，市场的异质性和细分化程度进一步提高，对国际产业结构调整所带来的区域产业整合的契机与企业边界模糊化等新竞争环境的把握，同时也是立足于长三角共同市场的构建与分工定位，通过区域研发联盟实现优势互补、外溢共享、协同发展。

第二，确立管制权威。如何解决共同治理的低效率问题是战略协同无法回避的。在战略网络的复杂交易关系中，如果缺乏治理机制，合作者的不同利益所引起的激励问题将会扭曲合作行为，无法抑制机会主义行为，最终将导致战略伙伴关系失效。因而，战略协同的管制权威是区域研发联盟合作创新能否成功运作的关键。同样，没有统一的跨行政区的区域协调管理机构，区域合作创新就很难真正深入到实质性层面；没有明确的协议或制度，地方政府就很有可能在追求地方利益的同时损害合作创新的共同利益（在之前的论述中，通过实证分析和博弈模型的理论解释已经很明确的说明了这种危害性）。

第三，控制协同成本。由于技术创新本身就是一项不确定性较强的活动，受限制于单一的资金实力、知识和技术储备以及风险承受能力，企业不仅面临技术风险和资本风险，而且还面临时间周期风险和市场风险。合作创新有效地分散了风险，增加了创新活动成功的可能性，然后合作创新过程与成果的不确定性，对合作各方的态度、投入及愿景会产生重大影响。只有研发联盟的合作创新所产生的正外部性或技术溢出效应达到一定的程度时，这种联盟伙伴的合作创新才趋于稳固和持久；技术溢出率越大，研发联盟就越具有正反馈效应，从而引发更大程度和更大面积的区域研发联盟合作创新。战略协同的实施是建立在信息、技术等共享性创新要素的低成本流动基础上的。

第四，通过区域研发联盟的内部协作与创新要素的新组合来更有效地配置资源。实施合作创新的战略协同并非仅仅表现在某些部门、某些层级或某些子公司之间，而是事关整个集团和整个系统。也正因为如此，各子系统必须全情投入，立足于整个区域全局的高度，统筹整体利益，推动和增进个体利益，以建立区域研发联盟促进关键产业技术和重大技术环节的突破。

目前长三角地区开展区域合作创新的主要模式仍是以政府引导为主，选取若干高技术课题或共性技术开展项目联合攻关，我们可以将这种模式称为“区域统治型”模式。高校和政府科研机构是这种模式下创新的主体，企业的创新资源不能得到有效利用。借鉴 Jaffe 提出的地理一致性指数的概念我们对长三角地区合作创新的技术外溢进行实证，结果也表明，当前的区域合作创新模式下，研发联盟的区域间技术溢出并没有给各区域主体都带来正的技术外部性。各区域主体在合作创新中依然存在利益竞争，需要有效的协调机制。因此，本章提出，在区域研发联盟的构建中，应从传统的“区域统治型”模式转向“区域网络型”模式，区域联盟创新的主要方向应是追求可以真正获得市场价值的成果，所以企业才是联盟的主导力量，政府在联盟中的角色应是引导者、服务者和统筹者，着力打造优质的区域创新环境；政府在科技资助模式上，也应该由原先单一的对众多高校、科研机构及企业进行资助，转为对数量有限的区域研发联盟进行资助。同时为了保障合作创新规划的有效实施，提高区域协调的有效性，必须建立具有实质性能力的“超省区级别”的协调与监督机构，实现区域间的战略协同。

上一章对构建长三角区域研发联盟的模式进行了分析，提出应从现阶段的“区域统治型”为主的区域合作创新模式转向“区域网络型”模式。在“网络型”模式下，区域研发联盟的运行是区域内企业、高校、研究机构以及政府等各主体的互动过程，其方式也呈现出多样性，不仅限于传统的政府科技项目。联盟的绩效在很大程度上取决于联盟内各主体间的连接纽带即联盟的运行方式，因此我们以企业与高校、科研机构等各方在研发联盟中的连接纽带为核心，联系国内外的经验与长三角地区的实际情况，将目前常见的联盟运行方式概括为几种典型类型进行探讨。其后以对一个典型的研发联盟的案例分析及其提供的借鉴意义结束本章的讨论。

3.5　本章小结

通过对长三角目前开展区域合作创新的主要模式进行分析，我们发现在这种以政府引导为主，选取若干高技术课题或共性技术开展项目联合攻关的“区域统治型”模式下，高校和政府科研机构是合作创新的主体，企业的创新资源不能得到有效利用。实证结果也表明，在当前的模式下，研发联盟的区域间技术溢出并没有给各区域主体都带来正的技术外部性。博弈模型的分析说明各区域主体在合作创新中依然存在利益竞争，需要有效的协调机制。因此，我们提出，在区域研发联盟的构建中，应从传统的“区域统治型”模式转向“区域网络型”模式，区域研发联盟创新的主要方向应是追求可以真正获得市场价值的成果，企业才是联盟的主导力量，政府在联盟中的角色是引导者、服务者和统筹者，着力打造优质的区域创新环境；政府在科技资助模式上，也应该由原先单一的对众多高校、科研机构及企业进行资助，转为对数量有限的区域研发联盟进行资助。同时为了保障合作创新规划的有效实施，提高区域协调的有效性，必须建立具有实质性能力的“超省区级别”的协调与监督机构，实现区域间的战略协同。

第4章 区域研发联盟与经济增长方式转变

借助引入区域研发联盟变量的内生增长模型，本章探讨了区域研发联盟与经济增长方式转变之间的联系。理论分析发现，在知识存量水平较低的条件下，推动区域经济增长向创新驱动转变，可以通过构建区域研发联盟的方式提前达成。尽管在知识存量水平较低时，自主创新得不偿失，对经济增长的影响是负面的，只有知识存量积累到一定水平，自主创新才成为经济增长的引擎，但区域研发联盟作为自主创新的载体，在知识存量水平尚不足以支撑创新驱动的区域经济增长时，可以通过创新主体在区域层面上的合作，发挥各自优势，提升创新能力，改善创新绩效，促成经济增长方式的转变。这一命题也得到了长三角地区纺织行业相关数据的实证检验。

4.1 引言

以区域产学研合作为外核、企业之间的合作为内核的“区域研发联盟”①，本质上是一种合作创新形式。根据傅家骥的观点，技术创新战略分为三类，即模仿创新、自主创新与合作创新②。国务院发展研究中心产业经济研究部与财政部经建司和国家统计局工交司对我国大中型工业企业技术创新情况的调查结果显示，有1/2的企业进行模仿创新，1/3的企业进行自主创新，而独立创新的企业有80.56%，换言之，只有不到1/5的企业进行合作创新，但在医药行业，合作比例却高达79.5%③，理解这一反差的可能解释是，医药行业是技术密集程度相对较高的行业。从这个意义上讲，合作创新与行业的整体创新活动之间不可避免的存在深层次的内在联系。而转变经济增长方式，实现又好又快发展，关键在于增强自

① 陈柳，刘志彪. 本土创新能力、FDI技术外溢与经济增长[J]. 南开经济研究，2006(3)：90-101.

② 傅家骥主编. 技术创新学[M]. 北京：清华大学出版社，1998：96.

③ 国务院发展研究中心课题组. 工业企业技术创新的基本状况及主要特征[J]. 中国产业经济动态，2008(1)：21-26.

主创新能力①。对此，区域研发联盟可能是最好的载体。

上述同时涉及技术创新行为与经济增长模式的论题，由西方新增长理论学派所发展出的内生技术进步模型，为之提供了理想的分析框架：它不仅给出了经济主体进行技术创新的微观内生机制，也揭示了宏观经济运行体制的路径与规律。因而将内生增长框架作为本章的理论分析起点和理论研究方法，具有一定的合理性和适用性。

回顾传统的内生增长理论，不难发现其对于区域因素的刻画以及合作行为的考虑都有所欠缺。Romer 沿着 Arrow 用技术外部性来解释经济增长②③，Lucas 则继承 Uzawa 用人力资本来解释经济增长的研究思路，强调了人力资本外部性对解释经济增长的重要性④⑤。利用外部性的思想将技术进步内生化，为区域经济增长理论奠定了基础，因为区域与知识在空间维度上的外部性密切相关。虽然内生增长理论强调了外部性，但似乎过于夸大了外部性的影响，例如"A(知识存量)可以无限制的增长"，"……基于这样的假定：任何从事研究的人都能够自由获取所有的知识存量"⑥。有关技术外溢的经验研究证实了外部性是与 R&D 活动的空间定位有关的⑦。Krugman、Venables、Fujita 等将主流经济学长期忽视的空间因素纳入到一般均衡分析框架中，研究经济活动的空间分布规律，探讨区域经济增长的规律与途径⑧⑨⑩。我国学者章立军也指出，企业或行业层面的研究不能覆盖中国创新活动的全部，区域创新是一个区域内有特色的与地区资源相关联

---

① 卫兴华，孙咏梅. 转变经济增长方式与自主创新(学习贯彻中央经济工作会议精神)[N]. 人民日报，2007-2-2(9).

② Paul M. Romer. Increasing Returns and Long-Run Growth [J]. The Journal of Political Economy, 1986, 94(5): 1002-1037.

③ Arrow, Kenneth J. The Economic Implications of Learning by Doing [J]. *Review of Economic Studies*, 1962, 29(3): 155-173.

④ Robert E. Lucas Jr. On the mechanics of economic development [J]. *Journal of Monetary Economics*, 1988, 22(1): 3-42.

⑤ Uzawa, Hirofumi. Optimal Technical Change in an Aggregative Model of Economic Growth [J]. *International Economic Review*, 1965(6): 8-31.

⑥ Romer P. M., Endogenous technological change [J]. *Journal of Political Economy*, 1990, 98: S71-S101.

⑦ Eaton J. and S. Kortun, Trade in Ideas: Productivity and Patenting in the OECD [J]. *Journal of International Economics*, 1996, 40: 3-4, 251-278.

⑧ Paul Krugman. Increasing Returns and Economic Geography [J]. The Journal of Political Economy, 1991, 99(3): 483-499.

⑨ Anthony J. Venables. Equilibrium Locations of Vertically Linked Industries [J]. *InternationalEconomic Review*, 1996, 37(2): 341-359.

⑩ Fujita M., P. R. Krugman, and A. J. Venables. *The Spatial Economy: Cities, Regions, and International Trade* [M]. Cambridge, Mass: Massachusetts Institute of Technology Press, 1999.

的，推进创新的制度组织网络①。从时间维度考察，内生增长理论还提出研发的复制与模仿增加，使得创新产出在长期内存在减少的趋势，即所谓“规模效应”②。但如果特定领域的研发在区域内能够得到有效集中，研发主体之间不断地进行日常的交流和合作，不但可以减少重复和模仿，相反还可能增加创新产出效率。

对于区域研发联盟这种通过制度设计引导的形式，现有的内生增长理论不能进行完全的解释，需要对之进一步深化。本章试图根据 Romer 等人的分析框架，在空间维度上，考虑区域因素；在时间维度上，考虑研发的合作与分工；在历史维度上，考虑在发展中国家的经济中，技术进步通常依赖于对国外先进技术的模仿与吸收的因素③，从而探讨区域研发联盟对经济增长方式转变的影响。本章第二部分将通过理论模型来分析区域研发联盟与经济增长方式转变的关系；第三部分是对理论模型的数值模拟，以得出有意义的具体命题；第四部分利用长三角纺织业的数据，对理论命题进行实证检验；最后是研究结论与进一步研究方向。

4.2 理论模型

4.2.1 基本方程

本节以 Romer 和 Jones 的模型④为基础，构建考虑区域研发联盟和自主创新因素的内生技术进步模型，对区域研发联盟、自主创新与区域经济增长之间的关系进行理论分析。

首先设定厂商的生产函数采取下列形式：

$$Y(H_Y,K,A)=H_Y^{\alpha}A\left(\frac{K}{\eta A}\right)^{1-\alpha}=(H_YA)^{\alpha}K^{1-\alpha}\eta^{\alpha-1} \tag{1}$$

其中，生产的投入包括从事生产的人力资本 H_Y，物质资本 K 和技术 A，α 为产出弹性。由于资本 K 是产出 Y 中放弃 η 单位消费而进行耐用品生产的结果，$\dot{K}(t)=Y(t)-C(t)$，按照 Romer 的假设，所有耐用品按照相同的水平 $\bar{x}$ 提供，$K=$

① 章立军. 创新环境、创新能力及全要素生产率——基于省际数据的经验证据[J]. 南方经济，2006(11)：43－56.

② Jones. Time Series Tests of Endogenous Growth Models[J]. *Quarterly Journal of Economics*, 1995a，110：495－525.

③ 林毅夫，张鹏飞. 后发优势、技术引进和落后国家的经济增长[J]. 经济学(季刊)，2005(4)：53－74.

④ Jones. R&D-Based Models of Economic Growth [J]. *Journal of Political Economy*, 1995b，13：759－784.

$\eta A\ \bar{x}$，将 $\bar{x}$ 代入生产函数 $Y(H_Y, x) = H_Y^{\alpha}\int_0^{\infty} x(i)^{1-\alpha} di = H_Y^{\alpha} A\ (\bar{x})^{1-\alpha}$，得到(1)式。

根据 Romer 假设，技术进步的速度与从事研究的人力资本 H_A 以及知识存量 A 有关，即

$$\dot{A} = \delta H_A A \tag{2}$$

其中，δ 是研发的生产力参数。

4.2.2　引入自主创新系数

在 Romer 的模型中，对知识存量 A 的来源没有进行区分，即知识是来自自主创新还是模仿。可能的原因是，西方发达国家的知识形成基本是靠自主创新；然而，即使在分析后发国家通过技术引进和模仿进行赶超的 Helpman 的模型中，也未对之进行区分①。Mondal 和 Gupta 指出被模仿的技术对知识资本的构成不具有贡献，只有自主创新的技术才构成知识资本②。根据 Mansfield 等人对美国 4 个部门的 48 种创新的研究，技术模仿的平均成本高达创新成本的 65%，甚至有 7 项发明是模仿成本超过创新成本的③。对于广义的自主创新概念中所包含的引进消化吸收再创新方式，一项技术从引进到改造成适合本土的技术，整个过程所花费的总成本可能会更高。由于模仿和自主创新之间存在显著区别，两者对经济增长的影响上必然存在差别，所以，在考虑适用于我国经济增长的理论模型时，必须对 A 的来源通过参数进行设定。将(2)式改写成

$$\dot{A} = \delta H_A A^{\varphi}, 0 < \varphi \leqslant 1 \tag{3}$$

这里的 φ 即为自主创新系数，用于体现知识存量中来自自主创新的比例，当 φ 等于 1 时，则表示知识完全来自自主创新。

4.2.3　引入区域研发联盟

让区域研发联盟进入理论模型，首先应考虑区域外部环境。在特定的区域环境内开展创新活动，必须涉及的一个概念是聚集效应：典型的知识聚集的载体是城市群。Lucas 从人力资本外部性的角度指出，城市是一个理论上经济增长内在机制的天然场所，经济活动在地理上的邻近有助于信息的传递，知识外

---

① Helpman Elhanan. Innovation, Imitation and Intellectual Property Rights [J]. *Econometrica*, 1993, 61: 1247 - 1280.

② Debasis Mondal and Manash Ranjan Gupta. Innovation, Imitation and Intellectual Property Rights: A Note on Helpman's Model [J]. *Journal of Economics*, 2006, 87(1): 29 - 53.

③ Edwin Mansfield, Mark Schwartz and Samuel Wagner. Imitation Costs and Patents: An Empirical Study [J]. *The Economic Journal*, 1981, 91(364): 907 - 991.

溢和技术创新主要发生在产业和经济活动聚集的地区。人口和产业聚集的密度越高，知识外溢的效应就越强，而城市就是这样一个产业和人口高度聚集的地方。此外，交通成本的降低带来了更多的积极外部性。城市群是知识外溢、劳动分工和人力资本积累最迅速的地区，所以，应当在模型中增加参数 θ，$0<\theta<1$，得到 $\dot{A}=\delta(1+\theta)H_A A^{\varphi}$。$\theta$ 的引入代表了区域外部环境对区域内创新活动的影响。

针对 Romer 模型中暗含的较为粗略的假设条件，即对知识存量的获取是自由、不受限制的。本节认为，该假设只适用于显性知识（explicit knowledge），如期刊论文、数据库、软件源码等，此类知识在一定条件下，可以实现全球范围内的共享；但对于隐性知识（tacit knowledge）来说，知识存量自由获取的假设则无法成立，必须在具有一定地理集中程度的区域内进行。因为隐性知识指工作诀窍、经验、观点和价值观等意会知识，它根植于每个人的行动和经验之中，典型的案例如美国硅谷和 128 公路地区，该地区的企业知识资本中很大一部分是隐性知识，通过组织间员工个体的密切交互作用和人员流动方能获取。隐性知识作用的发挥，需要在一定的区域范围内进行，各创新主体之间通过长期的交流和合作，才能不断的创造出新知识。由于地理距离上的接近，信息交流在一定程度上降低了重复研发和复制的可能性。最近的证据表明，对于创新绩效，个体研究者要比其所在机构的影响力更为显著①。因为知识溢出最终还是落实到"人"的头上，是人对其他人、或其他机构的成员发生的溢出。Simonen 和 McCann 也指出，知识本质上是通过人力资本的流动来实现传递的②；路江涌的实证也证实了在吸收 FDI 外溢时，从外资企业吸收员工可以提高溢出水平③。因而，对 H_A 设置一相应的参数，考虑其在区域内的集中和合作对 A 产生的效应 ε，$0<\varepsilon<1$，ε 即所谓合作系数，可以用来代表区域研发联盟中的合作行为。因而最终得到

$$\dot{A}=\delta(1+\theta)H_A^{(1+\varepsilon)\varphi} \tag{4}$$

通过设置参数 θ 和 ε，区域研发联盟形态正式引入到理论模型中。

4.2.4 平衡增长路径

假设消费者的效用函数为常风险规避系数形式 $U(C)=\dfrac{C^{1-\sigma}-1}{1-\sigma}$，$\sigma>0$ 表示

① P. D'Este, P. Patel. University—industry linkages in the UK: What are the factors underlying the variety of interactions with industry? [J]. *Research Policy*, 2007, 36(9): 1295 - 1313.

② Jaakko Simonen, Philip McCann. Firm innovation: The influence of R&D cooperation and the geography of human capital inputs [J]. *Journal of Urban Economics*, 2008(64): 146 - 154.

③ 路江涌. 外商直接投资对内资企业效率的影响和渠道[J]. 经济研究，2008(6)：95 - 106.

风险规避系数；消费者要最大化其一生的效用 $\max U=\int_0^{\infty}U(C)e^{-\rho t}dt$，$\rho$ 为正的不变的时间偏好率。

在约束条件：

$$Y=(H_YA)^{\alpha}K^{1-\alpha}\eta^{\alpha-1}$$

$$\dot{K}=Y-C$$

以及(3.4)式、$H_A+H_Y=H$、初始条件和 TVC 下，求解下述建立现值汉密尔顿函数的最优解：

$$\hbar=U(C)+\lambda[\eta^{\alpha-1}A^{\alpha}(H-H_A)^{\alpha}K^{1-\alpha}-C]+\mu[\delta(1+\theta)H_A^{(1+\varepsilon)}A^{\varphi}]$$

一阶条件：

$$C^{-\sigma}=\lambda \tag{5}$$

$$\frac{\partial\hbar}{\partial H_A}=\mu\delta(1+\theta)(1+\varepsilon)A^{\varphi}H_A^{(1+\varepsilon)-1}-\lambda\alpha\eta^{\alpha-1}A^{\alpha}K^{1-\alpha}(H-H_A)^{\alpha-1}=0$$

令 Δ 表示

$$\eta^{\alpha-1}A^{\alpha}(H-H_A)^{\alpha}K^{1-\alpha}$$

则

$$\lambda\alpha\Delta(H-H_A)^{-1}=\mu\delta(1+\theta)(1+\varepsilon)A^{\varphi}H_A^{(1+\varepsilon)-1}$$

又

$$\dot{\lambda}=\rho\lambda-\frac{\partial\hbar}{\partial K},\dot{\mu}=\rho\mu-\frac{\partial\hbar}{\partial A}$$

$$\dot{\mu}=\rho\mu-\lambda\alpha\eta^{\alpha-1}A^{\alpha-1}K^{1-\alpha}(H-H_A)^{\alpha}-\mu\delta\varphi(1+\theta)H_A^{(1+\varepsilon)}A^{\varphi-1}$$

两边同除以 μ，得到：

$$\frac{\dot{\mu}}{\mu}=\rho-\delta(1+\theta)(1+\varepsilon)A^{\varphi-1}H_A^{(1+\varepsilon)-1}(H-H_A)-\delta\varphi(1+\theta)H_A^{(1+\varepsilon)}A^{\varphi-1}$$

在平衡增长的路径上，经济增长的速率 $g=\frac{\dot{C}}{C}=\frac{\dot{A}}{A}$，而 $\frac{\dot{\mu}}{\mu}=\frac{\dot{\lambda}}{\lambda}$，根据(5)式，得到 $-\sigma\frac{\dot{A}}{A}=\frac{\dot{\mu}}{\mu}$，又：

$$\frac{\dot{A}}{A}=\delta(1+\theta)H_A^{(1+\varepsilon)}A^{\varphi-1} \tag{6}$$

所以 $g=\left(-\frac{1}{\sigma}\right)\cdot\frac{\dot{\mu}}{\mu}$

再次令

$$\nabla=\delta(1+\theta)H_A^{(1+\varepsilon)-1}A^{\varphi-1}$$

则

$$\rho - \nabla(1+\varepsilon)(H-H_A) - \nabla\varphi H_A = -\sigma \nabla H_A \tag{7}$$

在获得该理论模型的完整结论之前，还需要进行的工作是：

首先根据(7)求出 H_A，再将 H_A 代入(6)中，从而求出 g 的值。

由于方程(7)涉及的未知变量过多，无法获得解析解或进行相图分析。为了获取各主要变量之间的相互影响关系，只能直接利用现有文献中的已知结论，根据部分变量的数值模拟，进行求解，以获得理论模型的最终结果。

4.3 数值模拟

对于方程(7)，从已有文献中能获得的已知条件有：

α 取 2/3，σ 取 1，ρ 取 0.03，Jones(1995b)

δ 取 0.02，Barro and Sala-i-Martin(2004)①

θ 取 0.2，Gramlich(1994②)③

再设定 H=2④

需要指出的是，尽管本章的研究对象是中国，但由于上述理论模型的构建是以西方经济学者的模型为基础的修改，所以在进行参数模拟时，应选取从西方国家的数据分析中获得的系数。例如对于 α，沈坤荣、赵博(2006)对长三角地区的计算结果为 0.61⑤，存在一定差别，但可能不会对最终结果产生实质性影响。

当研发联盟系数 ε 取 0.25、0.5 和 0.75 时，自主创新水平(φ)与经济增长(g)之间有如图 4-1 所示的关系。

---

① Barro, R. J., Sala-i-Martin, X. *Economic Growth* [M]. Cambridge: The MIT Press, 2004.

② Gramlich, E.. Infrastructure investment: a review essay [J]. *Journal of Economic Literature*, 1994, 32(3): 1176-1196.

③ 由于参数 θ 代表了区域外部环境因素的影响。根据 Fujita 和 Thisse(2002)的理论，城市结构实际上是面对面交流的意愿和交通成本之间相互作用的均衡结果(Fujita, M., and J. F. Thisse. *Economics of Agglomeration* [M]. Cambridge: Cambridge University Press, 2002.)。所以，我们可以利用 Gramlich (1994)就公共资本和基础设施对经济增长影响的结果，作为 θ 的代理变量值，Gramlich 给出的结果在 0.1 到 0.3 之间，我们这里选择平均值 0.2。

④ H 由生产部门的人力资本和研发部门的人力资本构成，为各指标的数值保持可比性，故将 H 取值为 2。

⑤ 沈坤荣，赵博. TFP、技术选择与长三角地区的经济增长[J]. 江苏社会科学，2006(4)：59-66.

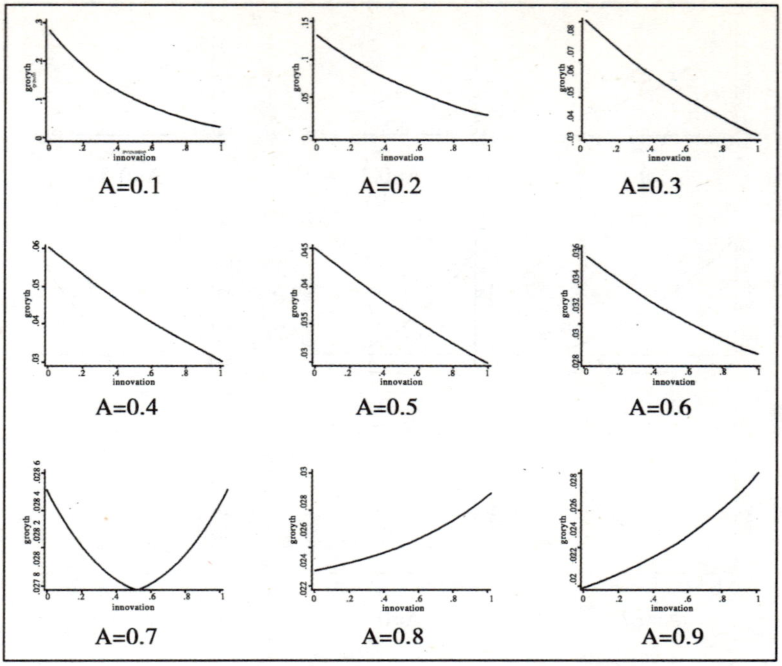

ε取0.25

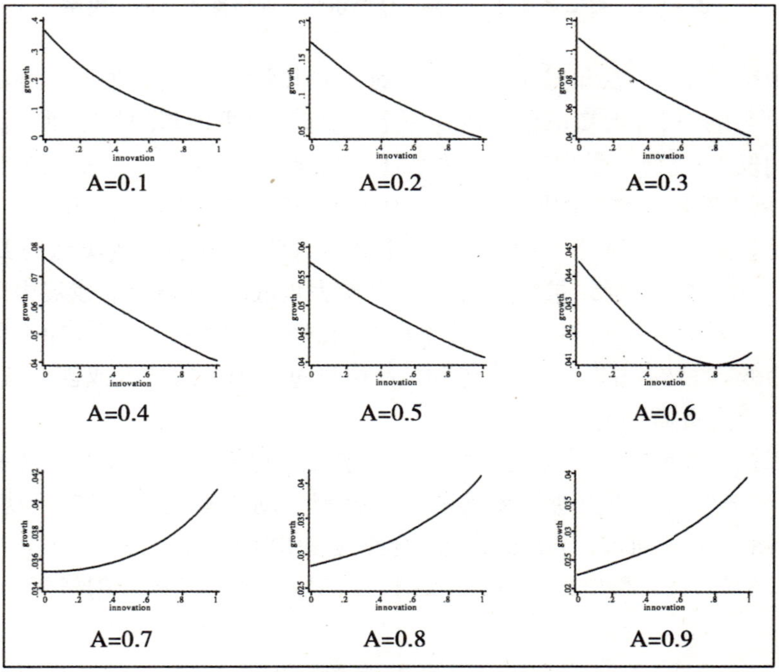

ε取0.5

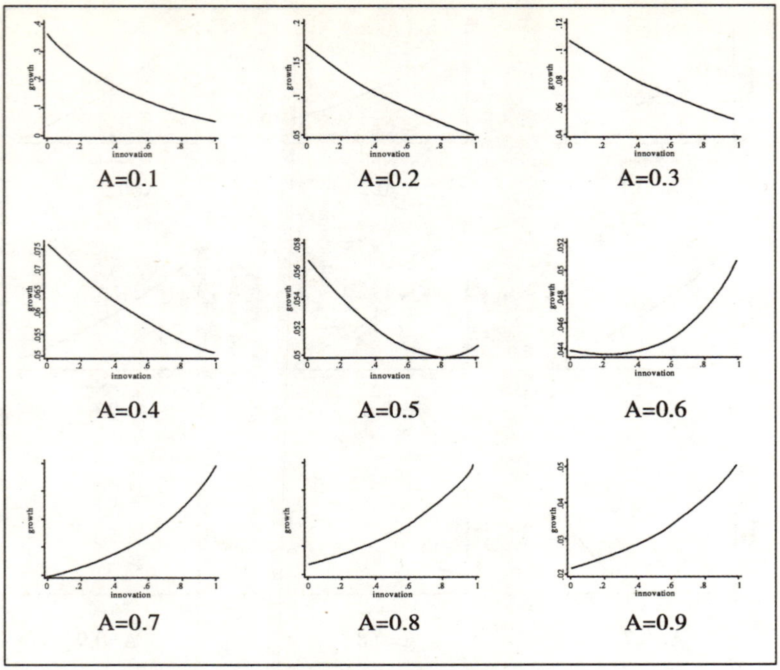

ε取0.75

图 4-1　数值模拟结果：自主创新水平与经济增长之间的关系

模拟结果显示：在知识存量 A 积累到一定水平之前，自主创新对经济增长会产生负面影响，只有当知识存量达到一定水平时，自主创新的战略对经济增长的负向影响发生“逆转”，呈现出 U 型关系，例如 ε 取 0.25 时，在 A 取 0.7 时发生逆转，自主创新对经济增长的影响由负转而为正，随后，在 A 取 0.8 和 0.9 时，经济增长随着自主创新水平单调递增。当 ε 取其他数值时，都会出现类似的关于 A 和 g 的相对变动情形。此结果可以用“比较优势发展战略”来解释。发展中国家应当选择与其要素禀赋结构相一致的技术结构，在经济发展水平初期，知识存量相对较低的时候，如果不遵循“比较优势”原则，引进过于先进的技术或创新战略，会对经济增长产生负面影响①。

如果把自主创新水平与经济增长的关系发生逆转的区间看作经济增长方式转变，即经济增长方式由所谓要素驱动或投资驱动等模式，向创新驱动型转变。那么，从图 4-1 不难看出，研发联盟的合作程度提升，会使经济增长方式的转变提前到来。例如，在 ε 取 0.25，A 取 0.7 时，经济增长方式开始向创新驱动型转变，

① 林毅夫，张鹏飞. 适宜技术、技术选择和发展中国家的经济增长[J]. 经济学(季刊)，2006(3)：985-1006.

而当 ε 取 0.5 时，在 A 取 0.6 时便发生了该转变，当 ε 取 0.75 时，A 取 0.5 的水平上就实现了增长方式转变。这表明，在进行创新活动时，采取合作创新方式能够弥补知识存量的先天不足。因而，该结果对发展中国家调整经济结构，加快经济增长方式转变具有重要意义。通过研发联盟的构建，加快经济增长方式的转变，调整经济结构，实现全面、协调、可持续发展的增长。

根据上面的分析得到命题：

经济增长过程中，在知识存量达到一定水平之前，自主创新战略对经济增长具有负向作用，在达到一定的阶段之后，经济增长方式向创新驱动型转变，创新对经济增长产生正向作用。以区域研发联盟为典型的合作形式，会对经济增长产生更显著的推动力，加快增长方式的转变。

4.4　实证检验

本小节将选用向量自回归（VAR）模型进行实证检验，并运用脉冲响应函数（Impulse Response Function）来考察模型中内生变量的动态特征。之所以选择VAR 方法，是因为该方法使用模型中的所有当期变量对所有变量的若干滞后变量进行回归，可用于相关时间序列系统的预测，分析随机扰动对变量系统的动态影响；在第 3 节的理论模型中，经济增长、知识存量和区域研发联盟等变量之间是相互联系和影响的，变量间存在着长期的动态关系，因而传统的、简单的线性回归分析方法将不再适用；采用 VAR 这种非结构化的多方程模型，由于其不带任何事先约束条件，将每个变量均视为内生变量，避开了结构建模方法中需要对系统中每个内生变量关于所有变量滞后值函数的建模问题。因而 VAR 方法更适合本节实证分析的需要，其检验结果也更具可信度。

4.4.1　指标设置与数据来源

区域研发联盟的代理变量是本实证分析的关键难点。本章试图从来自区域研发联盟合作创新的产出角度，来进行测度。根据“中国科技发展战略研究小组”发布的《中国区域创新能力报告 2005—2006》[①]所提供的思路，统计汇总专利数据库中的专利申请人项目，如果存在两个不同单位（企业、高校、科研院所[②]）联合申请的专利，就将之定为合作创新的结果。那么，某个地区或产业联合申请专利的数量和比重，就代表了区域研发联盟的发展程度与水平。

本章采用由杭州市知识产权服务中心运营的中国纺织服装知识产权数据库

---

① 中国科技发展战略研究小组. 中国区域创新能力报告 2005—2006 [M]. 北京：中共中央党校出版社，2002.

② 忽略个人申请的专利，因为该指标需要与行业产值之间的关系进行考察，主体仍旧是生产性的企业。

的专利检索服务，选取长三角地区纺织行业作为样本进行分析。选取纺织行业作为样本有四个重要的原因：首先，纺织业是我国经济中对外开放程度最高、利用外部资源最集中的领域，在国际金融危机的冲击中首受其害①，与此同时，纺织业是我国吸纳就业人口最多的传统制造业和劳动密集型产业，应对经济危机，急需实现产业转型，通过技术升级，改变要素投入型的增长方式；其次，长三角地区的纺织业在全国具有重要地位——从资产上来看，长三角占全国纺织行业规模的38.7%，从出口来看，江浙沪占全国的47.6%②，选择这个行业进行实证，其结果可以代表该行业在全国范围内的情况；第三，在长三角地区，纺织行业已经受到了政府部门的高度关注，“长三角区域创新体系建设联席会议办公室”于2007年底发布了“长三角科技合作三年行动计划(2008—2010年)”，在提出的五大科技行动中的第二大行动“传统产业提升行动”里面，将纺织产业的技术改造与提升放在了首要位置；第四，在各方推动下，“长三角纺织产业协同创新联盟”于08年11月初成立，成为率先构建区域研发联盟的典范。所以，无论从行业、地域层面，还是从政策、实践层面来看，长三角纺织业都是进行区域研发联盟实证研究的最具代表性对象。

综合上述考虑，长三角的纺织业是本实证研究的合适对象。在搜集整理每年的专利数和专利合作数据之后，进一步选取统计年鉴中的“纺织业”、“服装及其他纤维制品制造业(1993年之前是缝纫业)”以及“皮革、毛皮、羽毛(绒)及其制品业”三个行业相关指标，与专利统计指标相匹配。数据来自《上海经济社会统计1949—2000》、2001至2007年的《上海统计年鉴》及其各年份的《江苏统计年鉴》和《浙江统计年鉴》。

4.4.2 区域研发联盟的描述性统计分析

根据4.1节中描述的统计方法，对1985年至2006年长三角各地的纺织业专利合作进行了汇总和统计，在统计时，区分了合作对象选择的地域分布，图4-2和4-3给出了汇总结果：几乎有80%的联盟产生于长三角区域内部，其中上海、江苏和浙江分别有60%、50%和70%的专利合作是在本市进行的。对此结果，可能的一个解释来自Bottazzi和Peri③，他测量了知识在区域内溢出的空间距离限值，

---

① 最新的海关数据显示，尽管进入了纺织服装出口传统旺季，2009年1—3月我国纺织品与服装的累计出口和去年同期相比增速下降幅度高出43.68%和19.69%，其中2月份纺织品服装较上个月的增幅更是低达-82.96%，较去年同期同比增速-35.09%，高出所有行业平均水平10个百分点(数据来源：中国海关进出口统计数据)。

② http://www.bizteller.cn/html/news/2007/02/01/29557404.html “珠三角&长三角：解读纺织业区域经济合作关系”。

③ Bottazzi L. and Peri G.. Innovation and spillovers in regions: evidence from European patent data [J]. *European Economic Review*, 2003,47: 687-710.

得出知识溢出只有在 300 公里范围内才能实现①。Julio M. Rosa 和 Pierre Mohnen 对加拿大的实证研究还发现，距离每增加 10%，编码知识的流动减少一半②；同时，国内学者的研究还表明，距离北京、上海、广东越近的地方，技术进步越快③。这也解释了长三角地区为什么会出现以上海为龙头的区域发展与区域合作模式。

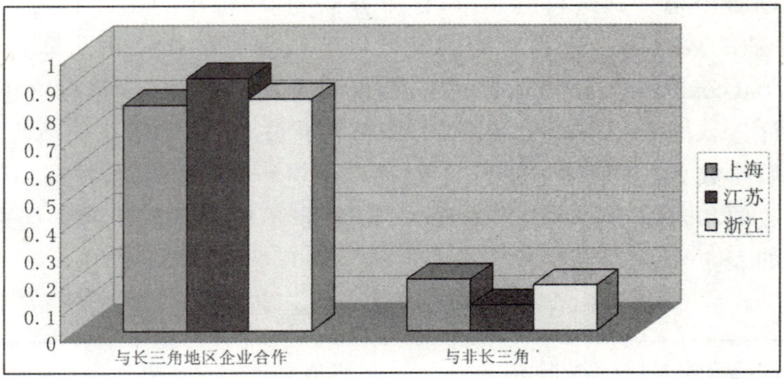

图 4－2　长三角地区纺织业专利合作地域分布一1

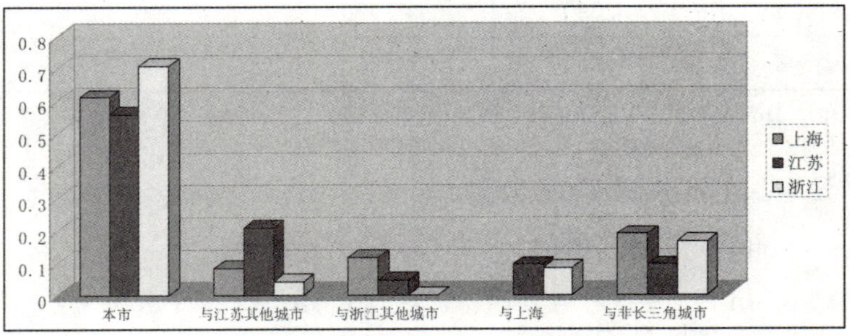

图 4－3　长三角地区纺织业专利合作地域分布一2

描述性统计分析的启示是：在一个方便交流和相互学习的地域空间内，企业在市场力量的驱动下，会自发的进行创新合作，同时会强化创新合作活动活跃的区域形态。此外，长三角城市群由于拥有相当发达的交通条件，必将对人才、知识、信息的交流和传递产生正面影响。在 4.4.3 节中，将利用 VAR 方法，对知识存量、区域研发联盟与区域经济增长之间的动态联系进行研究。

---

① 我们采用"谷歌·地图"的高速公路驾车路线指示功能，计算结果刚好为：南京到上海距离 296 公里，南京到杭州的距离为 283 公里，上海到杭州仅为 176 公里。这都位于知识溢出的最佳距离范围内，与图中所反映的现象一致。

② Julio Rosa & Pierre Mohnen. Knowledge Transfers between Canadian Business Enterprises and Universities: Does Distance Matter? [J]. *CIRANO Working Papers* 2008s－09, CIRANO, 2008.

③ 舒元，才国伟. 我国省际技术进步及其空间扩散分析[J]. 经济研究，2007(6)：106－118.

4.4.3 VAR 模型：知识存量、区域研发联盟与区域经济增长

选取按可比价计算的纺织业总产值作为行业经济增长的代理变量，记为 Y，取其自然对数值，代表各地的经济增长速度；选取专利的累积值作为知识存量的代理变量，记为 A，也取其自然对数值；研发联盟的代理变量为：单位企业的专利申请中以联合申请方式进行的比重，计算方法为，将每年的累计专利数除以企业数（企业个数的数据同样来自对应的统计年鉴），得到的结果再除联合申请专利数，记为 Coa（coalition），该指标数值越大，说明研发联盟内的合作程度越高。

使用计量软件 Intercooled Stata 9.2，首先通过 SC 值和修正的 AIC 值最小准则确定滞后阶数 K，进而对变量 Y、A 以及 Coa 进行 ADF 检验，发现 A 和 Coa 均是包含常数项和时间趋势项的平稳序列，$\ln Y$ 是不包含常数项的平稳序列，具体检验结果如表 4-1：

表 4-1　ADF 检验结果

变量	滞后阶数 K	检验值	1%临界值	5%临界值	10%临界值
$\ln Y$	7	−4.256***	−2.660	−1.950	−1.600
$\ln A$	1	−3.569**	−4.380	−3.600	−3.240
Coa	5	−3.945**	−4.380	−3.600	−3.240

注：*** 和 ** 分别表示 1%、5%的显著水平，依据 MacKinnon（one-sided p-values）临界值①。

因此，设定如下形式的 VAR 模型：

$$\begin{bmatrix}\ln Y\\ \ln A\\ Coa\end{bmatrix}_t = A_1\begin{bmatrix}\ln Y\\ \ln A\\ Coa\end{bmatrix}_{t-1} + \cdots + A_p\begin{bmatrix}\ln Y\\ \ln A\\ Coa\end{bmatrix}_{t-p} + \alpha C + \varepsilon_t$$

其中，t（$t=1985, \cdots, 2006$）表示年份；C 为常数向量；$A_1 \cdots A_p$ 为待估计的参数矩阵；在本模型中，Y、A 和 Coa 均设为内生变量，内生变量的阶滞后期为 p。根据 AIC 和 SC 准则，经过对滞后参数的诊断检验结果，判定滞后 4 阶的 VAR 模型是最为合适的，检验结果如表 4-2：根据 AIC 值和 HQ 值确定的滞后阶数都是 4，而 SBIC 给出的结果是 1 阶，难以确定。所以使用 LR 检验进行取舍，从而得到 4 阶滞后的结论。

---

① J MacKinnon. Numerical Distribution Functions for Unit Root and Cointegration Tests[J]. *Journal of Applied Econometrics*, 1996, 11: 601-618.

表 4－2　滞后阶数检验结果

lag	LL	LR	Df	p	FPE	AIC	HQIC	SBIC
0	－187.966				329 426	21.218 4	21.238 9	21.366 8
1	－95.184 7	185.56	9	0.000	30.520 6*	11.909 4	11.991 3	12.503*
2	－86.720 6	16.928	9	0.050	36.050 9	11.969	12.112 2	13.007 7
3	－73.620 5	26.2	9	0.002	30.714	11.513 4	11.718	12.997 3
4	－60.059 8	27.121*	9	0.001	37.838 6	11.006 6*	11.272 6*	12.935 8

由于 VAR 模型不以经济理论为基础，所以这里仅给出 VAR 模型各方程的检验结果和整体检验结果。如表 4－3 所示：拟合优度、F 值、chi2 值等都很理想，表明该模型很好的刻画了经济增长、知识存量以及区域研发联盟之间的动态关系。

表 4－3　VAR 模型检验结果

Log likelihood＝－60.05981 FPE＝37.83856 Det(Sigma_ml)＝.1587667				AIC＝11.006 65 HQIC＝11.272 65 SBIC＝12.935 78		
Equation	RMSE	R-sq	F	P ＞ F	chi2	P＞chi2
LnY	.085 647	0.992 5	54.831 92	0.000 2	2 368.739	0.000 0
LnA	28.441 3	0.999 7	1 587.873	0.000 0	68 596.1	0.000 0
Coa	1.960 26	0.973 1	15.098 87	0.003 8	652.271 2	0.000 0

再对 VAR 模型进行稳定性检验，发现被估计的 VAR 模型所有根模的倒数小于 1，即位于单位圆之内，说明其满足平稳性条件，可以进行脉冲响应分析。

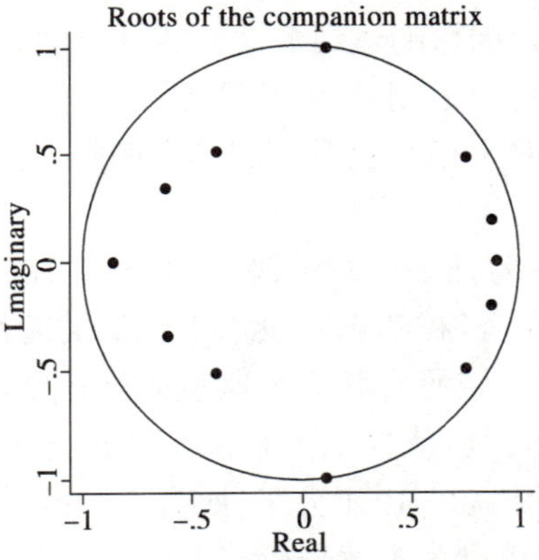

图 4－4　VAR 模型的稳定性检验

脉冲响应函数能够描述系统中某一内生变量发生的冲击对其他变量的动态效应轨迹。当内生变量的新息(innovation)发生变化，不仅当前值会立刻改变，同时也会通过当前值影响变量和今后的取值，脉冲响应函数就是试图描述这些影响的轨迹，显示任意一个变量的扰动如何通过模型影响所有其他变量，最终又反馈到自身的过程。如果新息之间是不相关的，脉冲响应可以直接解释，但新息之间一般都是相关的，例如这里的知识存量、区域研发联盟与经济增长。为处理该问题，通常引入一个变换矩阵与新息相乘，常用的一种是 Cholesky 分解法，通过将新息正交化（orthogonalized），分离各变量的相对影响。通过正交脉冲响应函数（OIRF），得到图 4－5：

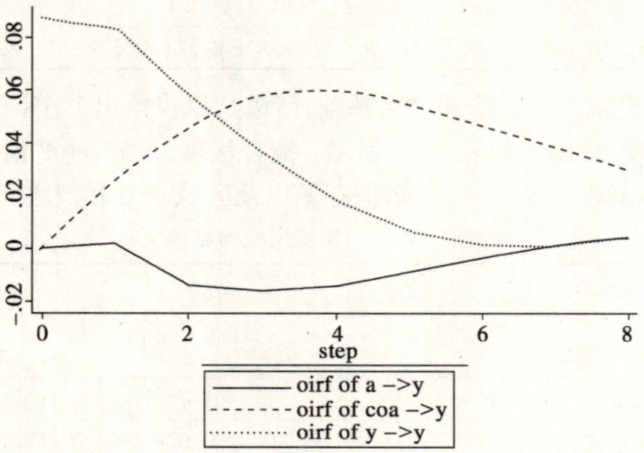

图 4－5　脉冲响应函数图

从图 4－5 中可以看出，产出对其自身的一个标准差新息在第 1 期之后立刻有较明显的下降趋势，影响效果从 8%的水平逐渐回落，影响效果在第 6 期达到最低值；该序列对来自知识存量方程的新息在第 0 期没有反映，从第 1 期开始影响为负，在第 2 期和第 3 期的负向影响达到最大值，随后开始逐渐上升，但其影响一直为负，直到第 7 期才开始转为正；来自研发联盟的影响从第 0 期开始即为比较显著的增长且为正，促使产出水平稳步上升，在第 4 期时到达最大值 6%，然后逐渐回落，但一直保持正的效应。

上述脉冲响应的结果验证了本章的理论命题，即在经济发展的初期，创新对于经济增长的影响并不显著，在知识存量水平较低的阶段，自主创新对经济增长的影响甚至是负的；而以区域研发联盟为典型的合作创新，却一直能够保持对经济增长的正向效应。合作创新从根本上来说是一种分工行为，早在《国富论》中，便有分工导致经济增长的概念，“由于分工，所有不同行业的产量成倍增长……带来普遍富裕的结果”①，诺思则为本章分析结果提供了更明确的解释：斯密的专业化和劳动分工实际上是知识的专业化②。分工从本质上所具有的这种自我强化和

① （英）Adam Smith 著. 国富论[M]. 唐日松译. 北京：华夏出版社，2005：11－13.

② 道格拉斯·诺思著. 理解经济变迁过程[M]. 钟正生、邢华等译，杨瑞龙、郑江淮校. 北京：中国人民大学出版社，2008.

推进机制，是解释区域研发联盟为什么能对经济增长产生持续动力的关键。结合上述脉冲响应函数的结论，还可以看到，产出及其积累本身并不构成持续增长的动力，是无法自我强化和维持的，反之，是区域研发联盟这种合作创新形式在促进着经济的增长，这也解释了为什么图4-5中的产出对其自身新息的反映是逐渐下降直至接近于零，而区域研发联盟对经济增长的影响一直是正的。当知识存量水平较低，创新对经济增长具有负向影响时，合作研发起到弥补的作用，维持着产出的增长。

本节的时间序列分析结果表明：知识存量达到一定水平之前，创新对经济增长具有负面影响，在达到一定的临界值之后，经济增长方式向创新驱动型转变，随后，自主创新战略对经济增长具有正向影响，即在知识存量积累到一定程度后，自主创新战略成为经济增长的必然选择[①]；以区域研发联盟等为主要形式的合作创新形式，对经济增长具有持续的推动力，能够加快增长方式转变。换言之，水平较低的知识存量，是不足以支撑创新型驱动经济增长的，需要通过创新主体间的合作来弥补，这在一定程度上解释了研发联盟有助于经济增长方式转变的原因。

4.5　本章小结

通过将区域研发联盟变量引入内生增长框架，本章从空间、时间乃至历史维度，对传统的内生技术进步模型进行了拓展。研究发现：在区域经济增长的过程中，自主创新在知识存量水平较低时无法有力驱动经济增长，只有当知识存量积累到一定程度后，自主创新战略才成为经济增长的必然选择；作为自主创新的载体，区域研发联盟通过开展区域层面上的合作，弥补创新知识的开发利用在空间和时间上的缺陷，从而能够加快经济增长方式转变。这一命题同时给发展中国家以启示：在依赖对国外先进技术的模仿与吸收的增长时期，不妨尝试通过构建区域研发联盟，以培育自主创新能力，促使创新驱动型增长模式的提前达成。以长三角地区的纺织行业为例，上述理论命题得到了实证检验。这对受当前金融危机冲击较为严重的行业和区域而言，具有重要的实践意义：以传统的要素驱动型增长模式为主导的行业，加快经济增长方式转变迫在眉睫，通过区域研发联盟的构建，可以应对危机，加快产业升级，实现经济增长方式的转变。

---

① 长三角地区恰恰同时存在这样的正例和反例：正例是江阴的毛纺织行业，在经过多年行业知识的积累后，走自主创新的道路，由于目前已拥有世界一流的装备、技术、品牌（例如国际精毛纺标准委员会的秘书处就设在江阴的阳光集团），在此次金融危机背景下不但没有出现企业倒闭、裁员现象，相反还需要加班加点完成订单；反例出现在纺织行业同样历史悠久的常熟、吴江等地，在常熟，由于"波司登"的成功，600多家中小企业都以羽绒服为主业进行模仿，缺乏自主创新能力的传统生产方式，面临经济危机的冲击，许多企业开始走下坡路甚至倒闭；典型的"鸽球侵权案"，更是使常熟200余家纺织面料企业受到重创（可参见宁波维科控股集团股份有限公司状告常熟鸽球印染有限公司专利侵权的有关报道）。

第 5 章　区域研发联盟与产业关联

依据江苏、浙江两省最新的投入产出表，本章对比分析了两省高技术产业的产业关联情况。研究发现，高技术产业在江苏、浙江产业的地位大体比较一致，但是，江苏省的经济属于技术推动型经济增长，而浙江是技术拉动型增长。在此基础上，比较了技术推动型发展模式和技术拉动型发展模式，并对两省的高技术产业发展提出了政策建议。

5.1　引言

高技术产业是知识经济时代经济可持续增长的主要支撑力。作为我国经济增长的第一集团军，江苏、浙江两省的人均 GDP 已经跨越 3 500 美元的全面小康水平①；在经济总量取得重大成绩的同时，我们有必要对经济内部结构进行考察，而发展高技术产业是推动经济增长、实现经济结构优化升级的关键。推进高技术产业的发展，必须放眼全局，首先研究高技术产业与经济结构中其他产业之间的关系。因此，本章所要研究的江苏、浙江两省高技术产业的产业关联问题，有利于在产业技术政策中对高新技术产业及产业发展的重点和方向给予一定的参考。

投入产出表是一定时期国民经济系统的缩影，能够比较全面反映经济系统各种复杂关系，方便我们研究高技术产业在整个产业中的作用和地位。因此，本章根据 2006 年公布的最新的江苏省和浙江省 2002 年 42 部门投入产出表，选取其中的高技术行业，利用若干分析指标和方法，先比较分析高技术产业在江苏、浙江各经济部门的发展中所处的地位，然后对高技术产业对各产业的影响力，以及相对应的各产业对于高技术产业的依赖程度做深入分析，提出有利于发展高技术产业的政策建议。

---

① 国家统计局编. 中国统计年鉴 2006[M]. 北京：中国统计出版社，2007.

5.2　产业关联分析的相关指标

5.2.1　中间需求率和中间投入率

由投入产出表得到一系列的产业关联系数。首先是中间需求率和中间投入率。某一产业的中间需求率，是指各产业对某产业产品的中间需求之和，与整个国民经济对该部门产品的总需求之比。其计算公式为①：

$$G_j = \frac{\sum_{i=1}^{n} x_{ij}}{\sum_{i=1}^{n} x_{ij} + Y_i} (i = 1,2,\cdots,n)$$

其中，G_j 代表各产业的中间需求率，x_{ij} 代表 42 部门的投入产出表第一象限里的数据，Y_i 代表第 i 部门最终产品。依据中间需求率，就可比较精确地计算出各产业部门产品用于生产资料和消费资料的比例，从而较准确地把握各产业部门在国民经济中的地位与作用。中间需求率高，其他产业对该产业依赖程度就越高。

某一产业的中间投入率是指该产业部门在一定时期内，生产过程中的中间投入与总投入之比。其计算公式为：

$$F_j = \frac{\sum_{i=1}^{n} x_{ij}}{\sum_{i=1}^{n} x_{ij} + N_j} (j = 1,2,\cdots,n)$$

F_j 就是投入产出表中各产业的中间投入率，N_j 表示第 j 产业增加值的合计。中间投入率指标反映各产业在自己的生产过程中为生产单位产值的产品需从其他各产业购进的原料在其中所占的比重。某产业的中间投入率越高，该产业的附加价值率就越低，对其他产业依赖程度也越高。

5.2.2　影响度和感应度

影响力系数反映的是，当产业 i 每增加一个单位最终使用对其他产业所产生的需求波及程度，其值大于 1 时，表示产业 i 的这种需求波及程度高于社会平均水平。感应系数反映每个产业均增加一个单位最终使用时，产业 i 由此而受到的需求感应程度，其值大于 1 时，表示产业 i 所受到的感应程度高于社会平均水平。这两个系数的计算公式分别为：

---

① 向蓉美. 国民经济核算及分析[M]. 成都：西南财经大学出版社，2005.

$$T_i = \frac{\frac{1}{n}\sum_{i=1}^{n}\overline{b_{ij}}}{\frac{1}{n^2}\sum_{j=1}^{n}\sum_{i=1}^{n}\overline{b_{ij}}}(i,j=1,2,\cdots,n)$$

$$S_i = \frac{\frac{1}{n}\sum_{j=1}^{n}\overline{b_{ij}}}{\frac{1}{n^2}\sum_{i=1}^{n}\sum_{j=1}^{n}\overline{b_{ij}}}(i,j=1,2,\cdots,n)$$

其中，b_{ij} 是里昂剔夫逆矩阵 $(I-A)^{-1}$ 中的第 i 行第 j 列的元素，A 则是直接消耗系数矩阵。

5.3 研究结果及分析

根据2002年7月国家统计局印发的《高技术产业统计分类目录的通知》，中国高技术产业的统计范围包括航天航空器制造业、电子及通信设备制造业、电子计算机及办公设备制造业、医药制造业和医疗设备及仪器仪表制造业等行业。42部门的投入产出表中与此相对应的高技术产业包括“电气、机械及器材制造业”，“通信设备、计算机及其他电子设备制造业”以及“信息传输、计算机服务和软件业”，下文将选取这三个产业进行产业关联研究。

5.3.1 高技术产业在江苏各产业中所处地位的比较分析

根据本章第二部分提出的几种反映产业关联情况的指标及其计算方法，我们对江苏、浙江两省高技术产业的有关指标进行计算，总结在下面的表格中：

表5-1 2002年江苏省42部门高技术产业关联情况

指标 / 产业	中间需求率		中间投入率		感应度系数		影响力系数	
	数值	排名	数值	排名	数值	排名	数值	排名
电气、机械及器材制造业	0.5377	31	0.8063	7	1.0074	12	1.3242	13
通信设备、计算机及其他电子设备制造业	0.4187	35	0.7891	12	2.3500	5	1.1155	19
信息传输、计算机服务和软件业	0.6400	24	0.4391	35	0.5799	22	0	42

由表5-1可知，三个代表性的高技术产业的中间投入率分别为80.63%、78.91%和43.91%，排名依次为第7、12和35位，电气、机械及器材制造业、通信设备、计算机及其他电子设备制造业的位次靠前，而信息传输、计算机服务和软件

业位次较低。电气、机械及器材制造业的影响力系数为 1.32，通信设备、计算机及其他电子设备制造业的影响力系数为 1.12，都高于社会平均水平，而信息传输、计算机服务和软件业的影响力系数为 0，位于 42 个部门的最末位。由此可以看出，高技术产业中主要依靠电气、机械及器材制造业和通信设备、计算机及其他电子设备制造业这两个行业拉动其他产业的发展，而信息传输、计算机服务和软件业对其他产业的拉动性相对较弱。

相对于拉动性而言，高技术产业对其他产业的推动性更强。电气、机械及器材制造业和通信设备、计算机及其他电子设备制造业的中间需求率分别为 53.77％和 41.87％，排名分别为 31 和 35 位，位次较低，而信息传输、计算机服务和软件业的中间需求率为 64.00％位于 24 位，对其他产业的推动性较强。另外，电气、机械及器材制造业和通信设备、计算机及其他电子设备制造业的感应度系数都高于社会平均水平，而信息传输、计算机服务和软件业的感应度系数为 0.58，低于社会平均水平，排名为第 22 位。

整体来看，电气、机械及器材制造业的中间投入率较大，中间需求率较低，属于最终需求型产业，对其他产业的拉动性和推动性都较强，属于整个产业体系的核心产业；通信设备、计算机及其他电子设备制造业的中间投入率较大，中间需求率较低，同样也属于最终需求型产业，它对其他产业的推动性较其拉动性更加明显，也具有重要的产业地位；而信息传输、计算机服务和软件业具有较高的中间需求率和较低的中间投入率，属于中间产品型基础产业，说明其他产业对该产业的依赖性较强，可能是因为该产业属于基础服务型产业，同时信息传输、计算机服务和软件业对其他产业的推动性也不弱，可以说是高技术产业中基础型产业，其他两个高技术产业在此基础之上对整个产业体系产生较大影响。

5.3.2　高技术产业在浙江各产业中所处地位的比较分析

高技术产业在浙江各产业的地位大体上与在江苏省的情况类似，电气、机械及器材制造业的中间需求率和中间投入率在江、浙两省的排名非常接近，信息传输、计算机服务和软件业的中间投入率在两省的排名也很相似，除此之外，其他数据之间的差异则较大（见表 5－2）。

由表 5－2 可知，电气、机械及器材制造业和通信设备、计算机及其他电子设备制造业的中间投入率分别为 80.43％和 80.41％，分别位于第 7 和第 8 位，对其他产业拉动性很强，而信息传输、计算机服务和软件业的中间投入率只有 39.23％，排名较后，电气、机械及器材制造业和通信设备、计算机及其他电子设备制造业的影响力系数分别位于第 5 和第 2 位，可以说他们对其他产业的拉动性非常明显，而且信息传输、计算机服务和软件业的影响力系数为 0.61，对产业的拉动性较弱。

表 5-2　2002 年浙江省 42 部门高技术产业关联情况

产业＼指标	中间需求率		中间投入率		感应度系数		影响力系数	
	数值	排名	数值	排名	数值	排名	数值	排名
电气、机械及器材制造业	0.373 6	32	0.804 3	7	1.065 5	16	1.521 0	5
通信设备、计算机及其他电子设备制造业	0.443 5	27	0.804 1	8	1.410 6	13	1.569 9	2
信息传输、计算机服务和软件业	0.692 6	18	0.392 3	34	0.674 6	20	0.612 8	34

电气、机械及器材制造业和通信设备、计算机及其他电子设备制造业的中间需求率 37.36%和 44.35%，排名较靠后，说明其他产业对这两个产业的依赖性较低。然而，信息传输、计算机服务和软件业的中间需求率为 69.26%，较靠前，其他产业对该产业有一定的依赖性。另外，电气、机械及器材制造业和通信设备、计算机及其他电子设备制造业的感应度系数为 1.07 和 1.41，对其他产业的推动性不算弱，信息传输、计算机服务和软件业的感应度系数也达到 0.67，对其他产业的推动性居于中等水平。

整体来看，电气、机械及器材制造业和通信设备、计算机及其他电子设备制造业对其他产业的拉动性大于推动性，信息传输、计算机服务和软件业的产业推动性大于其拉动性。高技术产业并没有在整个产业体系中占绝对的主导作用。

5.4　江苏浙江两省高技术产业产业关联的比较分析

5.4.1　江浙高技术产业的相同点

高技术产业在江苏、浙江产业的地位大体比较一致，其中电气、机械及器材制造业和通信设备、计算机及其他电子设备制造业的中间投入率较大，中间需求率较低，两者都属于最终需求型产业，这一类型的产业对其他产业的依赖性较强；而信息传输、计算机服务和软件业具有较高的中间需求率和较低的中间投入率，属于中间产品型基础产业，其他产业对其有一定的依赖性。这种情况是由高技术产业的性质决定的。电气、机械及器材制造业和通信设备、计算机及其他电子设备制造业是两个典型的高技术产业，而信息传输、计算机服务和软件业相对来说有一定的服务性质，对于很多产业的发展来说都是不可或缺的，所以对于其他产业具有一定的推动性。

其次，电气、机械及器材制造业和通信设备、计算机及其他电子设备制造业对其他产业的推动性和拉动性在江苏、浙江的排名都在中等以上，高技术产业在两个省的产业体系中占重要地位。

5.4.2 高技术产业对于江苏、浙江产业发展作用的区别

江苏三个代表性的高技术产业对于其他产业的推动性大于其拉动性；而浙江恰恰是完全相反。这说明江苏省的经济属于技术推动型经济增长，而浙江是技术拉动型经济增长。

近年来，江苏对高新技术企业培育的步伐加快，高技术企业迅速增加。在良好的高技术环境下，江苏省形成了一批以通信设备制造、纺织和化学原料和化学制品为主的优势企业，这些企业的发展，都对其他产业的发展起了很大的推动作用，使得江苏省的经济发展充满了原动力①。

浙江是民营企业起步较早的省份之一，但科研机构相对较少，民营企业技术起点低，这使得浙江不能很好的利用高技术产业推动经济的进一步发展②，而是利用已有的高新技术手段拉动其他产业的发展，也就是说重点还是在于利用高技术发展其他主导型产业。

5.4.3 技术推动型发展模式和技术拉动型发展模式的比较分析

江苏省的技术推动型发展模式主要体现在以提高高新技术产业核心竞争力为主，使高新技术产业成为促进江苏经济结构调整、产业升级的主要动力，从而进一步提升全省高新技术产业的竞争力。自 2001 年起，先后创建了 25 家国家火炬计划产业基地。这些高新技术产业基地形成了高新技术特色支柱产业，对地方经济结构调整和产业技术升级产生了深远影响③。但是，企业要想建立一个完整的自主创新体系以不断提高技术竞争力，需要有较雄厚的科技实力与经济基础，才能突破技术开发的瓶颈并战胜市场的风险。所以，这种技术推动型经济增长的前提是，各级政府在政策方面给予相应的扶持，培植少数企业进行技术创新活动，以带动其他企业的自主创新能力。

相对地，浙江省的技术拉动型发展模式则是在高技术产业发展的规模较低的情况下，一方面，高新技术产品更多的是用于内销，产品技术水平相对较低，缺乏创新能力；另一方面，浙江省经济增长的速度和质量在很大程度上将依赖于技术密集型行业发展的状况。尽管在相当长一个时期，传统产业如纺织业、食品加工业、服装及其他纤维制品制造业、化学原料及化学制品制造业等，仍将是浙江经济的主体④，但只有通过技术创新才能使传统产业要由大变强，从比较优势到竞争优

① 江静，刘志彪．提升江苏企业自主创新能力对策研究[J]．南京社会科学，2007(9)：134－141.

② 周必健．对浙江高技术产业发展的五个解说[J]．浙江经济，2007(6)：24－27.

③ 徐冬青．提升自主创新能力与区域经济发展——以江苏为例[J]．南京社会科学，2007(11)：133－139.

④ 陆立军，周国红．技术密集型行业对制造业竞争力影响程度研究——以浙江省为例[J]．科研管理，2006(2)：79－88.

势。也就是说，与江苏省大力发展高技术产业生产不同的是，浙江省主要是运用高新技术和先进适用技术改造传统产业，使得浙江省的传统产业保持领先地位。

5.5 本章小结

通过对江苏、浙江两省最新的投入产出表有关数据进行计算和处理，对比分析了两省高技术产业的产业关联情况。高技术产业在江苏、浙江产业的地位大体比较一致，但是，江苏省的经济属于技术推动型经济增长，而浙江是技术拉动型增长。针对江浙两种不同的发展模式，对于促进高技术产业的进一步发展也有不同的对策建议。

在江苏，不断发展壮大的高新技术产业已成为经济发展中最具活力的先导性产业，为了进一步加强江苏高技术产业的发展，首先，在电子信息产业方面，要加快信息基础设施建设和软件研究开发，培育和发展软件、集成电路和电子信息设备制造业，形成产业关联度较高的电子信息企业群体；其次，在电子设备制造业方面，要加强关键技术的运用，使工程机械智能化，形成产业的特色优势；另外，鼓励高新技术产业园区与科研机构、高等院校开展多种形式合作，提高高新技术产业园区的技术创新能力。

浙江省主要的优势产业更多体现在劳动密集型的纺织、服装、皮革等传统产业上，但是由于传统产业资源依赖性和需求弹性低的特点，不能仅仅靠扩大这些产业的比重来提高全省的经济实力。电气、机械及器材制造业和通信设备、计算机及其他电子设备制造业的影响力系数很大，表明在浙江省高技术产业对国民经济和制造业的制约作用很强，国民经济的大多数产业和制造业中的大多数部门对高技术产业的依赖性很大，因此，现阶段应采取的措施是强化高技术对传统产业的改造和提升，大力提升高技术产业在浙江省经济中的比重。

第 6 章　区域研发联盟与产业集聚

本章通过对产业集聚的细分，探讨其在区域内的不同组合以及相应知识溢出的作用途径，有助于从“效率”的角度理解产业集聚对区域经济增长绩效的影响。实证结果表明：长三角区域存在三种特定的产业集聚组合，这种产业集聚格局带来了显著正向的MAR溢出和不显著为负的Jacobs溢出；“技术池”和“吸收能力”则是长三角区域知识溢出效应的两个重要途径。因此，要根据长三角区域内不同城市的位势，采取差别化和有层次的产业发展政策，以此为基础深化区域分工和合作，促进区域的经济增长。

6.1　问题的提出

当今世界经济最令人瞩目的特征莫过于生产在空间上的集中①。因此，地理临近(geography proximity)、集群经济(cluster economic)、产业集聚(industrial agglomeration)等现象逐渐成为理论研究的前沿和热点问题，其核心问题是，资源如何在空间配置才能更好的促进区域的增长绩效。

长期以来，产业集聚更多的被赋予了正面的涵义，它意味着分工程度的深化和对外部经济的分享，有利于区域的经济增长。在实践中，特别是中国改革开放30年以来，可以观察到产业集聚程度的不断加深以及随之而来的经济高速而稳定的增长②，这样一种趋势普遍的存在于东部沿海地区特别是长三角区域。然而由于地方政府对市场的分割以及不同省市政策壁垒的存在，产业集聚的另一面：产业同构，以及其所带来的重复建设和恶性竞争则在相当程度上抑制了长三角区域经济的增长绩效。③

长三角区域存在的集聚和同构现象无疑使政策制定者面临着两难的境地，同

---

① Krugman. *Geography and Trade*[M]. Cambridge: The MIT Press, 1991, 51.

② 陈钊，陆铭著. 中国区域发展中的城市整合和工业集聚[M]. 上海：上海人民出版社，2006：6-10.

③ 长三角区域的产业集聚和产业同构一直是研究热点，笔者对2003年到2009年核心期刊以产业同构为题进行搜索，13篇文献中有6篇讨论长三角问题；而对集聚等关键词进行搜索时，发现以长三角地区或东部地区为研究对象的文献所占比例较高。

时也对集聚的研究提出了新的挑战：对集聚先入为主的认识可能是不合适的，更重要的在于寻找一种更具“效率”的产业集聚：一方面，要从空间上发挥外部规模经济的作用；另一方面，在产业层面上实现区域合作，促进区域分工，减小产业同构的影响。

6.2 研究综述

6.2.1 产业集聚：专业化集聚与多样化集聚

在一个城市里，当一个企业因同一产业部门里众多企业的集中而降低单位成本时，就产生了专业化集聚经济。此时，规模经济对企业来说是外部的，但对行业来说是内部的，城市可以使某一产业的企业集中生产特定类型的产品，从而形成专业化生产。因此，专业化集聚又被称为行业内集聚、地方化经济等。对专业化集聚的动态考察最早来自于马歇尔，马歇尔提出了“产业区”的观点，认为专业化的集聚能够促进分工从而促进区域增长。克鲁格曼①总结了马歇尔所提出的三种专业化集聚的好处：共享的劳动力市场、非贸易的中间投入品、知识溢出导致的生产函数的改变。

城市中的企业可能因不同产业部门的集中而获益，这样一种集聚被称为多样化集聚经济。此时，规模经济对企业仍然是外部的，但外部性并非来自特定行业，而是来自于城市里不同的行业产出的总和，因此多样化集聚又被称为跨行业集聚经济、城市化经济等。雅各布斯[3]指出了城市产业多样化集聚对于企业的两点重要性，其一为偏好多样性，其二为便于不同行业知识交流。尤其是后者，强调了互补性的知识在不同经济主体之间促进创新搜索和实践的作用。

对于两种不同的集聚经济，国内外的实证研究结果存在较大的差异。一方面，Glaeser② 根据美国城市数据研究发现，多样化集聚促进美国城市的就业增长，而专业化集聚则会减少城市就业增长；Audretsch 和 Feldman③（1999）利用美国1982 年企业创新数据（SBIDB）对经济活动的专门化程度与多样化程度和创新活动的产出进行实证分析，研究结果发现，专业化集聚对创新活动没有显著的作用，多样化集聚对创新活动有显著的影响。另一方面，Henderson④ 从产业发展来衡量专业化和多样化的贡献，发现尽管多样化集聚可以促进创新，但在传统部门仍

① Krugman. *Geography and Trade*[M]. Cambridge：The MIT Press，1991，51.

② Glaeser，Kallal，Scheinkman，Shleifer. Growth in Cities[J]. *Journal of Political Economy*，1992，100：1126－1152.

③ Audretsch and Feldman. Innovation in Cities：Science-based Diversity，Specialization and Localized Competition[J]. *Euro Economic Review*，1999，43：409－429.

④ Henderson and Turner. Industrial development in cities[J]. *Journal of Political Economy*，1995，103：1067－1090.

然存在显著的专业化集聚效应。Henderson的研究结果还得到了 Paci 和 Usai[①]以欧洲和意大利为例的实证研究以及 Gerben[②] 以荷兰为例的实证研究的支持。针对中国问题的经验文献同样表现了一定的分歧[③]。上述实证研究的差异性部分可能是由所选取的样本或所采用的方法所造成的，同时也说明针对具体问题的深入分析是必要的，相比于集聚效应的大小而言，说明其作用差异的原因更显重要。

6.2.2　知识溢出：MAR 溢出和 Jacobs 溢出

产业集聚的微观机制是纷繁复杂的，无论是多样化集聚还是专业化集聚，知识溢出都扮演了重要的角色，成为这两种集聚经济都不可忽视的微观机制。新增长理论认为，知识的生产和积累是国家和区域增长的根本动力。

其一，知识具有的非竞争性和部分的非排他性，使作为要素的知识具有强烈的溢出效应；其二，知识可分为缄默知识和显性知识，显性知识的传播是容易的，但是缄默知识的传播依赖更严格的条件，比如面对面的交流、地方环境和社会网络等因素，这意味着知识溢出是有地理范围的，知识的溢出效应是一种局域知识溢出效应(Local Knowledge Spillover)。

知识的上述这种特征决定了产业在空间的集聚根本上是为了获得局域的知识溢出效应[④]，且知识溢出取决于经济活动在区域内产业的空间集聚，是所有决定溢出因素的单调函数[⑤]。因此，当经济增长不再仅仅取决于常规要素的投入，而更多的依赖于知识的生产和运用时，有理由相信知识溢出作为产业集聚的重要微观机制，在解释区域增长绩效上有着重要的意义。相应的，根据两种不同的产业集聚类型，就有两种知识溢出效应。

第一种关于专业化集聚的知识溢出被称为 MAR 溢出，这是由 Glaeser[⑥] 所定义的，MAR 溢出理论认为，随着某一产业在特定区域内集中程度的增加，越有利于促进知识在同一产业内所有企业间的传播和扩散。如果人们在一定程度上从事同一种职业或参与同种类型的经济活动，那么他们之间的交流成本和交通成本将会大大降低，而成本的降低最终会导致知识溢出和创新程度的提高。

---

① Paci and Usai. Externalities, Knowledge Spillover and the Spatial Distribution of Innovation[J]. *GeoJournal*, 1999, 49: 381 - 390.

② Gerben. Agglomeration Externalities: Marshall versus Jacobs[J]. *Journal of Evolutionary Economics*, 2004, 14: 593 - 604.

③ 由于中国的经验文献的大多也是借鉴外文文献，因此实证结果也表现出一定的差异性。

④ Audretsch and Feldman. Innovation in Cities: Science-based Diversity, Specialization and Localized Competition[J]. *Euro Economic Review*, 1999, 43: 409 - 429.

⑤ 龙志和，蔡杰. 知识动态溢出对产业发展的影响：来自中国省级面板数据的证据[J]. 南方经济，2006(4): 5 - 14.

⑥ Glaeser, Kallal, Scheinkman, Shleifer. Growth in Cities[J]. *Journal of Political Economy*, 1992, 100: 1126 - 1152.

第二种关于多样化集聚的知识溢出被称为 Jacobs 溢出，以 Jacobs 为代表。Jacobs 溢出强调知识能够在互补的而非相同的产业间溢出。互补的知识在多样化的企业和经济行为人之间的交换能够促进创新的搜寻和实践。从而，一个区域产业越多样化，越有利于促进知识的传播和经济活动的交往，进而推动区域经济发展。两种知识溢出的引入有助于对产业集聚的深入理解，但是光有这两个概念是不够的，需要研究知识溢出是如何在区域内发挥作用的。

6.2.3 两个假说：技术池和吸收能力

第一，技术池假说。Duranton 和 Puga 提出了一个知识生产的模型，即“技术池”的观点①②。其模型引入了过程创新的概念，把产品生产划分为实验阶段和大规模生产两个阶段。“技术池”观点表明，多样化集聚可以为企业提供更多的技术机会，Jacobs 溢出使企业能够以小规模的生产实践以较低的成本搜寻最佳生产流程；而当企业技术成熟时，规模化生产面临重新选址的问题，而此时专业化集聚能使企业获得更多的 MAR 溢出，从而降低生产成本。“技术池”假说的贡献在于通过知识生产的动态过程将 MAR 溢出和 Jacobs 溢出联系起来，阐明了两种溢出并存的条件，因而增强了溢出理论的现实解释力。

Duranton 和 Puga 认为，一些大都市区或中心城市承担着孵化城市(Nursery Cities)的任务，它们与周边的专业化城市形成了分工③。国内的经验研究也支持上述观点，如傅十和、洪俊杰认为企业在特大城市和大城市得益于Jacobs溢出，而在中小城市得益于 MAR 溢出④；谢燮、杨开忠则用省会城市的数据说明了这些城市存在的 Jacobs 溢出，间接的支持了技术池的观点⑤。

第二，吸收能力假说。“吸收能力”的观点是 Cohen 和 Levinthal 这篇经典论文中所提出来的⑥。论文的核心观点是，R&D 活动不仅可以提高企业的创新能力，还可以增强吸收能力；同时，吸收能力越强，就越利于知识的扩散和溢出。“吸收能力”观点阐明了知识积累和知识溢出之间的关系，强调了知识溢出效应产生的条件性，这为我们理解不同溢出效应的作用机制是极其有益的。MAR 溢出是

① Duranton and Puga. Nursery Cities：Urban Diversity，Process Innovation，and the Life Cycle of Products[J]. The American Economic Review，2001，91(5)：1454 - 1477.

② Duranton and Puga. *Micro-foundations of Urban Agglomeration Economies* [M]. Handbook of Regional and Urban Economics，4，Amsterdam：North Holland，2004.

③ Duranton and Puga. Nursery Cities：Urban Diversity，Process Innovation，and the Life Cycle of Products[J]. The American Economic Review，2001，91(5)：1454 - 1477.

④ 傅十和，洪俊杰. 企业规模、城市规模与集聚经济：对中国制造业企业普查数据的实证分析[J]. 经济研究，2008(11)：112 - 125.

⑤ 谢燮，杨开忠. 中国城市的专业化和多样化特征[J]. 软科学，2003(1)：10 - 14.

⑥ Cohen and Levinthal. Innovation and Learning：The Two Faces of R&D[J]. *Economic Journal*，1989，99：569 - 596.

专业化集聚所带来的，专业化使区域内企业通过“干中学”的过程获得了有效的知识积累，从而导致了知识的溢出和扩散，但另一方面也促进了吸收能力的提高，因此 MAR 溢出同时还衡量了一个区域知识溢出的“门槛效应”。在经验文献中，吸收能力常被用于 FDI 效应的研究，而在城市和区域的层面极少。从吸收能力的概念出发，将其理解为沟通两种知识溢出的一座“桥梁”，对探讨知识溢出在长三角地区作用是有益的。①

6.3　长三角区域产业集聚特征描述

本章借用 Glaeser② 以及 Audretsch 和 Feldman③ 等的方法，采用就业在部门间的分布来衡量区域内不同城市的专业化和多样化特征，以此作为整个区域集聚特征的判断。

6.3.1　专业化指数和多样化指数的计算方法

由于将就业作为衡量的指标，一个城市的专业化部门便是其就业份额最大的一个部门。为了获得不同城市不同部门之间的比较，还需要将每个城市各部门的就业份额与全国该部门的就业份额相比，以测度专业化相对程度。

定义城市 i 的专业化指数为：

$$\text{specialty}_i = \max(s_{ij}/s_j) \tag{1}$$

其中，s_{ij} 为城市 i 中部门 j 的就业占城市总就业的份额，而 s_j 为该部门的就业在全国总就业所占的份额，该比值衡量了一个部门的专业化程度，而对其取最大值则衡量了一个城市的专业化程度④。

就业多样化的指标有很多种，比如 Gini 系数，Theil 熵，Herfindahl 系数等，本章采用 1 减去 HHI 系数（Hirshman-Herfindahl Index）作为多样化程度的衡量。定义城市 i 的多样化指数为：

$$\text{diversity}_i = 1 - \sum_j s_{ij}^2 \tag{2}$$

---

① 本章只强调了 MAR 溢出，或者说是专业化集聚的“两面性”。那么 Jacobs 溢出是否具有两面性呢？由于吸收能力的获得取决于知识积累的程度，但对 Jacobs 溢出的描述可以看出，此种溢出主要的作用方式是知识的互补和快速转换而非像 MAR 一样重视知识的积累，因此本章假定 MAR 溢出与吸收能力相关，这也在后面的实证分析中得到了检验。

② Glaeser，Kallal，Scheinkman，Shleifer. Growth in Cities[J]. *Journal of Political Economy*，1992，100：1126－1152.

③ Audretsch and Feldman. Innovation in Cities：Science-based Diversity，Specialization and Localized Competition[J]. *Euro Economic Review*，1999，43：409－429.

④ 李金滟，宋德勇. 专业化、多样化与城市集聚经济：基于中国地级单位面板数据的实证研究[J]. 管理世界，2008(2)：25－34.

s_{ij}同样表示了城市i中部门j的就业占城市总就业的份额，如果一个城市的产业分布是多样化的，那么就业就趋向于在更多的部门分散，s_{ij}的值将变小，从而其多样化指数的数值将变大。

本章选取的是数据来源于2004—2009《中国城市统计年鉴》所报告的沪苏浙两省一市共25个地级以上城市的统计数据。采用包含三地所有25个地级以上城市而非传统意义上的长三角16个城市是为了增加样本量，而非严格意义上使用两省一市代替长三角。使用的数据始于2003年是因为从该年开始，"按行业分组的单位从业人员"统计口径发生了变化，从原来的15个行业调整为现在的19个行业。此外，本章所使用的数据为市辖区数据。①

6.3.2 对产业集聚特征的描述性分析

根据上述上方法与数据，本章测算了长三角25个城市的专业化指数和多样化指数，根据计算结果，结论如下：

第一，从市级层面的数据来看，我们发现了专业化指数和多样化指数之间显著的非线性关系。如图6-1所示，不同城市的专业化指数和多样化指数落在了三个象限。第一象限的城市展现出了较高的专业化程度和多样化程度；第二象限的城市展现出了较高的专业化程度和较低的多样化程度；而第四象限的城市却表现出较低的专业化程度和较高的多样化程度。

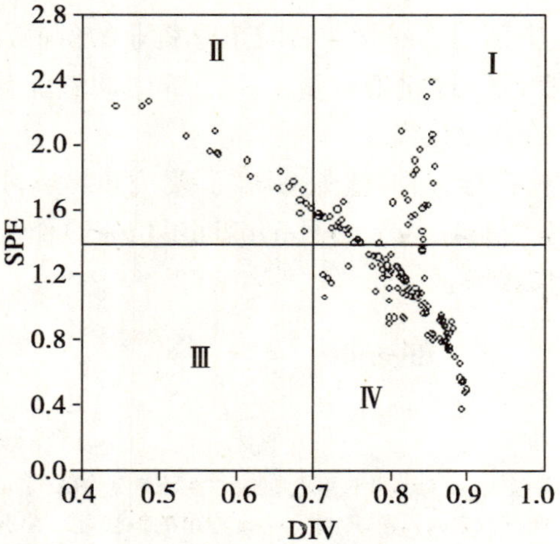

图6-1 长三角城市的多样化与专业化。横轴为多样化，纵轴为专业化

第二，进一步发掘各象限的城市，可以发现出一定的规律性。第一象限的城市多为以沪宁杭为代表的省会城市和直辖市；第二象限的城市以及一二象限交界

① 因为长三角地区是县域经济较发达的地区，地级市的数据常常包含了县或县级市数据的加总，从而加大了城市之间的误差。由于本章考察不同城市的集聚特征，因此市辖区数据比地级市更合适。

的城市为长三角地区较为发达的城市，主要为苏锡常甬温绍嘉湖等城市；而第四象限以及一四象限交界的城市为长三角地区相对落后的城市，主要以苏北和浙西的城市为代表。

第三，从各城市所专业化的产业来看，也表现出一定的规律性。沪宁杭等城市专业化于服务行业，如上海最专业化的产业是商业服务，南京最专业化的产业是交通邮政，杭州最专业化的产业是住宿餐饮；而第二象限的城市，也就是长三角地区较为发达的城市，其最专业化的产业毫无例外的是制造业；但第四象限的城市，即长三角地区相对落后的城市，其专业化的产业不明显，从制造业、金融到教育服务等都有分布。

第四，省会及以上城市不仅多样化程度较高，同时专业化程度也较高。一些国内研究认为是大城市的多样化程度比较高，专业化程度会相对较低①。但本章的结果显示，省会及以上城市的专业化程度虽然不及苏州等城市，但依旧很高，同时拥有多个专业化的产业。如 2008 年上海专业化指数大于 1 的产业有 10 个，南京有 8 个，杭州有 7 个(根据定义，1 代表产业在空间均匀分布，大于 1 则出现了专业化集聚)，充分体现了省会及以上城市的“双高”特征。

综合上述的几个结论，可以发现，单纯的强调某种产业集聚对区域经济的作用是不足的，事实上，从描述性统计来看，产业集聚的三种不同组合：高多样化和高专业化产业集聚与省会及以上城市的组合(组合 1)，高专业化低多样化与区域经济较发达城市的组合(组合 2)，高多样化低专业化与区域经济较落后城市的组合(组合 3)，三种组合的经济绩效是递减的。

6.4　长三角区域产业集聚的实证分析

无论是专业化集聚所带来的 MAR 溢出还是多样化集聚所带来的 Jacobs 溢出，从传统生产函数的角度看，它们都可以看作是常规投入要素之外的外部性收益。因此，度量产业集聚溢出效应的一种简单而直观的方法便是在传统生产函数的基础上估计其相应的外部性收益。Rosenthal 和 Strange② 总结的度量城市经济活动外部性的一般性研究框架是：

$$y_j = g(A_j)f(x_j) \tag{3}$$

其中，y 为产出向量，x 为投入向量，代表传统投入要素。$f(x)$通过希克斯中性变化而设定为规模报酬不变，通常采取柯布道格拉斯形式。A 为对外部性的衡

① 谢燮，杨开忠. 中国城市的专业化和多样化特征[J]. 软科学，2003(1)：10－14.

② Rosenthal and Strange. Evidence on the Nature and Sources of Agglomeration Economies[M]. Handbook of Regional and Urban Economics，4，Amsterdam：North Holland，2004.

量，Rosenthal 和 Strange① 指出，A 的度量应当包含三个维度，即产业维度(I)，地理维度(G)和时间维度(T)，即 $A_j = A(a_j^I, a_j^G, a_j^T)$。在对溢出效应的考察中，溢出来自于区域产业集聚，从而包含了产业维度和地理纬度，而时间维度则需要考虑跨时度量。

然而传统生产函数中的外部性收益涵盖宽泛并不等同于知识溢出效应，不过，可以借鉴国外学者所提出的知识生产函数。知识生产函数源于内生增长理论实证的需要，后被广泛的应用于对知识生产和技术创新等问题的研究。知识生产函数可简单表示为 $K = f(R\&D)$，即知识的生产来自于研发($R\&D$)。虽然在实践中采取了灵活的函数形式，但是核心意义并没有改变的，任何经济体(企业乃至国家)的绩效都取决于知识的积累，而知识溢出更多的来自于知识要素而非其他要素。只有当(3)式中的投入要素为知识要素时，其所度量的外部性才是产业集聚所带来的知识溢出效应。

综合传统生产函数和知识生产函数的思想，构建如下的面板数据模型：

$$\text{cityproduct}_{it} = A\text{spillover}_{it}^{\lambda}\,\text{humcap}_{it}^{\alpha}\,\text{labor}_{it}^{1-\alpha}\,\text{market}_{it}^{\beta}\,\text{open}_{it}^{\gamma}e^{u_i+\varepsilon_{it}} \tag{4}$$

通过对(4)式两边除以 labor 并两边取对数，得到：

$$\begin{aligned}\ln(\text{cityproduct}_{it}/\text{labor}_{it}) = {} & A + \lambda\ln\text{spillover}_{it} + \alpha\ln(\text{humcap}_{it}/\text{labor}_{it}) \\ & + \beta\ln\text{market}_{it} + \gamma\ln\text{open}_{it} + u_i + \varepsilon_{it}\end{aligned} \tag{5}$$

其中，u 为非观测个体效应；ε 为随机误差项；A 为常数项；i 代表城市；t 代表时间。cityproduct 代表长三角区域内每个城市市区国内生产总值，labor 为市区就业人数，两者的比值为人均生产总值作为城市生产力的一个度量；humcap 为人力资本，其与 labor 的比值为人均人力资本②，选取人力资本而非物资资本的原因在于考察知识溢出要求投入要素包含知识，人力资本的概念实现此目的。根据(3)，投入要素通过马歇尔中性设为规模报酬不变。

market 变量和 open 变量分别度量了区域内每个城市的市场化水平和对外开放度。长三角区域作为中国经济最发达的地区之一，市场水平较高，同时参与国际分工的程度也较高，这两个变量一方面是作为控制变量加入到方程中。本章中，market 变量用 1 减去政府预算内支出除以 GDP 的比来衡量，而 open 变量则定义为外商直接投资除以固定资产投资总额的比。

变量 spillover 即为对溢出效应的衡量，主要通过第三节所计算的 specialty 和

---

① Rosenthal and Strange. Evidence on the Nature and Sources of Agglomeration Economies[M]. Handbook of Regional and Urban Economics, 4, Amsterdam: North Holland, 2004.

② 人力资本的计算有不同的方法，如平均受教育年限法，收入法，资本折现法等。本章从数据的可获得性出发，选取收入法作为估算方法。由于人力资本作为一个控制变量并非本章的重点，此次不做展开，本章的方法参考自朱平芳和徐大丰(2007)。

diversity 值来表现，由于对溢出效应的考察是本章的核心，无论是(4)还是(5)式都无法全面的涵盖前文对溢出效应的理论阐述和统计性描述，因此，本章通过下面扩展的 4 个方程分两组对溢出效应进行详细的衡量：

第Ⅰ组：

$$\ln(cityproduct_{it}/labor_{it}) = A + \lambda \ln specialty_{it} + \alpha \ln(humcap_{it}/labor_{it}) + \beta \ln market_{it} + \gamma \ln open_{it} + u_i + \varepsilon_{it} \quad (6)$$

$$\ln(cityproduct_{it}/labor_{it}) = A + \lambda \ln diversity_{it} + \alpha \ln(humcap_{it}/labor_{it}) + \beta \ln market_{it} + \gamma \ln open_{it} + u_i + \varepsilon_{it} \quad (7)$$

第Ⅱ组：

$$\ln(cityproduct_{it}/labor_{it}) = A + \lambda \ln diversity_{it} + \theta \ln(diversity_{it} * specialty_{it}) + \alpha \ln(humcap_{it}/labor_{it}) + \beta \ln market_{it} + \gamma \ln open_{it} + u_i + \varepsilon_{it} \quad (8)$$

$$\ln(cityproduct_{it}/labor_{it}) = A + \lambda \ln diversity_{it} + \theta \ln(diversity_{it} * R_{it}) + \alpha \ln(humcap_{it}/labor_{it}) + \beta \ln market_{it} + \gamma \ln open_{it} + u_i + \varepsilon_{it} \quad (9)$$

在这 4 个方程中，第Ⅰ组中方程(6)和(7)仅是把 spillover 换成 specialty 和 diversity 而已，这两个方程也是大多数国内外经验研究中所使用的常规方法，即从总体上表达两种溢出效应作用。但第Ⅱ组的方程(7)和(8)却表达了本章对区域溢出效应的更深层次的思考，也是为了验证前文所提出来的两个假说：长三角地区的多维溢出效应，在城市之间是否存在差异性？吸收能力到底扮演了一个什么样的角色？

因此，组Ⅱ可视为对组Ⅰ的扩展研究。在(8)中，通过交叉项的引入，θ 值衡量了随着专业化程度的上升，多样化溢出对区域经济的影响，这是对吸收能力的检验。如果 θ 显著为正，则说明专业化不仅带来了 MAR 溢出，同时吸收能力的提高将更加促进知识的溢出。

而在(9)中，引入了虚拟变量和 diversity 的乘积，虚拟变量作为沪宁杭三大中心城市的度量($R=1$)，其系数揭示了多样化溢出在中心城市与其他城市之间作用的差异性。如果 θ 显著为正，则说明存在 Duranton 和 Puga 所述的孵化城市①，如果方程(6)显示显著的专业化溢出，便验证了"技术池"的观点：企业在多样化溢出显著的城市能够有效的寻找最优技术，待技术成熟后再转移到专业化溢出显著的城市进行规模化生产。

---

① Duranton and Puga. Nursery Cities: Urban Diversity, Process Innovation, and the Life Cycle of Products[J]. The American Economic Review, 2001, 91(5): 1454-1477.

6.5 实证结果

在计量经济学里，面板数据的估计方法主要有两种，分别为固定效应法和随机效应法，在实际运用中方法的选择取决于分析的对象和样本的性质。根据伍德里奇①，当我们不能把观测值当作一个大总体中随机抽样的结果，特别观测值是大的地理单位时，就应当使用固定效应法。因此，本章使用固定效应法作为估计方法，Eviews6 为分析软件，运用面板数据的估计方法对(6)—(9)式进行计量分析，估计结果见表 6-1 和 6-2。

表 6-1　长三角地区的 MAR 溢出和 Jacobs 溢出效应

组Ⅰ 回归结果	Ln(cityproduct/labor)	
	方程 4.4	方程 4.5
Ln(specialty)	0.364 7*** (0.105 6)	
Ln(diversity)		−0.212 8 (0.253 1)
Ln(humcap/labor)	0.409 1*** (0.059 5)	0.497 2*** (0.057 5)
Ln(market)	0.284 0** (0.133 9)	0.330 7** (0.142 8)
Ln(open)	0.182 8*** (0.028 5)	0.195 1*** (0.030 1)
观测值	150	150
Adjust R-squared	0.961 0	0.956 4
F 检验 *p* 值	0.000 0	0.000 0

*，**，*** 分布代表 1%，5%，10%显著水平(下同)。

① 伍德里奇著；费剑平译. 计量经济学导论[M]. 北京：中国人民大学出版社，2007：480-481.

表 6-2 对技术池和吸收能力的验证

组Ⅱ 回归结果	Ln(cityproduct/labor)	
	方程 4.6	方程 4.7
Ln(diversity)	−0.192 3 (0.240 1)	−0.330 9 (0.255 4)
Ln(diversity * specialty)	0.408 8*** (0.119 3)	
Ln(diversity * R)		3.883 5** (1.883 0)
Ln(capital/labor)	0.413 2*** (0.059 8)	0.469 2*** (0.058 2)
Ln(market)	0.262 5* (0.136 8)	0.306 5** (0.140 8)
Ln(open)	0.179 0*** (0.028 9)	0.192 6*** (0.029 6)
观测值	150	150
Adjust R-squared	0.960 8	0.957 8
F 检验 p 值	0.000 0	0.000 0

根据表 6-1 和 6-2 的输出结果，我们可以得到以下几点重要的结论：

(1) 就总体而言，专业化集聚带来了显著的正向 MAR 溢出，而多样化集聚带来了不显著的负向 Jacobs 溢出。方程(6)中专业化系数为正且通过了 1%的显著性检验，而方程(7)中多样化系数为负且不显著。这个结果与第三节的描述性统计分析是一致的，无论是哪一种产业集聚组合，高的专业化水平总是对应发达的城市经济，而高的多样化只有和高的专业化水平组合在一起才对应发达的城市经济。当然，方程(6)和(7)仅度量了一个区域的整体知识溢出效应而已。

(2) 方程(8)中交叉项的系数显著为正，这说吸收能力的假说得到了验证，即专业化产业集聚不仅带来了 MAR 溢出，同时还增强了吸收能力。随着专业化水平的提高，区域内企业的吸收能力也在不断增强，从而使企业一方面获得了自身知识的积累，另一方面也能够从其他产业获得知识的溢出。吸收能力的“门槛效应”很好的解释了长三角区域内多样化产业集聚对不同城市的影响：光有多样化集聚是不够的，关键在于需要足够专业化集聚作为支撑，否则即使存在多样化的知识溢出也会因为缺乏吸收能力而难以产生相应的增长效应。

(3) 方程(9)中虚拟变量的系数显著为正，意味着尽管从总体上长三角区域的 Jacobs 溢出为负，但在省会及以上城市却存在着显著为正的 Jacobs 溢出效应。值得注意的是，描述性统计分析提到，长三角的中心城市专业化于服务业而其他经济发达城市则专业化于制造业。因此，长三角的中心城市即为“技术池”观点中所定义的孵化城市，企业在其中能够充分的获取到多样化的知识溢出，从而促进产品和生产工艺的创新，待创新成熟后便转移到专业化城市进行规模化生产。

(4) 从这四个方程的 open 和 market 前的系数来看，都报告了显著的正向关系，这说明开放性和竞争性的环境有利于集聚发挥溢出作用。虽然这两点已被大量文献证明有助于增长绩效的改善，由于这两者并非本章的重点，因此需要谨慎看待其结果。特别是对于 FDI，现有研究一般认为总体而言其对于东道国存在正面作用，但不同的外资针对不同类型的内资的影响却存在差异①。

综上所述，长三角区域存在显著正向的 MAR 溢出效应和不显著为负的 Jacobs溢出效应，吸收能力的存在要求一定的专业化程度作为知识溢出承载的“门槛”，技术池的存在则区分了区域内的孵化城市和专业化城市。

6.6 本章小结

研究表明：其一，长三角区域内城市存在三种不同的产业集聚组合，专业化集聚带来了显著的正向 MAR 溢出，而多样化集聚带来了不显著为负的 Jacobs 溢出；其二，集聚组合的不同和溢出作用在城市间的差异源自于技术池和吸收能力，这也为深化区域分工和合作提供了新的思路。

当前，长三角区域虽然已经成为中国经济最发达的区域，但面临着进一步深化区域合作、推动产业升级和技术创新的问题。研究表明，长三角地区需要一个差异化和有层次的区域政策：对于区域内的中心城市，要充分发挥其作为“孵化城市”的作用，利用其存在的显著的 Jacobs 溢出，为企业的创新提供更广泛的知识交流平台，通过金融、科研、公共管理等方面的哺育，促进企业的创新产出；对于区域内的经济较发达城市，由于其已经获得了显著的 MAR 溢出，说明规模化生产为企业带来了足够的知识积累，因此这些城市应重视在制造业专业化的基础上创造 Jacobs 溢出，使企业能够更多的获得服务性行业（特别是生产性服务性）的知识溢出，从而提高产品增加值并引领产业升级；对于区域内的经济较落后城市，其专业化程度较低同时多样化的产业分布也没有带来 Jacobs 溢出，因此这些城市的当务之急应当基于自身的比较优势的产业融入整个区域的分工，提高产业的专业化程度，一方面获得 MAR 溢出；另一方面增强吸收能力作为进一步的知识溢出获取的基础。

因此，结合城市特征的差异化的区域政策是十分必要的，这说明深化长三角区域合作，构建区域联盟在产业空间分布上是有层次的。对应于以上三种情况，不同的城市应选择合适的产业发展战略，从而使不同种类的知识溢出在整个区域内都能发挥作用，提升区域经济增长绩效。此外，对于所有的城市而言，构建一个更具竞争性和开放性的经济环境也有利于集聚发挥知识溢出作用。

---

① 张海洋. 人力资本吸收、外资技术扩散和中国经济增长[J]. 科学学研究，2005，23(1)：64 - 70.

第7章　区域研发联盟中的企业知识转移与创新绩效

在一个知识创新引领发展的时代，越来越多的企业通过构建各种联盟，利用联盟知识转移促进创新绩效。在联盟这一层面，行为人约束和知识特征约束是影响知识转移效果的主要因素，据此，本章构建了以知识转移广度、深度和嵌入度为核心的概念模型，并运用江苏省工业企业创新调查的数据，进行了实证研究，结果表明：知识转移的广度对提升创新是有益的，但并非越多越好；向特定渠道获取知识的深度，企业内外知识的"嵌入"都显得非常重要。其政策涵义强调联盟的构建应以企业为主体，并辅以其他公共平台，促进企业的创新绩效。

7.1　引言

自熊彼特的开创性工作以来，创新理念深入人心，创新理论在和其他学科的融合中快速发展，并被主流经济学所吸收，成为其不可或缺的组成部分。创新对长期经济增长和社会变革起着不可忽视的作用，同时它也是一个解释企业、地区和国家间绩效差异的至关重要的变量①。

创新文献的一个核心发现是：企业的创新不是孤立的，而是依赖于与外部环境的广泛互动。网络(network)、系统(system)这些概念的提出增强了对创新这一特征的理解。相应的，创新的实现需要公共领域和私人领域的"企业家"共同参与，因此创新的过程本质是集体性和合作性的②。从这个角度看，创新理论的一个重要任务就是选取合适的研究对象扩充这些概念性理解，发展一个整体性和可运用的框架供政策制定者进行系统分析和政策评估③。

作为一种企业构建与外部环境联系的渠道的组织，企业联盟本身就是一种网

---

① G. M. 格罗斯曼. 全球经济中的创新与增长[M]. 何帆，等，译. 北京：中国人民出版社，2009：5-15.

② Van de Ven, Polley, Garud and Venkataraman. *The Innovation Journey* [M]. New York: Oxford University Press, 1999: 7-15.

③ J. Fagerberg. *Innovation: A Guide to the Literature. Oxford Handbook of Innovation* [M]. London: Oxford University Press, 2006: 2-27.

络或系统现象。根据相关研究，企业联盟呈现出快速增长的趋势，部分行业联盟的数量以25%的年增长率递增①。另一方面，企业联盟的形式日益灵活化，从早期的生产联盟、价格联盟发展到如今的以知识联盟和研发联盟为主；联盟的构成主体也在发生着深刻的变化，从企业与企业之间的联盟发展到企业与高校之间的产学研联盟，乃至企业、高校和政府之间的官产学研联盟等等。

在动态变化环境下，尤其是伴随着知识经济时代的到来，知识成为企业创新的重要来源②。而不断识别、创造和管理知识是企业创造价值的根本前提，企业发展、培育和维持竞争优势，事实上依赖于企业知识的创造、传播和应用③。在一个以知识——创新为主导的发展背景下，企业联盟数量的增多以及联盟组织形式转变具有必然性。企业与多样化的组织形成或松散或紧密的关系，通过彼此的知识转移促进了新知识的获取和创造，最终通过创新锻造企业的核心能力，形成持续发展。

将企业联盟作为研究对象，发展整体性和可运用的框架则是创新研究的要求；而影响联盟知识转移的因素是什么，知识转移是否能够促进企业的创新绩效，具有重要的现实意义。本章尝试将这两层要求结合，从以下几个方面推进企业联盟创新绩效的研究：一是借鉴新制度主义和演化主义对行为人和知识特性约束的论述，在此基础上构建由知识转移广度深度和嵌入度组成的可实证的概念模型；二是选取江苏工业企业创新调查作为定量分析的研究数据，这一调查给出了丰富的企业层面的创新信息，有利于对本章的分析框架给出更稳健的分析结果，并具有积极而有益的政策涵义。

7.2 理论综述与分析框架

7.2.1 联盟知识转移的纬度

1. 不确定性与行为人约束

不确定性是新制度主义关于行为人约束的核心假设。新制度主义的代表人物诺斯(North，1991)深刻的指出，由于社会互动过程中每个人所拥有的有关他人行为的信息均是不完全的，因而每个人在社会选择中处理、组织以及在利用信息上均存在着一定的心智能力上的局限，而这种心智能力局限与辨识环境时的不确定性结合在一起，便演化出旨在简化处理过程的规则和程序。由此而形成的制度框架通过结构化人们的互动，限制了行为人的选择集合。

---

① 李红玲. 基于两个知识转移模型的企业战略联盟反思[J]. 科学与科学技术管理，2007(10)：140-144.

② 冯进路. 企业联盟：知识转移与技术创新[M]. 北京：经济管理出版社，2007：31-52.

③ 于培友等. 企业战略联盟中的知识转移[J]. 情报科学，2006(5)：758-766.

对于一个准备实施创新的企业来说，不确定性的存在意味着它不能从潜在资源中获取最优化的选择。即使它有幸选择了一种知识资源使其获得了“先行优势”(first move advantage)，这也不能保证企业获取持续的竞争力。不确定性导致企业的选择集合是受限的，选择结果造成的反馈往往是一种负反馈，企业的选择往往具有自我强化的趋势，即对已选择知识的依赖和对其他知识的忽略，从而企业承担着路径依赖以及被锁入此特定路径的风险。所以，更具有耐心的竞争对手可以运用其他知识创新弥补先行劣势，企业会发现自己要么已经来不及转变要么转变的成本太高。

新制度主义对不确定性和行为人约束的阐述意味着企业对外部知识的获取影响了企业的创新绩效。不确定性的客观存在使企业并不能识别出回报最大的知识资源，因此企业的创新是一个长期的试错过程。企业需要通过联盟的组织形式从外部渠道获取各种类型的知识资源然后经过长时间的学习模仿才能形成自己的创新成果。

2. 知识转移的广度和深度

在行为人约束条件下，为度量不同外部渠道对企业知识转移的程度，则需要构建可操作的概念。早期的格兰诺维特使用“强联系”(strong ties)和“弱联系”(weak ties)，其中强联系指“频繁的”从合作伙伴中获取知识，而弱联系则指知识转移的频率是“间或的”。Katila 和 Ahuja 使用对外部专利的研究范围和研究深度(search scope; search depth)来衡量外部知识转移程度①。借鉴外国学者的研究，本章选用广度和深度这两个概念分析企业联盟中的应用于外部渠道的知识转移。

首先是广度的概念。一个企业往往通过组建多种形式的联盟从不同的渠道获取所需的外部知识，本章中广度定义为企业获取联盟知识转移的渠道数量。由于在事先并不能确知哪一种渠道的知识转移能够给予最佳的绩效，同时从知识转移到最终的创新成果耗时巨大，那么对于企业来说过去有效的经验将影响其对当前的知识选择和联盟组织形式。但是，这种选择的结果将使企业封闭于较少的选择集，使企业在面临技术机会时陷入“近视”(myopia)或在创新决策中导致特定的路径依赖。既然单一或特定的知识并不能保证企业的创新绩效，那么企业必须获取多样化的知识才能克服这一约束。所以，这种由不确定性带来的行为人约束使“开放性”对于企业变得极为重要。然而，尽管多渠道的知识转移对于企业创新非常重要，但并非企业获取知识转移的广度(渠道数)越多越好，一个典型的事实是在企业中普遍存在的“过度研发”(over-search)问题。比如，某些创新行为由于在错误的时间和错误的地点实施，反而会产生消极的结果，或者由于有着太多的知识转移可以利用，反而将导致某些有价值的知识得不到充分的重视和实施，而没

---

① Katila and Ahuja. Something Old, Something New: A Longitudinal Study of Search Behavior and New Product Introduction [J]. *Academy of Management Journal*, 2002, 45(8): 1183-1194.

有价值的知识却投入了太多的资源。Koput 将其概括为“注意力分配问题”(attention allocate problem)：虽然企业有着充沛的外部知识资源，但企业在特定的时间并不会利用所有的知识资源，过多的知识资源会影响企业“注意力的分配”，造成其主要创新产品投入不足，反而对其创新绩效产生负作用①。

基于对联盟知识转移广度概念的理解，本章提出观点 1：企业创新绩效与联盟知识转移广度可能存在着倒 U 型的曲线关系，即知识转移广度在一定阶段可以促进企业创新绩效，超过此阶段反而会起抑制作用。

其次是深度的概念，本章中深度定义为企业对联盟中特定外部渠道知识资源的利用程度。深度的概念是直观的，仅仅强调企业获取知识资源的广度是不够的。某些特定的知识来源，如行业领先者、重要客户、大学以及其他研发机构等，对企业的知识转移是至关重要的。企业必须与其长期互动，建立一种共享的机制才有可能获取有价值的知识资源，促进创新绩效。深度的概念强调了企业通过与行业纵向与横向(特别是行业领先者)构建紧密联系对创新的影响；同时，大学等研究机构以及政府等公共平台对企业知识转移的作用也不断被认识，前者被认为在基础研究上的进展为商业化应用提供了可能，而后者的重要中介作用将促进企业对基础知识的利用，郭斌等(2007)认为当前以产学研或官产学研等为特点的联盟组织形式将降低企业获取知识信息的不确定性，有效的沟通市场信息，增强合作的效率。②

基于深度的概念，本章提出观点 2：联盟知识转移深度对企业创新绩效起着正向的作用，即企业与特定外部渠道构建的紧密联系将促进企业的创新绩效。

7.2.2 联盟知识转移的嵌入度

1. 嵌入性与知识特征约束

纳尔逊和温特建立了一个完整的企业演化模型，其模型借鉴了生物学的原理，把企业看作一个有机体，具有记忆遗传的基因，基因与外部环境作用形成了企业的组织惯例(organizational memory)，从而形成学习、复制、演化等复杂过程。理解企业演化模型的关键在于组织惯例，纳尔逊和温特认为，组织惯例是包含知识的行为习惯模式，是企业行为的基本元素。为何组织惯例成为分析企业演化的要素，其背后隐含的是知识特征的约束。

知识可以分为显性知识和隐性知识，这两种知识对于企业的影响是不同的。显性知识可以标准化，从而构成非人格交易的基础；隐性知识依赖可标准化的机制加以传达，或者通过人格化交易来传达。显然，非人格交易构成了市

① Koput. Chaotic Model of Innovative Search: Some Answers, Many Questions[J]. *Organization Science*, 1997, 8(5): 528 - 542.

② 郭斌，等. 知识经济下产学合作的模式、机制与绩效评价[M]. 北京：科学出版社，2007：32 - 37.

场的基础,而人格化交易更多的需要企业内部的协调。由于企业对两种知识资源都有着需求,因此这两种知识特征约束的结果便是"嵌入性",即企业的知识是一种嵌入性知识(embedded knowledge)。嵌入性的涵义在于通过知识特征的约束描述了企业与其外部环境之间复杂关系,企业对知识资源的获取依赖于其自身的组织和与外部环境的互动,这也是组织惯例成为分析企业演化的原因。

因此,由于不同的知识特性对应了不同的交易方式,因此演化主义同样强调企业与外部知识来源的不同组合方式,而联盟正是这些混合组织的具体表现。同时,嵌入性还意味着不仅外部知识决定了企业的创新绩效,更重要的是内外知识的组合和匹配问题。

2. 嵌入度的两种效应

为了体现联盟知识转移的嵌入性和知识特征约束,本章使用嵌入度这一概念,此概念可进一步细化为以下两种效应:

第一,"吸收能力"(AC:absorb capability),这是由 Cohen 和 Levinthal 所提出来的,指企业应对外部信息,认识其价值并学习和应用于商业终端的能力。吸收能力说认为,R&D 具有两面性:一方面可以提升企业的创新能力,还可以增强企业的吸收能力。同时,吸收能力越强,就越利于知识的扩散和溢出。知识的获取和吸纳是企业利用外部知识的前提,而将外部知识转化和开发则依赖于企业自身的知识资源和外部知识资源的特性,企业利用外部知识通过不断创新保持竞争优势则需要企业内部在交流合作上的努力。吸收能力观点阐明了内部知识积累和外部知识转移之间的关系,强调了知识转移产生的条件性①。

第二,"非本地创新"(NIH:not invented here),源于 Katz 和 Allen(1982)②。NIH 的原意为:"企业内部的研发团体对知识资源拥有垄断权,因此有拒绝外部知识资源的倾向",而现在 NIH 的引用表达的是一种内部知识和外部知识的逆向匹配和组合关系。与吸收能力相同的是,NIH 也说明了一种内部知识资源与外部知识资源的嵌入关系,而与吸收能力不同的是,NIH 更多表达了内部知识资源对外部知识资源的抑制作用。

基于以上的认识,本章提出观点 3:联盟知识和企业知识的嵌入度可能对企业创新绩效产生不同的效应。而是否为 AC 效应或 NIH 效应则需要进一步验证。

---

① Cohen and Levinthal. Innovation and Learning: the Two Faces of R&D[J]. *Economic Journal*, 1989, 99: 69-596.

② Katz and Allen. Investigating the Not Invented Here (NIH) syndrome: A Look at the Performance, Tenure, and Communication Patterns of 50 R&D Projects[J]. *R&D Management*, 1982, 12(1): 7-19.

7.2.3 分析框架

本章的分析框架如图 7-1 所示。

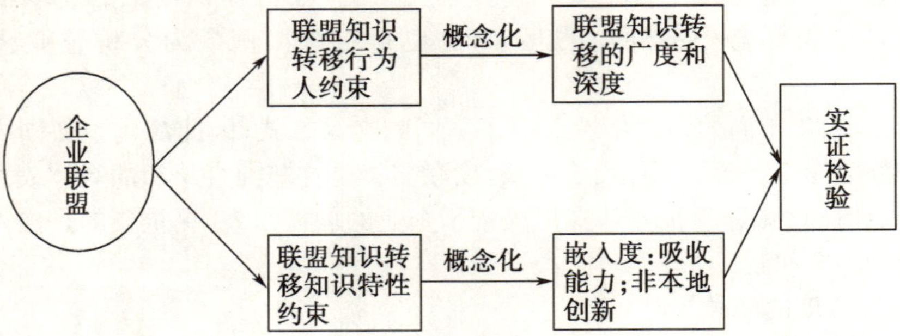

图 7-1 本章的分析框架

7.3 实证检验

7.3.1 数据、模型与变量

本章的数据来源于江苏省 2007 年工业企业创新调查表。该表是由国家统计局制作,收集了 2004—2006 年间江苏省企业创新的基本情况、经费投入、实施效果、影响因素以及企业家对创新的认识等方面的信息。调查表分为两个部分,第一部分为工业企业创新情况,由主管创新工作的企业负责人组织本企业科技管理部门、综合部门和财会部门的有关人员共同填写;第二部分为企业家调查问卷,由主管创新工作的企业负责人填写。

根据研究的主题,本章对调查表中的数据进行了筛选。对创新投入费用和产出的衡量来自于调查表第一部分①;而对知识转移的衡量来自于调查表第二部分的"企业开发或引入新产品新工艺构思的主要来源及其影响程度"②。根据填表要求,没有创新活动的企业不填写其创新构思来源,因此本章删去了这些企业样本,

① 创新调查表中的创新投入包括政府资金、减免税、企业资金、金融机构贷款、吸收风险投资、国外资金等。创新费用来源合计(100%)应等于创新活动四项费用支出份额之和。创新产出用新产品产值度量,统计口径与工业总产值一致,指采用新技术原理、新设计构思研制、生产的全新产品,或在结构、材质、工艺等某一方面比原有产品有明显改进,从而显著提高了产品性能或扩大了使用功能的产品。

② 工业企业调查报告并没有提供企业联盟的相关信息,只有企业创新构思来源。但根据前文基于知识转移对企业联盟的认识,只要企业与其他组织之间产生了知识转移,都可以认为它们之间组成了联盟,使考察的范围不仅仅局限于一些"正式"的企业联盟,还包括更多的"非正式"的企业联盟,这其实是一种对企业联盟的更宽泛理解。因此,本章使用"企业开发或引入新产品新工艺构思的主要来源及其影响程度"作为联盟知识转移的度量是前后一致的。

以及其他一些不符合要求的样本(数据缺失等),最终企业样本数为2 755个。表7-1给出了江苏省创新知识资源的描述性统计。

表7-1　江苏省企业创新知识资源的统计性描述;n=2 755。

种类		知识资源	百分比			
			没有影响	低	中	高
内部	企业	企业内部	34.9	45.8	11.5	0.8
		企业集团内部	20.2	33.5	13.4	32.9
外部	市场	客户与消费者	66.9	28.1	0.3	0.2
		设备、原材料、中间产品供应商	22.3	45.6	20.8	11.3
	组织与机构	本行业其他企业	33.7	44.9	13.7	0.8
		技术市场或咨询机构	23.1	39.6	23.0	14.2
	公共	行业协会	20.0	39.7	23.9	16.3
		高校	15.2	33.6	25.5	25.6
		研究机构	19.5	34.6	24.1	21.8
		政府部门	13.4	34.2	28.8	23.6
		商品交易会、展览会	29.3	40.1	18.1	12.4
		科技文献	15.4	38.5	28.3	17.8
		互联网	19.7	42.0	23.8	14.5

基于对联盟知识转移和企业创新绩效关系的3个观点,本章构建相应的计量模型并结合统计数据加以检验。

模型Ⅰ:对知识转移广度、深度和嵌入度的检验。

$$\begin{aligned}\text{Innovations}_i = & C + x_1 \text{R\&D} + x_2 \text{Broad}_i + x_3 \text{Broad}_i^2 + x_4 \text{Deep}_i \\ & + x_5 \text{Extern}_i * \text{Intern}_i + \varepsilon \qquad (1)\end{aligned}$$

在此模型中,Innovations代表创新产出,根据注释3,本章使用2006年新产品产值进行衡量。自变量中,R&D度量了企业的创新投入,本章选用2006年企业四项创新费用衡量R&D。创新投入是解释创新产出的最主要变量,因此预期其系数显著为正。

Broad和Deep是对知识转移广度和深度的衡量。由于问卷中提供的是企业的主观信息,还需要将其数值化。具体方法是:将每种外部渠道的广度和深度都看成是二值变量(binary variable);由于广度指的是企业获取知识资源的渠道数量,因此,如果一个企业认为某个渠道对知识资源获取有益(无论低中高),则将其记为1,若没有影响则记为0,因此如果企业认为n种外部渠道对其创新都有影响，那么这个企业的 Broad 值为 n；而深度指的是企业从特定渠道获取知识资源的程度，因此如果一个企业认为某个渠道对知识资源获取的影响程度“高”，则将其记为 1，而其他三种选择则为 0。如果企业的 Deep 值为 n，意味着该企业与 n 种知识来源渠道的关系是紧密的。根据前文的论述，本章预期 x_2，x_4 为正而 x_3 为负。

Extern 和 Intern 的交叉项代表知识转移的嵌入程度。它既跟内外部知识的容量有关(吸收能力效应)，还跟知识的类型与匹配有关(非本地创新效应)，因此很难度量。本章采取一个类似于对广度和深度的加权平均作为嵌入程度的指标。首先将“没有影响”、“低”、“中”和“高”分别记为 1，2，3，4，即赋予各种知识深度以不同的分值，而不同的渠道的总分值则为每种渠道的分值相加而得。因此，Extern为 11 种外部渠道的分值总和，而 Intern 为 2 种内部渠道的分值总和。由于两种效应(AC 和 NIH)的同时存在，本章不能确定系数的正负，而探究哪种效应起作用这也是实证检验的目的之一。

模型Ⅱ：引入三种渠道后的扩展检验。

$$\begin{aligned}\text{Innovations}_i = {} & C + x_1\text{R\&D}_i + x_2\text{Broad}_i + x_3\text{Broad}_i^2 + x_4\text{DMarket}_i \\ & + x_5\text{DInstitution}_i + x_6\text{DPublic}_i + x_7\text{Intern}_i * \text{ExMarket}_i \\ & + x_8\text{Intern}_i * \text{ExInstitution}_i + x_9\text{Intern}_i * \text{ExPublic}_i + \varepsilon \end{aligned} \tag{2}$$

模型Ⅱ即是对模型Ⅰ的扩展和补充。根据表 7－1，外部的 11 种知识来源还可以分为三种：市场、组织机构和公共媒介，这同时也代表了企业组建联盟的三种形式，市场代表了企业通过上下游关系获取知识资源，组织机构代表了当前的产学研或官产学研等形式获取知识资源的联盟，而公共媒介也作为一种重要的平台发挥着重要的知识转移作用。因此，加入三种渠道后，一方面可以扩展对概念的理解，另一方面也可以丰富本章的实证涵义。

在模型Ⅱ中，DMarket，DInstitution 和 DPublic 分布代表企业从这三种渠道获取知识的深度，而 ExMarket，ExInstitution 和 ExPublic 与 Intern 的交叉项则代表了对这三种渠道获取的知识与企业内部知识的嵌入度，这些变量的计算与模型Ⅰ相同，只不过从 11 种外部渠道换为三种而已。

7.3.2 估计与分析

本章使用计量软件 Eviews 6.0 估计上述两个模型，模型Ⅰ的输出结果在表 7－2中得到报告，而模型Ⅱ的输出结果则显示于表 7－3 中。

表 7-2　模型Ⅰ的估计结果：知识转移广度、深度、嵌入程度与创新绩效

因变量	Innovations	
自变量	系数	标准差
R&D	0.503 86***	0.014 02
Broad	0.092 01**	0.039 73
Broad^2	−0.005 08*	0.003 01
Deep	0.064 31*	0.035 86
Extern* Intern	−0.009 97***	0.002 08
观测值	2 755	
调整后的 R 平方	0.344 07	
F 检验 p 值	0.000 00	

注：*，**，*** 代表 1%，5%和 10%的显著水平。

首先是对模型Ⅰ的检验，从表 7-2 中可以看出，检验基本取得了预期的效果。

(1) R&D 的系数是显著为正的，这一点已经成为常识，勿庸赘言。

(2) 然后是对联盟知识转移广度和深度的检验。Broad 变量系数显著为正而其平方项系数显著为负，因此可以断言知识转移广度和创新绩效之间存在着一条倒 U 曲线的关系。这意味着观点 1 得到了证据的支持，即企业获取知识资源的广度有利于企业创新绩效的提高，但随着广度的增加，其对创新绩效会产生负作用。Deep 变量前的系数显著为正，说明对特定渠道知识资源的获取程度对企业的创新绩效产生了正的效应，同样这意味着实证检验有力的支持了观点 2。

(3) 最后是对联盟知识转移嵌入度的检验。交叉项的系数通过了 1%的显著性检验，这说明在本章所运用的 2 755 个企业样本里，检测到了“非本地创新”效应，更准确的说，应该是“非本地创新效应”超过了“吸收能力效应”。嵌入度的检验让我们对知识转移的广度和深度的估计结果保持谨慎的态度，因为那只是度量了一个偏效应。外部知识的确对企业创新绩效有影响，更全面的，企业创新绩效还依赖于外部知识与内部知识的相互作用，即“嵌入”。

总之，模型Ⅰ的检验意味着本章比较完整的完成了图 7-1 所示的研究。不过为了更深的挖掘这些概念背后的政策涵义，对模型Ⅱ的解释是必要的，下面是基于模型Ⅱ的几点认识。

表 7-3　模型Ⅱ的估计结果：加入三种渠道后的扩展检验

因变量	Innovations	
自变量	系数	标准差
R&D	0.500 67***	0.014 08
Broad	0.071 26*	0.042 43
Broad^2	−0.005 90*	0.003 21
DMarket	0.083 47**	0.041 52
DInstitution	0.032 09	0.022 80
DPublic	0.058 05*	0.033 60
Intern* ExMarket	0.008 51	0.007 65
Intern* ExInstitution	−0.004 42	0.004 36
Intern* ExPublic	−0.006 36	0.007 19
观测值	2 755	
调整后的 R 平方	0.348 81	
F 检验 p 值	0.000 00	

注：*，**，*** 代表 1%，5%和 10%的显著水平。

(1) R&D，知识转移广度及其平方项依旧显著。因此，创新投入依旧非常重要，而知识转移与创新绩效的倒 U 曲线再一次得到了验证。

(2) 知识转移深度根据渠道分为市场、组织机构和公共媒介三种，从系数来看，三者都为正。其中 DMarket 的系数通过了 5%的显著性检验，这说明企业通过紧密的横向联系或纵向联系从供应商、用户或其他企业中获得的知识资源显著的促进了企业的创新绩效；结果还显示，企业通过深层次的向组织机构和公共媒介获取知识资源也对企业创新绩效产生了正向影响，意味着企业通过这些知识资源的平台构建联盟(即各种类型的产学研联盟)也促进了知识转移和创新绩效，但是这种作用不如市场这一渠道显著。

(3) 从"嵌入"的角度看。一方面，企业内部知识与通过市场渠道获取的知识嵌入度较好，似乎验证了"吸收能力"的观点，从而促进了企业的创新绩效；另一方面，企业内部知识与组织机构和公共媒介的知识嵌入度较差，似乎验证了"非本地创新"的观点，从而抑制了企业的创新绩效。对此一个合理的解释是，当前我国的大学等研究机构仍以基础性研究为主，应用性研究为辅，即使有应用性研究也与市场脱节太大。由此而来的结果便是这些公共平台的知识与企业内部知识并不匹配，产生了 NIH 效应。反之，企业更了解自己的知识结构，因此通过市场渠道组织外部知识与内部知识的结合可能会产生更好的创新绩效，即 AC 效应。遗憾的是，三个交叉项的估计结果是不显著的(P 值介于 0.2—0.3 之间)，这说明不同渠道外部知识与内部知识的组合对企业创新绩效的影响并非很强烈，本章寻找不同渠道知识与企业内部知识嵌入度影响创新绩效的证据还很微弱。

综上，虽然对模型Ⅱ的估计存在瑕疵，但仍具有一定的启发意义：企业组建不同种类的联盟可以促进创新绩效，但不同种类的联盟的知识转移对企业创新绩效是不同的。强调与组织结构和公共媒介组成产学联盟是有意义的，不过各公共平台应转变其知识结构，使其与企业内部知识更好的结合；由于企业比其他组织更清楚的了解自身的知识结构，因此组织各种联盟应以企业为主体，并围绕企业充分发挥市场、组织机构、公共媒介的知识转移作用。

7.4　本章小结

当技术创新成为一个企业持续竞争力的来源时，越来越多的企业开始构建各种形式的联盟，通过联盟知识转移促进自身的创新绩效。然而，在联盟这一层面，由不确定性和嵌入性所导致的两种约束性条件的存在影响着知识转移的效果。以上述认识为基础，本章引入了知识转移广度、深度和嵌入度这三个概念，并得出了相应的三个观点，运用江苏省工业企业创新调查的相关数据，通过一个基本模型和一个扩展模型对三个观点进行了检验，结果表明：企业向外部获取指数虽然有助于创新绩效的提高，但并非获取的渠道越多越好，而向特定知识渠道获取知识的程度却非常重要；企业在注重外部知识的同时还应考虑内外知识结合的问题，这是促进企业创新绩效的关键因素之一。

引入市场、组织结构和公共媒介的扩展模型丰富了本章的政策涵义。虽然目前各种类型的企业联盟层出不穷，以产学研为代表的研发联盟方兴未艾，但是我们应当对这些联盟保持谨慎乐观的态度。事实上，很多联盟的绩效并不高，在联盟数量高增长的同时联盟的失败率也在上升。实证结果显示，并非所有的联盟对企业的知识转移都是有益的，各类公共平台的知识可能和企业内部知识的“嵌入”效果不好，对企业创新绩效反而产生了一定的负作用。

因此，本章的政策涵义主张在构建知识联盟时，应当以企业为核心并配合其他公共平台的建设以促进联盟的知识转移与创新绩效。首先，应当发挥企业在构建联盟中的主体作用。企业直接面对市场，有着较强的创新需求和创新冲动，是创新的决策主体、风险承担主体和创新利益的获取主体。相关政策导向则需要鼓励企业主动开辟企业研发工程中心和技术创新中心，增加研发力量，加大研发投入；并鼓励各类型企业主动向科研机构和高等院所寻求知识来源，增强智力资本市场化的潜力与效率。其次，政府部门应当加快各类创新网络平台建设，致力于创新制度的建设。政府的创新政策具有公共产品的属性，政府搭建的公共平台体制上有保证利益上有诚信，通过技术转让、技术入股、联合申报科技项目等方式可以让多方共同受益，从而有利于建设以企业为主体、以市场为导向，产学研紧密结合的开放性创新体系。

第 8 章 区域研发联盟中的工业企业创新价值链

本章利用上海 1 521 家工业创新企业的调研数据，基于创新价值链分析框架，估计工业企业创新的发生和发展机制。实证研究结论表明：(1) 作为企业创新源泉的各种创新投入之间既存在替代关系，也存在互补关系；(2) 企业创新投入总体上提高了企业的创新绩效和创新成功概率，但是由于创新投入之间的替代关系，内部研发和获取机器设备之类的创新投入，需要配之以员工培训和新产品市场推介，才可以提高企业的创新绩效；(3) 科技型企业、大陆企业的子公司以及自主品牌企业的创新绩效要高于非子公司，但是海外企业子公司的创新绩效并不高于非子公司；(4) 政府的税收减免相对于直接资金支持更能提高企业的创新绩效。

8.1 引言

尽管创新作为现代经济增长的核心要素已为共识，然而，企业如何进行创新仍是一个值得探讨的话题。熊彼特把生产要素的新组合，即"设定一种新的生产函数"，定义为创新，但原来的生产函数又是如何向新生产函数转化的呢？大量已有文献从不同角度研究了企业不同创新阶段的影响因素，但仍缺乏一个联系的视角把创新的不同阶段整合起来理解企业创新的发生和发展机制。由 Hansen 和 Birkinshaw (2007)以及 Roper et al. (2008)提出的创新价值链分析为系统研究企业创新发生和发展机制提供了新的研究视角和方法。本章将利用 2004 至 2006 年间 1 521 家上海工业企业的创新调研数据，从创新价值链的视角研究工业创新企业的发生和发展机制。由于上海工业企业的科技创新居于全国前列，对其创新机制的估计不仅可以让我们充分评估创新前沿企业的创新发生机制和经济绩效，也为其他地区企业和政府的创新活动提供有益参考。

本章的主要贡献有三点：(1) 从创新价值链的视角去理解企业创新行为，从而可以构建工业创新企业从创新生产到创新产出不同阶段的创新行为；(2) 已有文献对创新投入的研究主要集中于企业研发这种要素，对不同创新投入之间的关系及其影响因素的探讨相对不足，本章将弥补已有文献的这种忽视；(3) 本章独特数据所提供的详细的企业创新信息，以及对企业创新投入互动的分析，有助于理解中国发达地区工业创新企业独特的创新投入—产出模式。

接下来的文章安排如下：第二部分对已有关于企业创新的文献进行简要回顾；第三部分介绍本章进行实证分析的数据来源、变量选取和计量方法；第四部分报告实证估计结果；最后是全文结论和政策含义。

8.2　文献回顾

创新对于一国和企业持续成长的关键性作用是催生了大量研究企业创新行为的文献。早期文献主要可以分为两类：一类文献研究企业创新源泉，即以研发为主的企业创新投入活动的决定因素，另一类文献探讨企业创新的经济效应，即企业创新投入对企业生产率的影响。价值链视角企业创新研究则从知识生产、知识转换和知识利用三个阶段系统地探讨企业创新的发生机制。

8.2.1　企业创新源泉

企业作为一个经济生态系统，企业掌握的内外部资源影响着企业创新源泉和绩效。一般而言，企业规模大小反映了企业掌控资源的多寡。一个直观的判断是，掌握大量资源的大企业有更强的意愿从事研发创新活动。周黎安和罗凯(2005)①利用中国数据进行的实证研究支持了这种逻辑，但仅存在于非国有企业。事实上，大量的微观实证研究却发现两者之间的关系相当复杂。例如，Audretsch和Acs(1991)②的研究发现，创新并没有规模递增的特征，只有高技能劳动力对创新具有促进作用，而且以创新强度(研发支出占销售收入比)区分的高技术企业和低技术企业进行的实证分析表明，高技术企业创新并没有随其规模增加而呈现收益递增的特征，而低技术企业则存在收益递增特征。朱恒鹏(2006)③、安同良等(2006)④以及聂辉华等(2008)⑤利用不同层面的微观数据进行的实证分析表明，企业规模与创新之间往往存在一种非线性的倒U型关系。Acs et al.(1994)⑥以及Akcigit和Kerr(2010)⑦的实证研究也许可以解释这个问题，即由于小企业是

---

① 周黎安，罗凯. 企业规模与创新[J]. 经济学(季刊)，2005，4(3)：623-638.

② Audretsch D. B. and Acs Z. J. Innovation and Size at the Firm Level[J]. *Southern Economic Journal*, 1991, 57(3): 739-744.

③ 朱恒鹏. 企业规模、市场力量与民营企业创新行为[J]. 世界经济，2006，12：41-52.

④ 安同良，施浩，Ludovico Alcorta. 中国制造业企业R&D行为模式的观测与实证——基于江苏省制造业企业问卷调查的实证分析[J]. 经济研究，2006，2：21-30.

⑤ 聂辉华，谭松涛，王宇锋. 创新、企业规模与市场竞争：基于中国企业层面的面板数据分析[J]. 世界经济，2008，7：57-66.

⑥ Acs Z. J. Audretsch D. B. and Feldman M. P. R&D Spillovers and Recipient Firm Size[J]. *Review of Economics and Statistics*, 1994, 76(2): 336-340.

⑦ Akcigit U. and Kerr W. R. Growth through Heterogeneous Innovations[J]. *PIER Working Paper* No. 10-035, 2010.

大的竞争对手研发中心的研发溢出效应的接受者，这些溢出效应更容易推进小企业的创新活动。

不同规模的企业在创新类型上也存在巨大差异。Cohen 和 Klepper（1996）① 基于美国 20 世纪 70 年代中期制造业企业数据进行的实证分析表明，小企业倾向于产品创新，而大企业则倾向于工艺创新。该结论进一步得到了德国制造业企业数据的支持（参见 Fritsch and Meschede，2001②；Falck，2008③）。原因是当一个企业实行产品创新以后，可以继续以工艺创新的形式保持由产品创新所带来的规模优势，而小企业则需要依赖产品创新来实现其成长，因而具有更强的产品创新意愿。

对于中国转型经济而言，企业性质往往通过影响企业掌握资源的能力而影响其创新决策。李春涛和宋敏（2010）④采用世界银行在中国获取的制造业企业调研数据进行的实证分析表明，国有企业的研发投入和产出高于其他企业，但是它会降低薪酬激励对创新的促进作用。也有相反的结论。例如，温军和冯根福（2012）⑤利用上市公司数据进行的实证分析表明，不同持股机构对企业创新投入的影响也与企业性质有关，但是对于国有企业而言，无论是证券投资基金，还是机构投资者持股，都对企业创新产生显著负效应。

除了上述企业能力因素，企业所面临的宏观制度环境以及由此衍生的政企关系也会影响企业创新投入。杨其静（2011）⑥的理论研究表明，当政府具有大量资源而缺乏有效制度约束时，企业会热衷于政治关联以获取大量的财政补贴收入，而非专注于企业自身能力的建设。江雅雯等（2010）的微观实证研究证实了政治关联弱化企业创新的结论。类似地，张杰等（2011）⑦的实证分析表明，要素市场扭曲会抑制企业研发支出，因为要素市场扭曲会导致企业把资源用于寻租活动和构建不平等竞争地位。对于民营企业而言，由于正式制度缺失和高执行成本，非正式制度成为保护其创新的一种有效策略，梁强等（2011）⑧证实了商业协会和专业

---

① Cohen W. M. and Klepper S. Firm Size and the Nature of Innovation within Industries: The Case of Process and Product R&D[J]. *The Review of Economics and Statistics*, 1996, 78(2): 232 - 243.

② Fritsch M. and Meschede M. Production Innovation, Process Innovation, and Size[J]. *Review of Industrial Organization*, 2001, 19(3): 335 - 350.

③ Falck O. Routinization of innovation in German manufacturing: the David-Goliath symbiosis revisited[J]. *Industrial and Corporate Change*, 2008, 18(3): 497 - 506.

④ 李春涛，宋敏. 中国制造业企业的创新活动：所有制和 CEO 激励的作用[J]. 经济研究，2010(5)：55 - 67.

⑤ 温军，冯根福. 异质机构、企业性质与自主创新[J]. 经济研究，2012(3)：53 - 64.

⑥ 杨其静. 企业成长：政治关联还是能力建设？[J]. 经济研究，2011(10)：54 - 66.

⑦ 张杰，周晓燕，李勇. 要素市场扭曲抑制了中国企业 R&D? [J]. 经济研究，2011(8)：78 - 91.

⑧ 梁强，李新春，郭超. 非正式制度保护与企业创新投入——基于中国民营上市企业的经验研究[J]. 南开经济研究，2011(3)：97 - 110.

协会网络对不同企业的积极作用。

开放经济给处于价值链不同位置的企业以更多的创新投入选择。欠发达国家与发达国家制造企业的创新投入区别在于，前者偏好外部技术和设备的购买，而后者主要表现为研发投入。Kuroiwa et al. (2011)①认为中国制造业企业相对于日本和韩国而言还处于创新能力积累阶段，这种创新能力的累积主要来自通过技术和设备购买形成的资本积累和国内创新体系的建设②。随着创新能力的累积，本土企业的自主研发水平不断提高，尽管在创新类型上仍然以工艺创新为主③。此外，经济开放条件下 FDI 的溢出效应有助于提升中国本土企业的自主创新能力④。

8.2.2　企业创新绩效

企业创新文献的另一个重要研究课题就是检验各种创新活动的绩效。大量基于中国制造业数据进行的实证分析表明，本土企业的自主研发和创新活动对企业生产率具有促进作用（如朱有为和徐康宁，2006⑤；李平等，2007⑥；Fu et al.，2011⑦；周亚虹等，2012⑧）。然而，利用各国微观数据进行的各种实证分析表明，企业创新投入与创新绩效之间存在复杂的关系。例如，聂辉华等（2008）⑨的实证分析发现，尽管国有企业创新活动更多，但私营企业的创新产出效率较高。Scarpetta 和 Tressel (2004)⑩对 18 个 OECD 国家 17 个制造业的实证分析表明，研发

---

① Kuroiwa, I., Nabeshima, K. and Tanaka, K. Innovation Networks in China, Japan, and Korea: Evidence from Japan Patent Data[J]. *IDE Discussion Paper*, No. 285, 2011.

② Altenburg, T., Schmitz, H. and Stamm, A. Breakthrough? China's and India's Transition from Production to Innovation[J]. *World Development*, 2008, 32(2): 325 - 344.

③ Guan Jian Cheng, Yam R. C. M., Tang E. P. Y. and Lau A. K. W. Innovation Strategy and Performance during Economic Transition: Evidences in Beijing, China[J]. *Research Policy*, 2009, 38(5): 802 - 812.

④ 王红领，李稻葵，冯俊新. FDI 与自主研发：基于行业数据的经验研究[J]. 经济研究，2006(2)：44 - 56.

⑤ 朱有为，徐康宁. 中国高新技术产业研发效率的实证研究[J]. 中国工业经济，2006(11)：38 - 45.

⑥ 李平，崔喜军，刘健. 中国自主创新中研发资本投入产出绩效分析[J]. 中国社会科学，2007(2)：32 - 42.

⑦ Fu Xiaolan and Yundan Gong. Indigenous and Foreign Innovation Efforts and Drivers of Technological Upgrading: Evidence from China[J]. *World Development*, 2011, 39(7): 1213 - 1225.

⑧ 周亚虹，贺小丹，沈瑶. 中国工业企业自主创新的影响因素和产出绩效研究[J]. 经济研究，2012(5)：107 - 119.

⑨ 聂辉华，谭松涛，王宇锋. 创新、企业规模与市场竞争：基于中国企业层面的面板数据分析[J]. 世界经济，2008, 7：57 - 66.

⑩ Scarpetta, S. and Tressel, T. Boosting Productivity via Innovation and Adoption of New Technologies: Any Role for Labor Market Institutions? [J]. *World Bank Policy Research Working Paper* 3273, 2004.

与生产率之间的关系取决于产业特征：低技术产业中研发活动与生产率没有显著关系；高技术产业两者具有显著正向关系；领先国家研发支出的回报高于跟随者。Guellec et al. (2001)[①]运用1980—1998年16个OECD国家面板数据检验了不同研发对生产率增长的影响，发现商业研发、国外研发以及公共研发对生产率增长具有促进作用，而且这种效应在大学研发比例较高、商业研发密集度较高以及国防研发较低的国家更大。

工艺创新和产品创新的产出绩效也存在差异。Hall(2011)[②]认为，产品创新对企业生产率具有显著的促进作用，而工艺创新对生产率的影响则并不明显。但是Hurego和Jaumandreu (2004)利用1990—1998年间西班牙制造企业数据进行的研究表明，从事工艺创新的企业的生产率增长高于平均水平。类似的研究结果还出现在意大利的制造业企业[③]以及法国的制造业企业[④]。原因之一是，产品创新相对于工艺创新而言，可能会由于其更大的失败风险而不能对企业生产率产生系统性的影响。

8.2.3 企业创新价值链

价值链理论[⑤]为系统研究企业创新行为提供了理论基础和新的分析视角。国内学者关于全球价值链问题的研究主要集中于分析企业从价值链低端融入全球分工体系对其工艺和产品升级的影响（张辉，2004[⑥]；刘志彪、张杰，2007[⑦]）。Hansen和Birkinshaw (2007)[⑧]创造性地把企业创新的投入产出过程从价值链视角划分为三个环节：产生思想、开发转化思想和扩散利用思想。而真正把创新价值链的概念整合成可以进行创新投入、转换和产出测度分析的则是Roper et al. (2008)[⑨]的实证研究。他们把创新价值链定义为获取知识、转化知识和应用知识

---

① Guellec, D. and van Pottelsberghe de la Potterie, B. R&D and productivity growth: Panel data analysis of 16 OECD countries[J]. *OECD STI Working Paper* No. 3, 2001: 103 - 126.

② Hall B. H. Innovation and Productivity[J]. *NBER Working Paper* No. 17178, 2011.

③ Parisi, M. L., Schiantarelli, F. and Sembenelli, A. Productivity, Innovation and R&D: Micro Evidence for Italy[J]. *European Economic Review*, 2006, 50(8): 2037 - 2061.

④ Griffith, R., Huergo, E., Mairesse, J. and Peters, B. Innovation and Productivity across Four European Countries[J]. *Oxford Review of Economic Policy*, 2006, 22(4): 483 - 498.

⑤ Gereffi G. International Trade and Industrial Upgrading in the Apparel Commodity Chains[J]. *Journal of International Economics*, 1999, 48(1): 37 - 70.

⑥ 张辉. 全球价值链理论与我国产业发展研究[J]. 中国工业经济，2004(5): 38 - 46.

⑦ 刘志彪，张杰. 全球代工体系下发展中国家俘获型网络的形成、突破与对策——基于GVC和NVC的比较视角[J]. 中国工业经济，2007(5): 39 - 47.

⑧ Hansen, M. T. and Birkinshaw, J. The Innovation Value Chain[J]. *Harvard Business Review*, 2007, 85(6): 121 - 132.

⑨ Roper, S., Du, J. and Love, J. H. Modelling the Innovation Value Chain[J]. *Research Policy*, 2008, 37(6 - 7): 961 - 977.

创造产值的递归过程。

企业创新价值链的第 1 环节为知识和思想的生产阶段。企业进行创新投入活动包括内部研发、合作研发和外部研发等。已有研究(如 Irwin 和 Klenow，1996①；李平等，2007②；Roper 和 Arvanitis，2012③ 等)表明，由于企业内外部资源约束以及创新活动的特殊性质，企业的创新投入要素之间存在互补或者替代关系。企业创新价值链的第 2 个环节为转化和开发知识，即把知识转化为两种形式的创新——产品创新和工艺创新。Harris 和 Tainor(1995)④采用一个创新/知识生产函数来模拟创新投入和创新产出之间的关系。不同形式的创新投入将对企业的产品和工艺创新影响不同⑤。企业创新价值链的第 3 个环节则把知识产出转化为市场价值。大量的实证研究测算了产品和工艺创新对企业绩效的影响(如 Hsieh et al.，2011⑥；Hall，2011；Parisi et al.，2006⑦；Griffith et al.，2006⑧)，研究结果倾向于表明工艺创新相对于风险较大的产品创新而言更能促进企业产出。

企业的创新活动是在一个经济生态系统中展开的。创新价值链上的各个环节不仅受企业内部资源的限制，也受其所面临的外部环境和制度的约束。正如前文所述，不仅企业的规模、人力资本水平、技术能力等因素对企业创新行为具有重要影响，政府的创新支持政策、开放经济条件下的市场需求和技术供给也会影响创新过程⑨。创新价值链分析需要我们充分考虑这些因素的影响。如果创新价值链的第 3 个环节给企业创新投入带来足够回报，那么将会激励企业进行新一轮创新活动。所以，企业创新价值链不是一个单向和单一的过程，而是一种不断循环的、具有多发性和复杂性特征的经济生态过程和递归过程。

相对于创新价值链框架下的分析，国内关于企业创新源泉和绩效的分析忽视

---

① Irwin, D. A. and Klenow, P. J. High-tech R&D Subsidies-Estimating the Effects of Sematech [J]. *Journal of International Economics*, 1996, 40(3—4): 323 - 344.

② 李平，崔喜军，刘健. 中国自主创新中研发资本投入产出绩效分析[J]. 中国社会科学，2007(2)：32 - 42.

③ Roper, S. and Arvanitis, S. From Knowledge to Added Value: A Comparative, Panel-data Analysis of the Innovation Value Chain in Irish and Swiss Manufacturing Firms[J]. *Research Policy*, 2012, 41(6): 1093 - 1106.

④ Harris, R. I. D and Trainor, M. Innovations and R&D in Northern Ireland Manufacturing: a Schumpeterian Approach[J]. *Regional Studies*, 1995, 29: 593 - 604.

⑤ Joshi, A. W. and Sharma, S. Customer Knowledge Development: Antecedents and Impact on New Product Performance[J]. *Journal of Marketing*, 2004, 68(4): 47 - 59.

⑥ Hall B. H. Innovation and Productivity[J]. *NBER Working Paper* No. 17178, 2011.

⑦ Parisi, M. L., Schiantarelli, F. and Sembenelli, A. Productivity, Innovation and R&D: Micro Evidence for Italy[J]. *European Economic Review*, 2006, 50(8): 2037 - 2061.

⑧ Griffith, R., Huergo, E., Mairesse, J. and Peters, B. Innovation and Productivity across Four European Countries[J]. *Oxford Review of Economic Policy*, 2006, 22(4): 483 - 498.

⑨ Ganotakis, P. and Love, J. R&D, Production Innovation, and Exporting: Evidence from UK New Technology Based Firms[J]. *Oxford Economic Papers*, 2011, 63(2): 279 - 306.

了不同创新要素投入之间的关系以及这些关系对创新产出的影响，从而无助于全面了解企业创新的发生、发展机制。创新价值链分析弥补了已有文献的不足。本章将因循创新价值链分析框架，充分考虑创新投入之间的互动关系和企业资源、环境对估计创新生产和创新产出的影响。

8.3 研究设计

8.3.1 数据来源与变量选取

本章实证分析采用的数据来自国家统计局和科技部于2007年5月在上海进行工业企业创新调查获取的2 826家工业企业创新样本。该问卷以2006年上海企业创新活动为主要调研对象，也包含少量2004年和2005年信息。问卷内容包括企业的基本情况、产品创新和工艺创新情况、创新费用和产出情况以及知识产权保护情况等。由于调研问卷主要关注已经实现产品和工艺创新的企业的创新投入和产出信息，本章把这类企业作为研究对象，并称之为“工业创新企业”。这意味着我们考察的样本企业已经完成了价值链的第2环节。剔除那些没有实现产品和工艺创新的企业，我们得到1 521家工业创新企业的创新活动数据。因此，本章主要估计创新价值链中的知识生产环节的创新投入源泉和知识产出环节的创新绩效。

根据Roper et al. (2008)和Hsieh et al. (2011)的研究，本章设定工业创新企业的创新投入模型为：

$$II_{ji}^{*} = II_{ki}\beta + FIR_{ji}\gamma_0 + GOV_i\gamma_1 + \varepsilon_i \tag{1}$$

其中，$j=1,2,\cdots,7$，为任何一种创新投入，k为除j以外的所有创新投入活动。在这里指内部研究与试验发展、外部研究与试验发展、为生产新产品或新工艺而获取机器设备和软件、从企业外部获取相关技术（专利、非专利发明、技术诀窍和技术许可）、为实现创新而进行的员工培训、为了销售新产品进行的市场推介以及其他创新投入活动。$i=1,2,\cdots,n$，为样本企业数。II为度量企业创新投入活动的虚拟变量，企业发生一种创新投入活动时为1，否则为0。β为其他创新投入对某种创新投入的影响系数，用以测度不同创新投入之间的关系。$\beta>0$，则表明两种创新投入之间存在互补关系；$\beta<0$，则意味着两种创新投入之间存在替代关系；否则，两者之间没有关系。γ为其他控制变量的待估系数。ε为随机扰动项。

*FIR*为企业内部资源指标向量，企业内部资源会影响企业的创新投入选择。它包括以下内容。

1. 企业规模。这里采用员工数量来度量企业规模。由于 Audretsch 和 Acs (1991)①、Acs et al. (1994)②、Akcigit 和 Kerr (2010)③的研究表明，企业规模与创新之间可能存在非线性关系，所以我们在实证分析中同时控制企业规模的平方项。

2. 员工教育。员工教育可能会有助于企业的创新投入，这里采用接受本科以上教育的员工占总员工数的比重来反映一个企业的人力资本状况。

3. 高科技背景。该指标设定为一个三维虚拟变量。根据问卷调查信息，我们把国家和省级高科技企业之外的企业作为基准，设定国家高科技企业和省级高科技企业两个虚拟变量，用于测度不同级别的科技企业的创新投入是否存在差异。

4. 企业研究机构数。更多的研究机构意味着其掌握着更多的创新资源，从而可能会具有较高的创新活动。

5. 母公司情况。已有研究（如 Aitken 和 Harrison，1999④；张海洋，2005⑤）表明 FDI 等跨国公司的活动会影响本土企业的创新行为，本章根据调查问卷关于创新企业是否是子公司及其母公司的归属地信息，把独立企业作为基准，设立海外公司的子公司和大陆公司的子公司两个虚拟变量，用以测度不同类型的母公司和外资对企业创新投入的影响。

6. 自主品牌。具有自主品牌的企业往往处于价值链高端，具有较高的技术能力⑥，也需要较强的研发投入支持，对此我们设置企业是否生产自主品牌产品的虚拟变量。

7. 企业对知识产权的保护状况。这里根据调研问卷内容，设定了“申请专利”、“注册商标”、“版权登记”、“形成国家或行业标准”以及“企业技术内部保护”等相互独立的虚拟变量。

GOV 为政府对企业创新的支持变量。由于调查问卷并没有提供直接的信息，我们根据企业创新费用来源的构成信息构建了两个虚拟变量：如果企业创新费用构成中政府资金比重大于 0，那么，企业获得了政府资金支持；如果创新费用构成中减免税收比重大于 0，那么，企业获得了政府税收减免支持。

---

① Audretsch D. B. and Acs Z. J. Innovation and Size at the Firm Level[J]. *Southern Economic Journal*, 1991, 57(3): 739 - 744.

② Acs Z. J. Audretsch D. B. and Feldman M. P. R&D Spillovers and Recipient Firm Size[J]. *Review of Economics and Statistics*, 1994, 76(2): 336 - 340.

③ Akcigit U. and Kerr W. R. Growth through Heterogeneous Innovations[J]. *PIER Working Paper* No. 10 - 035, 2010.

④ Aitken, B. J. and Harrison, A. E. Do Domestic Firms Benefit from Direct Foreign Investment? Evidence from Venezuela[J]. American Economic Review, 1999, 89(3): 605 - 618.

⑤ 张海洋. R&D两面性、外资活动与中国工业生产率增长[J]. 经济研究，2005(5): 107 - 117.

⑥ 高彦彦，刘志彪，郑江淮. 技术能力、价值链位置与企业竞争力——来自苏州制造业的实证研究[J]. 财贸经济，2009(11): 104 - 111.

创新企业的创新绩效分析也采取与 Roper et al.（2008）[①]和 Hsieh et al.（2011）类似的估计方程，即创新投入产出模型如下：

$$IP_i = II_i\varphi_0 + FIR_i\varphi_1 + GOV_i\varphi_2 + \nu_i \tag{2}$$

与 Roper et al.（2008）和 Hsieh et al.（2011）不同的是，(2)式中的因变量 IP 不是企业总产出，而是企业新产品产出。显然新产品产出是更好的企业创新产出指标。调查问卷提供了创新企业新产品产值和销售收入的数据。因此，我们采用人均新产品产值和人均新产品销售收入，即劳动生产率，来度量企业的创新绩效。此外，我们根据新产品产值构建了一个企业创新结果虚拟变量，即如果企业新产品产值大于 0，那么意味着企业创新成功，否则意味着企业创新失败。

其中，II 为企业的 7 种创新投入活动。同时考虑到创新投入指标的度量准确度问题，为了保证结果的稳健性，我们还采用企业的创新费用支出，以及内部研发，外部研发，获取机器、设备和软件和企业外部相关技术等四项创新经费支出来度量企业的创新投入情况。这里的 FIR 指标并没有包含企业对知识产权保护情况指标，而 GOV 指标与(1)式相同，v_i 为随机扰动项。

8.3.2 主要变量的统计分析

1. 企业的创新投入活动

通过问卷分析可知 2004 至 2006 年间工业创新企业参与的不同创新投入活动的情况。如图 8－1 所示，工业创新企业参与比重最高的创新投入活动是内部研发，参与率高达 93.03%。其次是企业针对创新进行的员工培训，比重为 81.07%。参与获取机器、设备和软件等以及市场推介这两种创新投入活动的企业数量分别为 1 118 家和 1 033 家，比重为 73.5%和 67.92%。其他创新投入活动、外部研发和获取外部技术的参与率居于后三位。因此，内部研发，员工培训，获取外部机器、设备等以及市场推介是创新企业重要的创新投入活动。

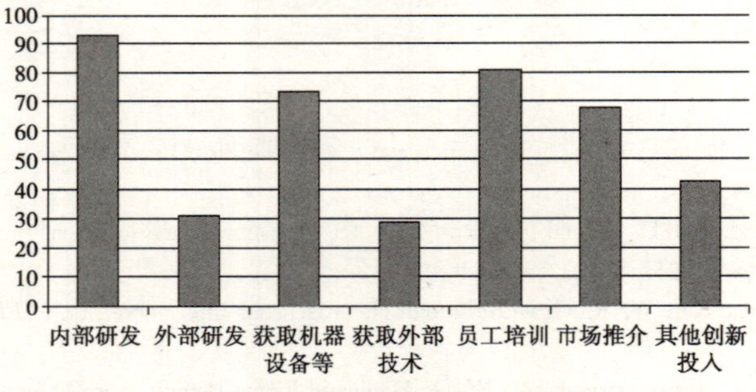

图 8－1 创新企业不同创新投入的参与率(%)

---

① Roper, S., Du, J. and Love, J. H. Modelling the Innovation Value Chain[J]. *Research Policy*, 2008, 37(6－7): 961－977.

2. 企业的创新投入费用支出

调研数据分析显示，2006 年 1 521 家创新企业平均创新投入费用为 2 981.38 万元。其中，内部研发和外部研发费用均值分别为 1 699.84 万元和 162.14 万元；获取机器、设备和软件费用以及从企业外部获取相关技术的费用支出均值分别为 896.79 万元和 222.6 万元。因此，这四项创新费用支出的规模状况与图 8－1 反映的创新投入次序一致：内部研发以及获取机器、设备和软件是创新企业的主要创新支出。

3. 企业的创新产出绩效

本章采用调研数据提供的新产品产值及其销售收入来度量企业的创新绩效。1 521 家企业的新产品产值平均为 35 289.49 万元，由此带来的销售收入为 35 173.92万元。其中，有 267 家企业的新产品产值为 0。如果以此来度量企业创新结果，那么这至少说明，截止 2006 年有 82.45％的企业的创新投入获得了创新产出，平均创新投入产出比为 11.8，显示出了良好的创新绩效。

4. 其他变量

表 8－1 列出了上述变量以及其他变量的含义和描述性统计。由此可见，企业平均规模为 632 人，本科以上教育员工比重平均为 14.97％，国家级和省级高科技企业比重分别为 6.05％和 39.91％，平均科研机构数量为 0.362 个。42.7％的企业为大陆企业的子公司，12.23％的企业为海外企业的子公司。自主品牌企业比重为 72.9％。企业在知识产权保护上，主要是采用企业内部保护、专利保护和注册商标。15.38％的企业在创新过程中获得了政府资金支持，9.2％的企业获得了税收减免支持。

表 8－1　变量及其描述性统计

变量描述(单位)	均　值	标准差
创新投入活动(0/1)		
内部研究与试验发展	0.930	0.255
外部研究与实验发展	0.315	0.465
为生产新产品或工艺而获取机器、设备和软件	0.735	0.441
从企业外部获取相关技术(专利、非专利发明、技术诀窍和技术许可)	0.288	0.453
为实现产品和工艺创新而进行的员工培训	0.811	0.392
将新产品推向市场，包括市场调研和广告宣传	0.679	0.467
其他上述未包括的创新投入活动	0.429	0.495

续表

变量描述(单位)	均　值	标准差
企业创新绩效		
新产品产值(元/人)	352 894. 900	1 994 178. 000
新产品销售收入(元/人)	351 739. 200	2 001 652. 000
创新结果(0/1)	0. 824	0. 381
人均创新费用支出(元/人)		
2006 年创新费用支出	29 813. 770	53 569. 230
内部研究与试验发展活动经费支出	16 998. 440	37 127. 590
外部研究与试验发展活动经费支出	1 621. 410	6 979. 051
获取机器、设备和软件经费支出	8 967. 887	30 891. 920
从企业外部获取相关技术经费支出	2 226. 032	11 551. 690
企业资源		
以员工数量度量的企业规模(千人)	0. 632	1. 364
本科教育以上员工比重(%)	14. 971	15. 762
国家级高科技企业(0/1)	0. 060	0. 238
省级高科技企业(0/1)	0. 399	0. 490
科研机构数量(个)	0. 362	0. 721
大陆公司的子公司(0/1)	0. 427	0. 495
海外公司的子公司(0/1)	0. 122	0. 328
自主品牌(0/1)	0. 729	0. 445
企业知识产权保护(0/1)		
申请了专利(0/1)	0. 614	0. 487
注册了商标(0/1)	0. 468	0. 499
申请了版权登记(0/1)	0. 108	0. 310
形成了国家或行业技术标准(0/1)	0. 319	0. 466
对企业技术秘密进行了内部保护(0/1)	0. 731	0. 444
政府创新支持政策		
政府资金支持(0/1)	0. 154	0. 361
政府税收减免支持(0/1)	0. 092	0. 289

数据来源：2007 年上海工业企业创新调查。

8.3.3　实证方法

显然,(1)式的估计面临着一个由双向因果导致的内生性问题。尽管这种多种选择变量的估计问题可以采用多变量 Probit 模型进行估计更为有效,但是 Greene(2005)①指出,如果各种因变量之间强烈相关的话,多变量 Probit 模型估计的效率会下降。在这里,不同创新投入之间的相互影响会导致多变量 Probit 模型估计的效率损失问题。不仅如此,由于本章的研究目的是得到不同创新投入之间的互动关系及其影响因素,而且,各种创新投入活动之间并不是相互排斥的,因此,我们这里和 Roper et al. (2008)以及 Hsieh et al. (2011)一样,使用六个独立的 Probit 模型来估计(1)式。这虽然会牺牲一些统计效率,但是有助于反映不同创新投入之间的关系,并且方便解释创新投入的决定因素。

对于(2)式的估计,由于企业的创新产出存在一个为零的下界,因此,我们采用 Tobit 模型(McDonald and Moffitt,1980)②来估计企业的创新绩效。而当因变量为二元创新结果变量时,则采用 Probit 模型来估计。Roper et al. (2008)指出,对企业创新绩效的估计可能存在内生性问题,原因为他们采用企业销售增长、就业增长以及生产率来度量创新产出。然而,本章并非采用企业销售增长、就业增长和生产率来度量创新绩效,而是采用企业新产品产值、新产品销售收入以及是否产生新产品产值来精确度量创新绩效。而且,从创新价值链视角和投入产出关系来看,企业只有投入了创新活动以后,才会有创新产出。因此,本章根据因变量差异采用 Tobit 和 Probit 模型来估计(2)式。同时,考虑到可能存在的异方差问题,实证结果将报告稳健性估计结果。

8.4　实证结果

8.4.1　创新源泉

表 8－2 报告了采用 Probit 回归并控制异方差问题时所得到的工业企业创新要素投入与其影响因素之间关系的回归结果。

1. 创新投入互动

根据表 8－2,我们可以看出企业的创新投入活动之间存在复杂的互动关系。在企业 7 类创新投入活动中,内部研发与外部研发、获取机器、设备和软件以及获取外部技术之间存在显著的负向关系,但是它与员工培训和市场推广之间存在显著的正向关系。这意味着企业的内部研发与外部研发以及外部创新源泉之间存

① Greene, W. H. *Econometric Analysis* (*5th ed.*)[M]. New Jersey: Prentice-Hall, 2005.

② McDonald, J. and Moffitt, R. The Uses of Tobit Analysis[J]. *The Review of Economics and Statistics*, 1980, 62(2): 318－321.

在显著的替代关系，但是与企业内部其他创新源泉之间存在显著的互补关系。这些关系与 Irwin 和 Klenow(1996)①、Love 和 Roper(2001)②的实证研究一致，但是与 Hsieh et al. (2011)以及 Roper 和 Arvanitis(2012)③的研究结论相反，他们认为从事内部研发的企业也更可能会参与到外部研发活动中，因而内外部研发之间存在一种互补关系。

表 8-2　工业创新企业的创新源泉

VARIABLES	内部研发	外部研发	获取机器、设备、软件	获取外部相关技术	员工培训	市场推介
其他创新投入						
内部研发		−0.301* (0.157)	−0.375** (0.163)	−0.472*** (0.161)	0.662*** (0.164)	0.460*** (0.159)
外部研发	−0.243* (0.142)		0.289*** (0.095)	0.851*** (0.080)	0.082 (0.121)	0.103 (0.101)
获取机器、设备、软件	−0.414*** (0.151)	0.300*** (0.097)		0.459*** (0.102)	0.919*** (0.093)	0.487*** (0.098)
获取外部技术	−0.374*** (0.144)	0.852*** (0.080)	0.445*** (0.100)		0.345*** (0.132)	0.133 (0.102)
员工培训	0.648*** (0.152)	0.105 (0.122)	0.986*** (0.100)	0.274** (0.128)		1.049*** (0.113)
市场推介	0.500*** (0.149)	0.109 (0.102)	0.505*** (0.099)	0.134 (0.102)	1.002*** (0.107)	
其他创新投入活动	−0.090 (0.137)	0.095 (0.077)	0.129 (0.084)	0.321*** (0.077)	0.242** (0.103)	0.691*** (0.087)
企业资源						
员工	0.297*** (0.111)	0.179*** (0.052)	0.266*** (0.091)	0.093* (0.051)	0.143 (0.105)	−0.230*** (0.069)
员工平方项	−0.009** (0.004)	−0.005* (0.002)	−0.009*** (0.003)	−0.004 (0.003)	−0.001 (0.009)	0.01* (0.006)
员工教育	−0.004 (0.004)	0.004 (0.002)	−0.002 (0.003)	−0.0001 (0.002)	0.002 (0.003)	0.002 (0.003)

① Irwin, D. A. and Klenow, P. J. High-tech R&D Subsidies-Estimating the Effects of Sematech [J]. *Journal of International Economics*, 1996, 40(3-4): 323-344.

② Love, J. H. and Roper, S. Location and Network Effects on Innovation Success: Evidence for UK, Germany and Irish Manufacturing Plants[J]. *Research Policy*, 2001, 30(4): 643-661.

③ Roper, S. and Arvanitis, S. From Knowledge to Added Value: A Comparative, Panel—data Analysis of the Innovation Value Chain in Irish and Swiss Manufacturing Firms[J]. *Research Policy*, 2012, 41(6): 1093-1106.

续表

VARIABLES	内部研发	外部研发	获取机器、设备、软件	获取外部相关技术	员工培训	市场推介
国家高科技企业	−0.238 (0.242)	−0.224 (0.171)	0.041 (0.180)	0.071 (0.151)	0.318 (0.251)	0.393** (0.199)
省级高科技企业	0.374** (0.166)	0.055 (0.085)	−0.190** (0.093)	−0.051 (0.088)	0.082 (0.112)	0.385*** (0.097)
企业研究机构数	0.193 (0.155)	0.102* (0.055)	0.005 (0.056)	−0.017 (0.055)	−0.057 (0.082)	0.051 (0.059)
大陆企业子公司	−0.073 (0.128)	0.276*** (0.080)	−0.065 (0.084)	0.126 (0.081)	0.058 (0.100)	0.088 (0.088)
海外企业子公司	−0.269 (0.164)	0.187 (0.122)	0.259* (0.138)	−0.185 (0.128)	0.454*** (0.154)	−0.102 (0.131)
自主品牌	0.469*** (0.137)	0.117 (0.096)	−0.098 (0.101)	−0.180* (0.097)	−0.326*** (0.114)	0.673*** (0.097)
知识产权保护						
申请专利	0.677*** (0.132)	0.129 (0.091)	0.178* (0.096)	−0.097 (0.093)	0.095 (0.112)	−0.069 (0.094)
注册商标	0.074 (0.147)	−0.090 (0.082)	0.016 (0.089)	0.140* (0.085)	−0.218** (0.106)	0.174* (0.091)
版权登记	−0.022 (0.261)	0.259** (0.119)	0.201 (0.148)	−0.123 (0.121)	0.051 (0.181)	0.085 (0.149)
形成技术标准	−0.181 (0.154)	0.135 (0.086)	−0.084 (0.093)	−0.079 (0.089)	0.267** (0.115)	0.155 (0.099)
企业技术内部保护	0.143 (0.123)	0.0004 (0.093)	0.058 (0.094)	0.043 (0.094)	0.399*** (0.100)	0.364*** (0.092)
政策支持						
政府资金支持	0.264 (0.351)	0.356*** (0.107)	0.021 (0.123)	0.076 (0.111)	−0.099 (0.150)	0.370*** (0.136)
税收减免支持	0.304 (0.475)	0.053 (0.131)	0.123 (0.155)	0.220* (0.133)	0.005 (0.185)	0.143 (0.175)
常数项	0.760*** (0.250)	−1.544*** (0.237)	−0.326 (0.239)	−1.156*** (0.249)	−0.468* (0.246)	−1.674*** (0.244)
Pseudo R2	0.259	0.175	0.215	0.164	0.342	0.344
样本数	1 521	1 521	1 521	1 521	1 521	1 521

注：括号中的值为稳健性标准误；*、**、*** 分别表示 10%、5%和 1%的显著水平。

针对创新进行的员工培训和市场推介活动则不仅与内部研发之间存在显著的正向关系，也与企业的外部技术获取和机器、设备获取活动之间存在显著的正向关系，因而它们之间存在显著的互补关系。原因是，获取新技术、新设备之后需要对员工进行培训才能生产新产品，而市场推介也有助于企业获取所需设备和技术方面的信息。此外，内外部研发以及机器设备的获取与其他创新投入活动之间并不存在显著的关系，但是企业获取外部技术、员工培训以及市场推介与它们存在显著的互补关系。

2. 企业资源与企业创新投入

根据表 8－2 可以看出，以企业员工数度量的企业规模与各种创新投入活动之间存在一种非线性的关系。与已有研究（如朱恒鹏，2006[①]；聂辉华等，2008[②]；Akcigit and Kerr，2011 等）一致，企业内部研发、企业外部研发、机器设备的获取均与企业规模成倒 U 型关系，拐点分别为 1.65 万人、1.79 万人、1.48 万人。外部技术获取和企业员工培训与企业规模并没有显著的关系，而企业新产品的市场推介与企业规模成 U 型关系，临界点为 1.15 万人。由于我们样本的企业员工数均值为 632 人，因而，就大部分企业而言，企业规模的扩大会提高对企业的内外部研发、获取机器设备和外部技术等创新投入概率，但是会降低企业对新产品进行市场推介的概率。其原因是大企业会对内外部创新具有更大的需求，而市场推介则具有规模经济特征，会随着企业规模扩大而下降，或者说，小企业和大企业更加注重市场推介。

员工中获取本科教育比重与企业的创新投入并没有显著的关系。这与 Hsieh et al(2011)以及 Roper et al(2008)[③]的研究结论一致。原因可能在于，教育员工是分布于企业不同的岗位，并非直接与企业的研发投入相关，本科教育比重并不是一个精确的与创新有关的教育度量。国家级和省级高科技企业的市场推介活动概率均要高于其他企业，除此之外，省级高科技企业的内部研发概率要显著高于其他企业，而其获取机器设备的概率要低于其他企业。企业科研机构数与创新投入活动没有显著关系。

根据表 8－2，大陆企业上海子公司从事外部研发活动的概率会显著高于那些非子公司，但是在其他创新投入活动方面并无差异。海外企业上海子公司的内部研发概率反而要低于非子公司，其针对创新进行员工培训的概率则显著高于非子公司。这并不难理解，因为海外母公司对本土子公司的内部研发具有替代作用，

① 朱恒鹏. 企业规模、市场力量与民营企业创新行为[J]. 世界经济，2006，12：41－52.

② 聂辉华，谭松涛，王宇锋. 创新、企业规模与市场竞争：基于中国企业层面的面板数据分析[J]. 世界经济，2008，7：57－66.

③ Roper, S., Du, J. and Love, J. H. Modelling the Innovation Value Chain[J]. *Research Policy*, 2008, 37(6－7): 961－977.

而本土企业则专注于员工培训，以配合母公司生产和扩散创新的需要。

与全球价值链理论预测一致，自主品牌企业的内部研发的概率也更大，也需要从事更多的市场推介活动，但是其获取外部技术和员工培训的概率则较低。企业不同的专利保护方法对不同的创新投入活动影响差异巨大：申请专利可以促使企业更多地进行内部研发；注册商标则主要有助于促进市场推介和外部技术获取；版权登记可以提高外部研发的概率；形成技术标准则需要增加对员工的培训活动；企业技术内部保护则与较多的员工培训和市场推介活动密切联系。

3. 政府行为与企业创新投入

受到政府资金支持的企业在外部研发以及市场推介上显著高于其他企业，而获取税收减免支持的企业则仅在获取外部技术上显著高于其他企业。这说明，政府创新支持政策对企业创新投入的影响主要表现为对外部创新投入上。

总之，不同创新投入活动之间既存在互补关系，也存在替代关系。企业规模与创新投入具有显著的促进作用。海外母公司倾向于降低其上海分公司的内部研发，但会提高企业员工培训，而大陆母公司则会给其分公司带来较大的外部研发。不同的内部知识产权保护措施对企业的创新投入存在很大差异。政府创新扶持政策倾向于提高企业的外部创新投入。

8.4.2　创新绩效

表 8－3 报告了上海工业创新企业的创新投入与创新产出之间的关系。根据表 8－3 的前三列回归结果可知，在各种创新活动中，仅有那些为实现产品和工艺创新而进行的员工培训和新产品市场推介这两种创新投入，显著提高了企业的创新产出。而且，其影响程度远远超过其他创新投入：员工培训的估计系数为 1，而市场推介的估计系数为 1.8。第三列回归结果同样表明，员工培训和市场推介对企业创新成功至关重要。

表 8－3　工业创新企业的创新绩效

VARIABLES	生产率 1	生产率 2	创新结果	生产率 1	生产率 2	创新结果
创新投入						
内部研发	0.181 (0.573)	0.158 (0.573)	0.035 (0.145)			
外部研发	−0.406 (0.328)	−0.470 (0.328)	−0.144 (0.098)			
获取机器设备等	0.043 (0.354)	0.119 (0.355)	0.021 (0.104)			

续表

VARIABLES	生产率1	生产率2	创新结果	生产率1	生产率2	创新结果
获取外部技术	−0.225 (0.333)	0.024 (0.333)	−0.157 (0.100)			
员工培训	1.157*** (0.422)	1.092*** (0.423)	0.265** (0.114)			
市场推介	1.768*** (0.368)	1.800*** (0.368)	0.434*** (0.101)			
其他创新活动	0.307 (0.295)	0.197 (0.296)	0.115 (0.090)			
人均创新费用支出				0.798*** (0.103)	0.793*** (0.102)	0.108*** (0.028)
企业资源						
员工数	0.163 (0.195)	0.140 (0.196)	0.035 (0.057)	0.107 (0.172)	0.105 (0.172)	0.012 (0.056)
员工数的平方项	−0.006 (0.010)	−0.004 (0.010)	−0.002 (0.002)	−0.006 (0.008)	−0.006 (0.008)	−0.002 (0.002)
本科教育比例	−0.001 (0.009)	−0.004 (0.009)	−0.007*** (0.003)	−0.015 (0.010)	−0.018* (0.010)	−0.009*** (0.003)
国家高科技企业	2.689*** (0.596)	2.737*** (0.597)	0.676*** (0.222)	1.958*** (0.449)	1.994*** (0.451)	0.639*** (0.234)
省级高科技企业	1.509*** (0.311)	1.607*** (0.312)	0.309*** (0.093)	0.839*** (0.302)	0.911*** (0.301)	0.261*** (0.099)
研究机构数	0.358* (0.201)	0.342* (0.201)	0.104 (0.094)	0.130 (0.209)	0.105 (0.209)	0.050 (0.083)
本国企业的子公司	1.028*** (0.299)	0.971*** (0.299)	0.273*** (0.089)	0.694** (0.279)	0.632** (0.277)	0.208** (0.092)
海外企业的子公司	−0.460 (0.455)	−0.517 (0.456)	−0.126 (0.126)	−0.544 (0.511)	−0.641 (0.515)	−0.121 (0.132)
自主品牌	0.993*** (0.333)	1.029*** (0.333)	0.297*** (0.089)	1.366*** (0.348)	1.370*** (0.347)	0.417*** (0.091)
政府政策						
政府资金扶持	0.399 (0.424)	0.433 (0.424)	0.152 (0.139)	0.111 (0.329)	0.145 (0.330)	0.077 (0.141)

续表

VARIABLES	生产率1	生产率2	创新结果	生产率1	生产率2	创新结果
税收减免政策	1.043** (0.514)	0.968* (0.515)	0.615*** (0.204)	0.988*** (0.316)	0.934*** (0.313)	0.563*** (0.201)
常数	4.630*** (0.631)	4.598*** (0.632)	0.042 (0.160)	0.414 (0.935)	0.487 (0.929)	−0.376 (0.243)
样本数	1 521	1 521	1 521	1 434	1 434	1 434
Pseudo R2	0.025	0.025	0.121	0.025	0.025	0.083

注：生产率1采用创新企业的人均新产品产值的对数来度量。生产率2采用创新企业的人均新产品销售收入的对数来度量。创新结果为虚拟变量：当企业的新产品产值为正时，为1，否则，为0。人均创新费用支出亦取对数。括号中的值为稳健性标准误。*、**、*** 分别表示10%、5%和1%的显著水平。

表8－3后三列报告了另一种创新投入度量时的创新绩效估计。可以看出，人均创新费用支出可以显著提高新产品的人均产出和创新企业成功的概率。企业人均创新费用提高1%，创新产出提高0.8%，远远高于周亚虹等(2012)采用全国工业企业数据估计得到的0.055的创新投入弹性。这说明处于创新前沿的上海工业企业的创新绩效要远远高于全国平均水平。因此，企业创新支出总体上提高了企业新产品生产率和成功概率。

在企业的各种资源中，国家高科技企业或者省级高科技企业相对于其他企业具有更高的创新绩效，两类企业的创新生产率比其他企业要高2—2.7倍和0.8—1.6倍；两类企业的创新成功概率也显著高于其他企业。研究机构数量倾向于提高企业的创新绩效，但是并不显著。具有自主品牌的企业具有更高创新绩效，这与已有全球价值链理论以及高彦彦等(2009)①的实证结论一致，处于价值链高端的自主品牌具有更高的创新绩效。

国内企业子公司的创新绩效和成功概率要高于那些非子公司。原因可能是，大陆母公司倾向于把研发和创新中心放在发达的上海地区，而居于上海的子公司既可以获得总公司的各种资源，也可以充分利用上海的区位优势，从而具备非子公司所不具备的创新优势。但是，海外企业子公司的创新绩效却并不比非子公司好。这里的结论与Aitken和Harrison(1999)②以及张海洋(2005)③的研究一致。跨国公司对本土子公司的创新溢出效应取决于本土企业的吸收能力，而且跨国公司往往基于比较优势在海外建立子公司，结果其子公司并不必然比非子公司具有

① 高彦彦，刘志彪，郑江淮. 技术能力、价值链位置与企业竞争力——来自苏州制造业的实证研究[J]. 财贸经济，2009(11)：104－111.

② Aitken, B. J. and Harrison, A. E. Do Domestic Firms Benefit from Direct Foreign Investment? Evidence from Venezuela[J]. American Economic Review, 1999, 89(3): 605－618.

③ 张海洋. R&D两面性、外资活动与中国工业生产率增长[J]. 经济研究，2005(5)：107－117.

创新优势。

政府对企业创新的税收支持政策对于提高企业的创新绩效和成功概率具有显著的积极作用，但是政府直接的资金支持政策对企业创新绩效并没有显著的影响。这意味着，虽然创新价值链上充满着风险和不确定性，从而一定程度上需要政府的扶持，但是政府应该慎重选择创新支持工具。直接资金支持虽然可以降低企业创新成本，但是也增加了政府干预企业创新活动的风险以及资金扶持过程中的腐败低效和不平等竞争问题。因此，对创新企业一视同仁的税收减免政策则优于直接资金支持政策。

8.4.3 创新投入互补性与创新绩效

从表 8－3 可知，尽管总体上创新投入显著提高了企业的创新产出，但是，内部研发并没有显著提高企业的创新绩效。这与传统观点以及已有研究不符。难道内部创新无用吗？对此，我们需要结合表 8－2 并比较表 8－3 和表 8－4 来解释。表 8－4 剔除了那些在表 8－3 中对企业创新绩效具有显著影响的创新投入，即员工培训和市场推介，也剔除了其他创新投入。结果，企业的内部研发和获取机器、设备这两种创新投入活动对其创新绩效的影响基本是正的，而且其估计系数要明显大于表 8－3。进一步由表 8－2 可知，员工培训和市场推介与内部研发以及获取机器、设备和软件之间存在着很强的互补关系。这意味着，企业内部的研发和获取机器设备之类的研发活动需要配之以员工培训和市场推介活动才能提高企业的创新绩效。

无论是从估计系数大小，还是从估计系数显著性来看，企业的外部研发和获取外部相关技术之类的创新投入对企业创新绩效影响不大。由此可见，上海工业创新企业主要是通过内部研发和获取机器设备基础上的员工培训和市场推介来实现的，其中，通过获取机器设备这种创新投入实现的创新绩效更为显著。根据表 8－2 不难理解，由于先进机器设备和软件的购买对内部研发具有显著的替代效应，工业创新企业可以通过购买高科技机器设备来提高其创新绩效，从而有效降低创新的成本和风险。这种结论也与 Altenburg et al. (2008)①的研究一致，即赶超国家由于产品市场竞争压力巨大，企业的创新倾向购买高技术机器设备，而不是自主研发。

---

① Altenburg, T. ,Schmitz, H. and Stamm, A. Breakthrough? China's and India's Transition from Production to Innovation[J]. *World Development*, 2008, 32(2): 325－344.

表 8-4 工业创新企业的创新绩效：剔除互补性创新投入变量

变 量	生产率 1	生产率 2	创新结果	生产率 1	生产率 2	创新结果
创新投入						
内部研发	0.507*** (0.057)	0.515*** (0.057)	0.010*** (0.012)	0.907※ (0.690)	0.873 (0.688)	0.192※ (0.141)
外部研发	−0.003 (0.043)	0.006 (0.042)	−0.009 (0.014)	−0.259 (0.345)	−0.330 (0.344)	−0.102 (0.097)
获取机器、设备等	0.166*** (0.033)	0.179*** (0.033)	0.043*** (0.010)	0.986*** (0.352)	1.033*** (0.353)	0.256*** (0.091)
获取外部相关技术	0.082* (0.044)	0.074* (0.044)	0.009 (0.015)	0.028 (0.349)	0.258 (0.344)	−0.070 (0.099)
常数	3.104*** (0.551)	3.000*** (0.550)	−0.223** (0.113)	4.862*** (0.758)	4.803*** (0.757)	0.089 (0.155)
样本数	1 521	1 521	1 521	1 521	1 521	1 521
Pseudo R2	0.036	0.037	0.145	0.019	0.02	0.092

注：本表控制了与表 8-3 相同的企业资源和政府政策变量。前三列四种创新投入要素采用内部研发经费、外部研发经费、获取机器、设备和软件经费支出以及获取相关技术经费支出的人均指标来度量，并取对数。后三列的四种创新投入要素与表 8-3 相同。※表示 20%的显著水平，*、**、*** 分别表示 10%、5%和 1%的显著水平。括号中的值和因变量与表 8-3 相同。

8.5 本章小结

本章从创新价值链的视角估计了中国发达地区工业创新企业的创新发生机制。基于上海 1 521 家工业创新企业调研数据进行的实证分析估计了工业创新企业的创新源泉及其绩效。实证研究结果表明：

1. 工业创新企业的要素投入之间存在显著的互动关系：内部研发与外部创新投入之间存在显著的替代效应，但是与其他内部创新投入活动之间存在显著的互补效应；为了产品创新而进行的员工培训和新产品的市场推介活动不仅与内部研发之间存在互补效应，而且与非研发类的外部创新投入活动——机器设备和相关技术的获取——之间存在互补效应。

2. 企业资源特征和政府创新政策对创新企业的不同创新投入存在巨大差异。企业规模与创新投入总体呈正向关系，但是规模太大的企业，其创新投入反而可能会下降；大陆企业子公司的外部研发活动较高，而海外企业子公司的员工培训活动较多；自主品牌企业的自主研发和市场推介活动较高，而员工培训较少。知识产权保护和政府创新扶持政策对企业创新投入并无系统影响。

3. 企业的创新投入活动显著提高了企业的创新绩效，但是不同创新投入活动的影响存在差异。企业内部研发和外部机器设备的获取提高了企业新产品生产率，但是由于内外部创新投入的互补关系，其作用的发挥依赖于员工培训和市场推介活动。

4. 企业资源特征和政府政策对企业创新绩效的系统性影响大于其对企业创新投入活动的影响。科技型企业和自主品牌企业的创新绩效远远高于其他企业。大陆企业子公司的创新绩效高于独立企业，但是海外企业子公司的创新绩效则与独立企业没有显著差异。在政策资金扶持和税收减免中，税收减免政策具有显著地提高企业创新绩效的作用。

本章的政策含义有三点：首先，企业进行创新投入活动必须考虑到不同投入活动之间的关系，只有同时对互补性创新投入要素进行投资才能带来良好的创新绩效。其次，跨国母公司并不能增进其子公司的内部研发，也不能显著提高企业的创新绩效，这意味着地方政府不要把吸引外资与促进企业自主创新联系起来。最后，地方政府应该慎重选择创新支持政策，税收减免由于较低的扭曲效应是比直接资金支持而更有效的创新扶持政策。

第 9 章　区域研发联盟中的政府引导

本章以处于不同发展阶段的产业为线索，研究区域研发联盟中政府的作用，研究表明，政府支持的重点应当是传统产业的提升和具有跨时代意义的创新产业，这两类产业较之其他高技术产业应当有来自政府的更大直接投入。通过对台湾有代表性的区域研发联盟——南台湾纺织研发联盟和纳米碳球研发策略联盟的案例分析，进一步验证和深化了该观点。并对长三角地区具有代表性意义的几个区域研发联盟的构建的制度安排提出了相关的建议。

9.1　引言

区域研发联盟的驱动力来自政府和企业/市场两方面主体的力量，但两方在联盟构建中所发挥的作用各不相同。例如，美国南加州的 CALSTART 先进运输技术产业联盟、尼亚加拉（Niagara）国际运输技术联盟，都是以运输产业为核心构建的区域性研发合作形态，这两个联盟均由产业中的企业自发构建而成；更为有名的 Sematech 半导体联盟则是在 20 世纪 80 年代末，美国半导体技术水平落后于日本的情况下，里根政府为增加行业研发能力所大力扶持的科技合作组织；同时还有非行业特性的一般性区域研发联盟，如俄亥俄东北技术联盟（Northeast Ohio Technology Coalition）、圣地亚哥区域技术联盟（San Diego Regional Technology Alliance）、多伦多区域研究联盟（Toronto Region Research Alliance）等，其中都涉及地方政府的众多安排和协调工作。

那么，对于发展中国家而言，以我国长三角地区为典型代表的，刚刚起步构建的区域研发联盟应当如何进行组织和安排？政府在其中的作用和地位如何？这是尚未有明确答案的问题，也是对区域技术进步而言相当关键的问题。

回顾现有文献，不难看到，上面所举的北美的例子其实代表了两种不同的区域研发联盟：在既定的技术空间内进行的部门——区域联盟（Sectoral-Regional Coalitions），以及将区域作为整体进行设计安排的称为共容性联盟

(Encompassing Coalitions),这是由 Storper(1995①)提出的。Storper 还提出,部门一区域联盟是企业和其利益相关者在区域范围内的扩展和深化,同时政策会适当地给特定部门或产业集群施加正向的压力,而共容性联盟往往需要政府甚至国家的广泛参与。除了联盟成员的所处空间范围之外,对于构成联盟的不同产业而言,产业所处发展阶段的不同特性还会影响到企业的组织结构,这也是政府在对区域研发联盟进行制度安排时不可忽视的。例如,Acemoglu等人(2003②)指出,企业的组织形式随着与世界技术前沿的距离而变化;在距离技术前沿较远时,会选择垂直一体化的组织,当接近技术前沿时,则选择垂直非一体化。因此,从横向上看,区域研发联盟的制度安排与 Storper 所强调的联盟构建的范围有关;从纵向上看,则与不同产业的发展阶段有关。在长三角地区,并存着两种产业,一种是高技术产业,如生物医药、集成电路等,另一种是传统型的产业,如纺织、中药等。同时,根据 Patel 和 Pavitt(1995)的观点,创新由于费时费力,实际上是劳动密集的,需从渐进式到重大,进而到具有划时代意义的(epoch-making)等不同程度的创新进行分类,这些不同类型的创新具有不同的改进速率③,这也与产业的性质有关。这几个方面都将是本章试图加以分析的内容。

所以,本章的研究重点是,对于不同性质的产业,政府在其构建区域研发联盟的过程中应当进行何种有针对性的制度安排。将用一个理论模型分析政府在不同性质产业区域研发联盟中的作用,并分析台湾的区域研发联盟案例,最后提出其对长三角地区的启示。

9.2 理论分析

9.2.1 分析思路

按如下思路考虑政府在区域研发联盟中的作用:

首先,区域研发联盟的主体仅限于企业和高校,忽略行业组织、风投机构等主体;同时还假设高校和科研机构在区域技术进步中的地位完全相同——事实上,

---

① Michael Storper. Regional technology coalitions: an essential dimension of national technology policy [J]. *Research Policy*, 1995 (6): 895 - 911.

② Daron Acemoglu, Philippe Aghion, Fabrizio Zilibotti. Vertical integration and distance to frontier. Journal of the European Economic Association[C]. Cambridge: MIT Press, 2003(2—3): 630 - 638.

③ Pari Patel and Keith Pavitt. Patterns of technological change: their measurement and interpretation [A]. Stoneman P.. Handbook of the economics of innovation and technological change [C]. Oxford: Blackwell, 1995: 14 - 51.

现有的实证研究并不支持这个假设。例如，学者们发现，我国台湾[①]和印度[②]的高校似乎没有对区域经济增长产生作用，而台湾则是信息技术研究院在新竹科技园的发展中发挥显著作用[③]；Chen and Kenney[④] 对我国 IT 产业的研究则表明，北京和深圳两地体现出截然不同的模式，高校和科研机构为北京的 IT 产业做出了主要贡献，深圳则没有。但为方便起见和在理论分析中突显政府的作用而采取简化处理。

设定政府、企业和高校按照如下顺序行动：(1) 企业与高校进行合作，同时企业之间也存在合作，但这种合作假设是政府主导下的，如以政府为主导的“长三角科技合作三年行动计划(2008—2010 年)”；(2) 政府对不同行业选择不同的支持方式和力度；(3) 企业之间通过竞争，在市场上获得利润；(4) 高校从企业获得报酬(具体受益方是付出努力的教授、实验室和课题组成员等)；(5) 政府的效用函数由“U(高校、企业)”构成。

9.2.2 理论模型

上述思路具体描述为下面的过程：

产品的价格用 $p_i = A - q_i - \lambda q_{-i}$ 表示，其中 q_i 是企业 i 的产量，q_{-i} 是其余企业的产量，$\lambda \in [0,1]$ 是市场结构系数：当 $\lambda = 0$ 时，两家企业在相互分割的市场上各自垄断；$\lambda = 1$ 时，则是生产同质产品的标准古诺模型。对此函数，可以将之考虑为不同性质的行业，在分割的市场上各自垄断的情形对应着产业链较短的高技术行业，而生产同质产品的古诺模型则对应传统部门。这样的假定是可行的，根据林毅夫[⑤]的观点，在产业处于世界产业链的前沿时，企业对于经济中下一个有前景的产业在何处不会形成社会共识，各个企业会根据自己的判断对不同行业进行投资，最后会经过市场的优胜劣汰留下个别行业。换言之，可认为 $\lambda = 0$ 的情形表明企业从事各不相同的活动，从而对应了离技术前沿更近的行业。而对于传统行业

---

① Saxenian, A. Taiwan's Hsinchu region: imitator and partner for silicon valley [A]. T. Bresnahan, & A. Gambardella. Building high-tech regions [M]. Cambridge: Cambridge University Press, 2004: 190-228.

② Arora, A., Gambardella, A., & Torrisi, S. In the footsteps of Silicon Valley? Indian and Irish software, in the international division of labor [A]. T. Bresnahan, & A. Gambardella. Building high-tech regions [M]. Cambridge: Cambridge University Press, 2004: 78-120.

③ Noble, G. W. Conspicuous failures and hidden strengths of the ITRI model: Taiwan's technology policy toward hard disk drives and CD-ROMs UCSD [R]. The information storage industry center report, 2000-02 (March).

④ Kun Chen and Martin Kenney. Universities/research institutes and regional innovation systems: the cases of Beijing and Shenzhen [J]. World Development, 2007(6): 1056-1074.

⑤ 林毅夫. 潮涌现象与发展中国家宏观经济理论的重新构建[J]. 北京：经济研究，2007(1)：126-131.

而言,发展中国家的企业很了解发达国家走过的道路,对于接下来若干年需要从事的活动非常清楚,于是不可避免地出现生产同质产品的标准古诺情形。

企业 i 的成本为 $TC_i=c_iq_i$,其中,边际成本 c_i 与高校的科研力量投入以及政府的投入有关,表示为 $c_i=c-e_i-sG$,其中 e_i 为高校 i 的科研努力,sG 表示政府对该行业的总投入对企业 i 所产生的外部性,$s\in[0,1]$,其实是来自其他企业的溢出,因为从事研发活动的必然是其他企业,而政府是背后的支持者。该表达式是基于这样的假设:高校和政府的投入能带来企业边际成本的降低。此外,需要指出的是,溢出效应和前面的市场竞争指数 λ 相互独立,即同质的产品之间并不必然的存在更明显的溢出。

接下来考虑的是高校的效用函数,由于高校受委托,为企业研发投入自身科研力量,必然获得一个负向的效用,表示为 $U_i=-\exp\left(-r\left[w_i+\beta_ie_i-\frac{(e_i)^2}{2}\right]\right)$,该函数形式具有不变的绝对风险规避倾向,其预期效用函数在某单调变换下可变换成中括号中的表达式,从而方便对高校行为方式的讨论,其中 w 是从企业直接获得的报酬,r 是绝对风险规避系数,系数 β_ie_i 是来自政府方面的效用,主要是非物质奖励。高校的努力还决定了企业和高校签订的合作契约中的报酬,$w_i=\alpha_0+\alpha_ie_i$,所以有 $c_i=c-\frac{w_i-\alpha_0}{\alpha_i}-sG$。

企业 i 面临的问题是 $\max\limits_{q_i}\pi_i=(p_i-c_i)q_i=(A-q_i-\lambda q_{-i}-c_i)q_i$,

解得 $q_i=\frac{(2-\lambda)A+\lambda c_{-i}-2c_i}{4-\lambda^2}$,则利润 $\pi_i=\frac{[(2-\lambda)A+\lambda c_{-i}-2c_i]^2}{(4-\lambda^2)^2}$;

同时还求得高校的科研努力为 $e_i=\alpha_i+\beta_i$。

政府的效用函数取决于企业的利润和高校的努力,$U_g=f(\pi_i,e_i)$,$U_{g\pi},U_{ge}>0$。

9.2.3 分析结果

求解政府的行为选择:为简化起见,设 A 取 1。

(1) 当 $\lambda=0$ 时,$\pi_i+e_i=\frac{\left[1-c+\frac{w_i-\alpha_0}{\alpha_i}+sG\right]^2}{4}+\alpha_i+\beta_i$。

令 $\partial U_g/\partial G=0$,则 $G^*=\frac{c-1-\frac{w_i-\alpha_0}{\alpha_i}}{s}$;

(2) 当 $\lambda=1$ 时,$\pi_i+e_i=\frac{(1+c_{-i}-2c_i)^2}{9}+\alpha_i+\beta_i$。

令 $\partial U_g/\partial G=0$,则 $G^*=\frac{c-1-\frac{w_i-\alpha_0}{\alpha_i}+\left(\frac{w_{-i}-\alpha_0}{\alpha_{-i}}-\frac{w_i-\alpha_0}{\alpha_i}\right)}{s}$

不难看出，在传统行业中，一般而言，如果企业数量较多，一般都会有$\frac{w_{-i}-\alpha_0}{\alpha_{-i}}>\frac{w_i-\alpha_0}{\alpha_i}$，即其他所有高校的努力总和肯定要超出某一所大学的单独努力程度。那么，政府需要对传统行业给予比高技术行业更高的投入水平，这将在后面的案例分析中对此结论进行讨论；相反的情形出现在某所高校能创造出具有重大的跨时代意义的创新情形下，那么可能会使得$\frac{w_{-i}-\alpha_0}{\alpha_{-i}}<\frac{w_i-\alpha_0}{\alpha_i}$，这样政府就值得为之进行大力度的投入，很容易举出的例子包括硅谷(斯坦福大学)，在美国政府每年预算补贴 10 亿美元的扶持下，于 1987 年成立的半导体研发联盟 Sematech，以及美国政府计划在十年内投入 2 700 亿～4 500 亿美元的“信息高速公路”计划等。

该结果表明：在区域研发联盟中，政府对于传统行业和高技术行业的支持力度应有区别，在一般情况下对传统行业的企业，以及具有重大跨时代意义的创新应当有更大的直接投入。

9.3 案例：我国台湾的两个区域研发联盟

对于前面理论分析中的结论，本节选取两个典型的行业进行案例分析。案例来源均为我国台湾，因为台湾经历过技术追赶的过程，并且较为成功，2005 年，台湾每百万人取得 276 件美国专利，略低于美国的 288 件(数据来源：美国专利商标局)，居全球亚军。我国台湾经济管理部门在若干年前就开始推动各产业成立区域性研发联盟，已经成为台湾的普遍做法，即产业技术开发联盟计划(Industrial Technology Development Alliance Program，ITDAP)。传统产业本节选取的是南台湾纺织研发联盟，高技术产业选取纳米碳球研发策略联盟。

9.3.1 南台湾纺织研发联盟

来自全球纺织行业市场大量供过于求的低价竞争，加上 WTO 在 2005 年全面取消纺织配额，同时还要面对大陆、东南亚等地的低生产成本优势，以及中国—东盟自由贸易区《服务贸易协议》的签署和生效等，台湾的纺织企业面临着巨大的发展危机。“南台湾纺织研发联盟”(STTRA)在此背景下成立，其初衷是整合产官学研的资源，促进产业技术创新的研发合作，提升纺织业研发实力，带动产业快速转型，实现联盟共荣。

STTRA 的成立过程分三步：第一步，政府牵头发起。2005 年 9 月，台南县长苏焕智以政府名义，召集南台湾纺织行业的主要企业，举行“南部高科技纺织研发联盟”成立说明会，会上推举宏远兴业股份有限公司总经理叶清来担任召集人，康那香企业董事长戴荣吉和台湾企业董事长杨青峰担任副召集人，台南纺织董事长郑高辉担任荣誉召集人。第二步，召集和推动。经过几位在台湾纺织行业具有较高地位和声望的召集人的努力，几个月后，共召集到40多家纺织企业，在台南县政府与工研院南分院的协助下，10家高校与研究机构也加入其中，于2006年1月27日正式向内政部社会司申请成立全国性的组织。第三步，筹备和成立。在两次筹备会议召开后，STTRA正式于2006年4月21日在工研院南分院召开成立大会。到目前为止，STTRA中已有68家企业会员；同时还有国立成功大学研究总中心、纺织产业综合研究所、昆山科技大学高分子材料系等研究机构和学术单位。

该联盟最大的特点就是政府的大力扶持和投入，从上述成立过程便可以看出。同时，在运作的过程中，政府也处处给予支持。例如，STTRA定期邀请联盟会员分享创新研发案例及介绍公司创新产品，并不定期依会员需求，召开会员间的创新研讨会，促进会员间的结盟合作。而政府在这过程中所发挥的作用，首先是牵线搭桥，为企业之间促进沟通发挥协调作用，同时，工研院、国贸局、工业局等部门对STTRA投入协助，促进联盟的健康成长。例如，在2008年10月即将举行的“台北纺织展”上，厂商租借摊位的费用为42 000新台币，但如果展出产品是STTRA会员企业之间合作研发的成果，国贸局可为其提供30 000新台币的减免赞助；联盟定期举行的研讨会等活动，基本是由政府部门免费提供场所和组织协调服务。在促成STTRA与院校合作方面，政府也非常积极。在STTRA周年纪念期间，台南县长苏焕智指出，联盟使促成工研院多了一个“大客户”，并建议联盟有需求“尽量丢给工研院”，因为“工研院有业者‘打扰’，也显得很有生气”①。

上述对该联盟的描述尽管十分简洁，但足以看出政府对于纺织行业这类传统行业的支持和投入力度。对应理论分析，再来观察另一个代表高技术研发联盟的例子。

9.3.2 纳米碳球研发策略联盟

全球各主要工业国家已经将纳米科技列为本世纪重要的产业发展项目，纳米碳球外壳为多层石墨结构，结构坚硬完整，使其具有比一般纳米金属粒子更高的应用价值。纳米碳球衍生物具有特殊的结构、光电特性以及易分散于溶剂的优点，未来有机会成为尖端产业的材料，使其产业应用之前景被看好。

纳米碳球研发策略联盟(CNCRA)成立于2002年11月，目前有21个团体会员，有四分之三来自台北和新竹两地(车程在1小时左右)，所以可将其界定为区域性的研发联盟。该联盟的目标是“建立知识共享平台分享，强调信息共享，共同推动纳米碳球产业整体发展策略，建立国内完整的纳米碳球发展体系，成为国际领先地位”。

该联盟与STTRA相比，显著不同的特点有：(1) CNCRA是由台塑、鸿海等20多家厂商参与，以工研院化工所为平台构建形成的，而不是在政府的牵头

① 吴国栋. 南台湾纺织研发联盟，做度祭——展开周年庆活动暨会员大会[N]. 经济日报，2007-04-23，B11版.

与游说下建成。(2) 从政府的资金支持来看,根据工研院材化所副所长彭裕民的观点[①],纳米技术的应用可分为连续性的和不连续性的两种。前者即指对传统产业的改造和升级,如加强传统材料、药物的性能,而后者指完全开辟一块新的产业领域,如燃料电池、纳米机器人、处理器等。台湾当局提出"纳米国家型科技计划",但研发经费的支持主要是针对传统厂商,即利用纳米技术改造传统行业的领域,如经济部在 2003 年 4 月份推动成立了"传统产业纳米产业促进会"。(3) 关于产学合作,CNCRA 召募院校系所为学术会员,目前已有大学和科研机构中的十余位教授参与,分别研究纳米碳球在导电高分子、有机发光材料、燃料、太阳能、锂电池、分子级组件、药物吸附、官能基化衍生物、PLED、触媒担体等各项领域的性质与应用[②];主要展开主题式的学研合作,与高校以三年为一期,并在第二年结束时进行绩效评估,确定后续合作研究契约的签订。

从这三个方面可以明显看出,以纺织行业为典型的传统行业与纳米碳球研发为典型的高技术领域的主要区别在于: 从政府角度看,政府对传统行业的直接投入要大得多,包括高技术产业中改造传统产业的部分,而在高技术领域主要是企业与高校双方更显著的合作研发努力。这与前面理论模型结论是基本一致的。下面借此提出对长三角区域研发联盟构建的借鉴性对策。

9.4　本章小结

纵观台湾区域研发联盟的经验,发现产业层面的构建是最佳的切入点,这在"长三角科技合作三年行动计划(2008—2010 年)"中也得到了体现,如表 9-1。

表 9-1　长三角科技合作三年行动计划中的高新技术产业和传统产业

高新技术产业技术跨越行动	优先主题 1: 集成电路和软件产业	(1) 集成电路设计与检测平台;(2) 芯片制造和集成电路封装的专用设备开发;(3) 嵌入式软件开发与应用;(4) 面向生产制造的平台工具软件开发与应用
	优先主题 2: 数字媒体核心技术及产品开发	(5) 下一代网络与业务国家试验床;(6) 动漫设计、工业设计等创意产业支撑软件及服务平台;(7) 新型展示技术及其在 2010 年世博会的应用研究
	优先主题 3: 生物医药	(8) 长三角药物筛选、药效评价等科技创新服务平台;(9) 恶性肿瘤诊断治疗新技术和药物开发;(10) 长三角实验动物与动物实验公共服务平台

---

① 彭裕民. 研发经费配置,政府必须深思[J/OL]. 工商时报, http://nano-taiwan.sinica.edu.tw/index.php?lid=73&page=60, 2003-03-08.

② 李珣瑛. 奈米碳球研发联盟成立[N]. 联合报, 2002-11-14, 22 版.

续表

传统产业提升行动	优先主题 4：纺织产业技术改造与提升	(11) 长三角纺织研发公共服务平台；(12) 新一代高性能纺织机械研发与产业化；(13) 氨纶、芳纶等新型纤维生产的成套设备开发
	优先主题 5：中药现代化关键技术研究	(14) 中药现代化关键技术研究与产品开发；(15) 重大疾病中药新药、中药复方药及饮片开发

资料来源：长三角区域创新体系建设联席会议办公室文件长创联办发[2008]1 号，"长三角科技合作三年行动计划(2008—2010 年)"，2008 年 5 月 4 日。

根据上文的理论和案例分析，从以下几个方面对长三角区域研发联盟的构建提出建议。

(1) 对于政府，在长三角一体化已成为国家战略的大背景下，应当摒弃各地出台产业发展规划或政策的做法，实施长三角地区的整体战略部署。重点支持对象是传统行业和具有重大意义的前沿技术领域。

以创意产业为例，长三角各地政府都投入了大量精力和财力进行动漫产业的开发。例如，杭州提出打造中国"动漫之都"，常州被列为江苏省动漫产业重点城市，无锡试图到 2010 年初步建成国内重要的动漫画产业基地、长三角动漫画作品产品集散地、苏南地区原创作品高地，而苏州的"国家动漫产业基地"在工业园区国际科技园成立，宁波市设立国家动漫研究中心，打造动漫产业基地。各地方政府应当转变角色，一是由直接介入转变为全面间接介入，即前面所指出的，对于非"跨时代意义"的技术创新，政府没有必要进行大量的直接投入；二是在"长三角科技合作三年行动计划"的统一部署下，各地的动漫产业发展应当形成相互合作的格局，构建区域性的研发联盟，提供动漫设计、工业设计等创意产业的支撑软件及服务平台，避免恶性竞争和资源浪费。

(2) 除以行业为单位构建的区域研发联盟之外，还有将区域作为整体而进行设计的共容性联盟，包括高校和科研机构提供的科技创新成果，以及配套的中介机构、科技服务平台等。例如，面向生产制造的平台、长三角药物筛选、药效评价等科技创新服务平台、纺织研发公共服务平台。长三角地区的政府应当积极为企业和高校、科研机构等创新主体提供这些技术基础，同时企业需要努力寻找其他具有互补性资源的企业，具有较强实力的高校和科研机构进行合作，通过严格的契约促使其进行实质性的科技创新活动，并通过积极的研发努力而使得知识在一定范围内溢出，实现行业在区域范围内的整体提升。

以集成电路和软件产业为例，两者都是电子信息产业发展的核心①，因而有必

① 刘志彪. 用科学发展观统领发展方式的转换——以电子信息产业发展方式转型为例[J]. 产业经济研究，2008(4)：1－7.

要以这两个产业为核心构建共容性联盟。长三角地区是国内最主要的集成电路基地，聚集了全国近1/2的集成电路设计企业和制造企业以及4/5的封装测试企业，同时长三角占据了国内十大软件产业基地中的3家，其他城市也基本具有各自的软件园，从而形成了庞大的软件产业集群。目前在长三角两省一市已分别建立了国家软件与集成电路公共服务平台的分中心，应继续加强整合，优化分中心建设与布局模式，在共性技术基础条件提供、知识产权、教育培训、行业公共品牌建设及市场推进等方面提高平台的服务能力，为区域共容性联盟的构建提供有力保障。

(3) 对于传统行业而言，有必要吸收高技术行业的成果，对自身进行改造，借鉴南台湾纺织研发联盟的经验，不妨利用先进的材料技术以及创意产业的设计理念，提升长三角地区纺织行业的产品附加值，而对于中药现代化的关键技术，也可以利用长三角在生物医药领域的公共服务平台以及高新技术开发的成果，提升中药产品的开发能力和效率。

以长三角地区的纺织业为例进行说明，前文通过对南台湾纺织研发联盟进行案例分析，为长三角地区纺织行业转型提供了启示：首先是通过区域研发联盟的构建提升行业自主创新能力。长三角具有丰富的科技资源和各类人才，如东华大学、浙江纺织工业研究院等机构都具有较强的科研能力和专业人才；以区域性研发联盟为载体，整合区域创新资源，加大行业生产的科技含量，尽早走出传统生产的低效率和低收益局面；长三角地区与南台湾纺织业的情形存在区别，在台湾，科研资源多半掌握在北部，南台湾的厂商处于相对不利的竞争地位，政府积极扮演产业界与研发界的“红娘”，试图为各产业争取更多的资源；而长三角已经拥有了许多丰厚的资源，更有理由充分整合资源，优化利用。各地方政府之间应抛弃粗放式的恶性竞争，在人才、知识、信息的流动方面充分协调，推进长三角纺织业区域研发联盟的成长。

第10章　区域研发联盟的主体研究

区域研发联盟的构建不仅关系到区域内企业、高校及科研院所自身的生存发展,还关系到中央政府及区域内各地方政府促进区域共同繁荣战略的实现。由此可见,区域研发联盟涉及多个利益主体,且整个联盟就是这些主体及其利益关系构筑的复杂系统。本章将对区域研发联盟的主体及其现状进行分析。

10.1　区域研发联盟主体的划分

区域研发联盟的内涵包括:其一,通过政策层面的制度设计促进重点行业中的企业形成研发联盟,消除本土企业之间恶性竞争的意愿、减少重复研发投入,有效整合本土研发资源;其二,通过制度设计引导形成涵盖企业和科研院所的广泛联盟,以产品为纽带、以市场为导向,促进产学研的有效合作。

透过区域研发联盟的内涵,我们发现,两个方面的活动对于区域研发联盟的构建至关重要:第一个方面活动是研发活动,合作研发是区域研发联盟最终的实现方式,既包括企业间的合作研发,也包括企业与高校、科研机构之间的合作研发;第二个方面活动是制度设计,制度设计是区域研发联盟得以实现的重要条件与促进因素。据此,本章认为区域研发联盟的主体可以划分为两种类型,不仅应该包括联盟的研发主体,还应将制度设计的主体纳入其中。下面将对这两个方面的主体分别加以介绍。

10.2　区域研发联盟的研发主体

区域研发联盟本质上是一种合作创新形式,其内核是企业间的合作研发,外延是产学研联盟。因此,区域研发联盟涉及到的研发主体包括:企业、高校及科研机构。

10.2.1　各研发主体的角色定位

10.2.1.1　各研发主体共性的角色定位

在组建区域研发联盟的过程中,企业、高校和科研机构这三个主体在角色定位上体现出一些共性。

1. 三者都是追求自身利益最大化的"理性人"

"理性人"假说是经济学的基本假说之一。所谓的"理性人"是指在经济社会中，每一个从事经济活动的人都是利己的。也可以说，每一个从事经济活动的人所采取的经济行为都是力图以自己的最小经济代价去获得自己的最大经济利益。具体到企业的合作研创新活动，企业、高校与科研机构都是"理性人"，在合作创新的过程中，都有各自的利益目标，也都会想方设法实现自身利益的最大化。

2. 三者都是联盟风险的承担者

在区域研发联盟的构建和维护中，存在着各种各样的风险。从风险的种类来看，主要包括道德风险、技术风险、管理风险、市场风险和利益风险[20]。具体来说，道德风险主要是指由于人际信用和组织信用不能取得共识、联盟契约不规范及信息不对称造成的合作风险；技术风险是指由于技术成果的不成熟导致的风险；管理风险是指由于管理不善、人际关系不协调以及出现重大决策失误导致的风险；市场风险指由于市场供需预测不准或市场需求突变带来的风险；利益风险指由于对利益增长、利益分配等问题把握不准确而导致的风险。这些风险的存在会影响联盟合作目标的实现，使得各方利益的实现充满不确定性。很明显，这些风险带来的损失是由各研发主体共同承担的。当然，根据研发投入比例、契约中规定的不同，各方承担的风险大小也会有所不同。

3. 三者都是联盟成果的受益者

各研发主体通过合作而分享的联盟成果及收益是区域研发联盟得以形成和维持的内在驱动力。各研发主体在合作中实现优势互补、互惠互利、共同发展。概括说来，企业通过联盟可以提高技术创新能力，从而提高企业的竞争实力和综合发展能力；高校通过联盟可以获取合作报酬，使高校树立更好的社会形象，甚至在一定程度上改善高等院校的办学条件并拓宽高校的发展空间；科研院所通过联盟可以有效调动其参与产品开发、科研立项的积极性，使科学研究、科技开发的针对性更强，为科研院所的发展提供了很好的平台。

10.2.1.2　企业在区域研发联盟中的角色定位

1. 企业是追求经济利益的盈利性组织

企业最大的目标是赢利，也就是获得经济利润的最大化。著名的经济学家何学林曾经说过："企业不赚钱，企业就会倒闭，企业老板就可能进监狱。"这句话说法上可能略显夸张，但是道理是显而易见的。从小的方面说，利润是企业维持生存和发展的基本要素，也是社会考核企业的最重要的指标；从大的方面说，利润也是企业创造社会财富推动生产力发展的关键因素。

由此，企业加入区域研发联盟是围绕经济利润的最大化进行的，追求经济利润的最大化是促使企业与其他企业或组织结成研发联盟的最根本的动力和目的。正因为技术创新成为了企业在市场竞争中赢利的核心手段，企业才会积极地寻求合作伙伴来提高自身的技术创新能力；而通过合作创新，企业期望能够降低生产成本，丰富产品的种类，提高新产品的市场占有率，从而实现经济利润最大化的最终目标。从后面分析可知，企业的这一性质与高校及科研机构是有差异的。

2. 企业是区域研发联盟中最广泛的参与者

企业在研发的过程中越来越发现仅仅依靠自己的力量是不够的，因此，企业开始积极寻求合作伙伴，共同完成研发活动。

企业寻求合作的对象是多元的，主要包括同行业竞争企业、供应商企业、用户企业、高校及科研机构。具体来看，从同行业的竞争企业那里，企业可以获得一系列的知识溢出，包括较为成熟的专有技术、工艺技术技巧、新产品设计理念、市场营销创新等；从供应商企业、拥护企业那里，企业可以获得供应链上下游的各种知识与信息，包括供应商的技术支持、产品设计的特定要求、质量标准、产品的使用反馈等；从高校和科研机构那里，企业可以获得产品或工艺创新的思想、实验室设备以及各类咨询服务等。

企业与其他企业（包括竞争企业与供应链上下游企业）的合作研发就形成了企业间研发联盟，企业与高校和科研机构的合作研发就形成了产学研联盟。企业间的研发联盟是区域研发联盟的内核，产学研联盟是区域研发联盟的外延，因此，企业必然成为区域研发联盟中最广泛及最活跃的参与者。

3. 企业是合作创新活动中最主要的决策者

在企业间联盟中，研发活动的参与者都是企业，合作创新的决策主体自然是企业。无论是在同行业竞争企业的研发联盟中，还是在供应链上下游企业的研发联盟中，各成员企业都应该根据自身规模、所处的行业、以及自身在供应链及竞争关系中所处的地位做出在共赢框架下实现自身利益最大化的决策。

在产学研联盟中，研发活动的主体涉及企业、高校及科研机构。企业在联盟中承担着将创新成果推向市场、进行商业化和产业化从而最终实现收益的重任，因此，本章认为，即使在产学研联盟中，企业仍然应当占据主动地位，成为技术创新的决策主体。具体说来，企业应当根据自身的利益和对市场的认识，自主选择适合本企业发展目标以及满足市场需求的技术创新项目，参与到产品设计、原材料选择、生产方式及项目管理的每一个阶段中去，在技术创新的过程中把握技术创新的商业化和产业化方向，促成联盟收益的最终实现。

10.2.1.3 高校及科研机构在区域研发联盟中的角色定位

1. 高校及科研机构不是纯粹的自身经济利益的追求者

应该说，随着我国教育体制、科技体制的改革，高校与科研机构正逐步走向市场。但是，从组织的性质来说，高校与科研机构并不是纯粹的盈利性组织，这决定了高校与科研机构在区域研发联盟中所追求的并不是纯粹的经济利益。概括来说，高校和科研机构在获得经济利益的同时，也期望在合作中能够保持自身“特性”和原有功能，在此基础上拉近自身与市场的距离，并实现社会利益的最大化。

2. 高校及科研机构是区域研发联盟的重要参与者

与企业相比，高校及科研机构在科研上具备以下优势：多年的人才培养和行业经验的积淀；能更快更准地把握科研前沿资讯；丰富的科研人力资源；更为宽松的研究环境；相对完善的科研硬件设施。因此，在很多情况下，高校与科研机构的科研能力是要高于企业的，特别是在基础研究的领域。而另一方面，高校与科研机构的研究在很多时候又可能是与市场脱节的，其研究成果的市场化与产业化水平不高，这一方面恰恰是企业拥有的强项。

由此可见，高校与科研机构在科研上的资源和条件正是企业所需要的，而其科研成果市场化、产业化的要求又是企业可以帮助实现的，这就决定了高校和科研机构必然成为区域研发联盟的重要参与者。

3. 高校和科研机构是合作创新中的技术供给方

高校、科研机构与企业合作创新的形式具体可以划分为七大类[21]：一般性研究支持、非正式的合作研究、契约型研究、知识转移与训练计划、参与政府资助的共同研究计划、研发联盟、共同研究中心。在这些不同形式的合作研发中，无论企业以何种方式和身份参与，高校及科研机构始终都是作为技术的供给者，根据企业的要求承担技术上的研发工作和技术上的支持工作，产生科研成果。

那么，这在另一方面也意味着，在绝大多数情况下，高校和科研机构是相对被动的。在整个过程中，高校与科研机构参与最多的就是产品及工艺的设计研发环节，而对于生产环节、项目管理环节以及技术成果的价值实现环节都参与的较少。

10.2.2 长三角地区各研发主体的现状

从上文主体定位的分析来看，企业是区域研发联盟中最广泛、最活跃的参与者，也是合作创新活动的主要决策者。因此，这里我们对长三角企业的现状作着重分析。

10.2.2.1 企业

1. 长三角规模以上①工业企业的基本情况

根据《中国统计年鉴 2011》中提供的数据，我们可以了解长三角地区规模以上工业企业的企业数、工业总产值、利润总额及年平均从业人数等基本情况。

① 规模以上工业企业为年主营业务收入在500万元以上的企业。

10－1　2010 年长三角地区规模以上工业企业的基本情况

	企业数(个)				工业总产值(亿元)	利润总额(亿元)	年平均从业人数(万元)
	总数	大中型企业所占比例	私营企业所占比例	外商及港澳台投资企业所占比例			
江苏	64 136	8.38%	68.20%	21.25%	92 056.48	5 970.56	1 153.88
浙江	64 634	7.62%	72.57%	14.18%	51 394.20	3 174.75	857.58
上海	16 684	10.49%	48.34%	36.73%	301 114.41	2 299.66	291.62

通过表 10－1，我们可以看到，就企业总数的绝对数而言，浙江略高于江苏，上海最少；就大中型企业数的比例而言，则上海最高，江苏次之，浙江最低；就私营企业所占比例来看，浙江最高，江苏次之，上海最低；就外商及港澳台投资企业所占比例而言，上海最高，江苏次之，浙江最低。工业总产值、利润总额、及年平均从业人数，江苏、浙江、上海三地都呈现出一样的递减趋势。

2. 长三角企业创新活动开展的现状

首先对这一部分的数据来源进行说明。

这一部分的数据主要来源于①江苏省 2007 年工业企业创新调查数据、上海市 2007 年工业企业创新调查数据及浙江省 2007 年工业企业创新调查报告。

工业企业创新调查表由国家统计局制作并以抽样形式展开，其中，大中型工业企业为全数调查，规模以上小型工业为抽样调查，调查时限为 2004—2006 年。调查内容包括两个部分：第一部分是工业企业创新情况，主要调查企业基本情况、产品创新和工艺创新情况、创新费用情况以及知识产权保护情况；第二部分是企业家调查问卷，主要调查企业家基本信息及其对创新的认知情况、创新的思想来源、创新阻碍因素、国家有关创新政策的落实情况及企业对创新的政策需求。

本人将上述数据加以整理、计算及统计处理，总结出长三角地区企业创新活动的一般特征。

(1) 创新活动普遍开展，大中型企业更为活跃

根据《奥斯陆手册》②中的定义，企业的创新活动是指实现创新所采取的科学、技术、组织、金融、商业方面的活动。在本次调查中，企业的创新活动主要是指产品创新和工艺创新。其中，产品创新是指引入在属性或用途上全新的或者有重大改进的商品或服务；工艺创新指企业为生产新的(或有重大改进的)产品或提高生产效率，采用在技术上是新的(或有重大改进的)工艺设备和生产方法，包括与工

① 虽然各地的统计年鉴中也提供了有关创新活动的部分数据，但是这些数据在指标的细化程度、指标的完整性、行业分布、企业规模分布等方面都比不上《2007 年工业企业调查》中提供的数据。考虑到数据的连贯性、可比性，这一部分的数据全部选取各地《2007 年工业企业调查》中提供的数据。

② 统计署编著. 奥斯陆手册[M]. 高昌林等译. 北京：科学技术文献出版社，2011.

艺有关的新的(或有重大改进的)辅助性活动。

根据上述定义,对江浙[①]沪三省的数据进行了筛选和整理,得到表10－2:

表10－2　长三角企业2006年开展创新活动情况　　(单位:个)

	统计企业总数	有创新活动的企业数	有产品创新的企业数	有工艺创新的企业数	兼有产品与工艺创新的企业数
江苏	7 897	4 497	4 028	3 969	3 500
浙江	9 654	5 715	5 319	4 827	4 431
上海	2 825	1 597	1 393	1 300	1 196

通过上表中的数据,可知长三角地区企业的创新活动已较为普遍的开展起来。根据上表中的数据计算出江浙沪三省有创新活动的企业数、有产品创新的企业数、有工艺创新的企业数、兼有产品与工艺创新的企业数分别占总企业数的比例,见图10－1。

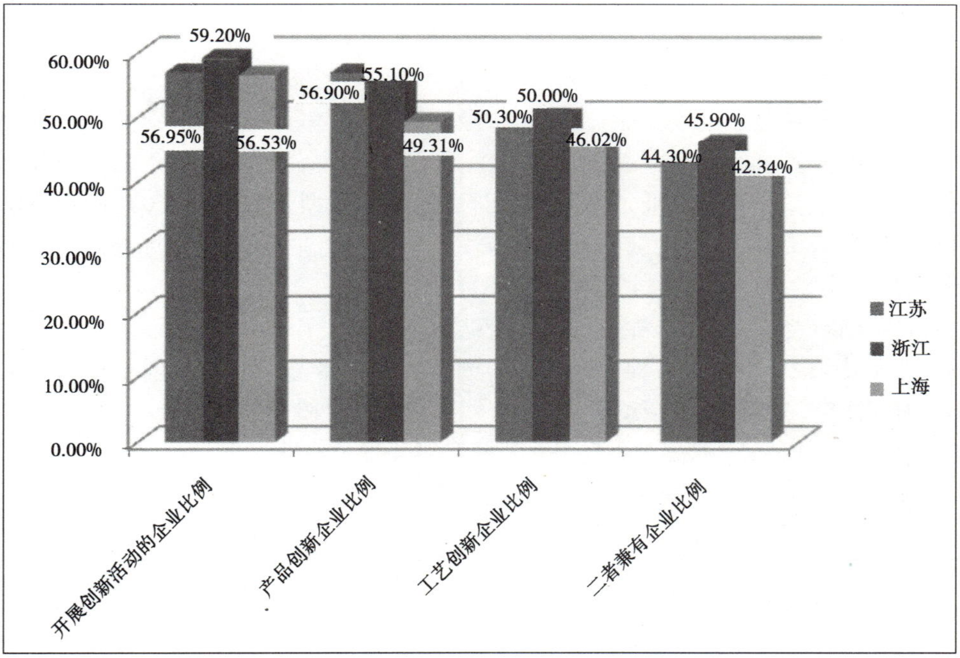

图10－1　长三角企业2006年开展创新活动情况

从图10－1中,可以更为直观地看出:在创新活动开展方面,江浙沪三地均有

① 浙江省工业企业创新调查的原始数据无法获得,本章中浙江省创新数据是根据《浙江省工业企业创新调查报告》中提供的数据整理得到,下同。

50%以上的企业开展了创新活动，其中以浙江省的比例最高，江苏和上海基本持平，三地差距不明显；江浙两省的产品创新的比例均超过工艺创新的比例，上海市产品创新与工艺创新的比例基本持平；江浙沪三地同时有产品创新和工艺创新的企业占总企业数的比例分别为44.3%、45.9%和42.34%。总体而言，江浙沪三地企业创新活动较为活跃，三个地区之间的差异并不显著。

在所有开展创新活动的企业中，大中型①企业的表现更为活跃，江苏和浙江的数据可以佐证②。

江苏省313家大型企业中有254家开展创新活动，比重达81.2%，同比高于小型企业32.8个百分点；其中有产品创新的有239家，比重为76.4%，同比高于小型企业32.8个百分点；有工艺创新的有231家，比重为73.8%，同比高于小型企业31个百分点；兼有产品创新和工艺创新的有216家，比重为69.0%，同比高于小型企业31个百分点。3 322家中型企业中有2 181家开展创新活动，比重达65.7%，同比高于小型企业27.3个百分点；其中有产品创新的有1 930家，比重为58.1%，同比高于小型企业14.5个百分点；有工艺创新的有1 915家，比重为57.6%，同比高于小型企业14.8个百分点；兼有产品创新和工艺创新的有1 644家，比重为50.1%，同比高于小型企业12.1个百分点。

浙江省开展创新活动的企业中，大中型企业2 733家，小型企业2 982家，分别占被调查大中型和小型企业总数的71.0%和51.3%。大中型工业企业开展创新活动比例明显高于小型企业。在开展创新活动的大中型企业中，94.0%的企业实现产品创新，86.9%的企业实现工艺创新，80.9%的企业兼有产品创新和工艺创新，分别比小型企业高1.7、4.7和6.4个百分点。

(2) 创新费用较高，创新投入行业相对集中

本章中，企业创新投入根据企业四项创新费用衡量。企业四项创新费用具体指：内部研究与试验发展活动经费支出，外部研究与试验发展活动经费支出，获取机器、设备和软件经费支出，从企业外部获取相关技术经费支出。

根据上述说明，我们将数据整理得到表10-3：

表10-3 长三角企业2006年创新投入情况

	创新投入平均额(万元)	创新投入总额(亿元)
江 苏	823.93	650.66
浙 江	396.06	382.36
上 海	1 380.18	389.90

① 大中小型企业的划分参照国家《大中小型工业企业划分标准》。

② 江苏省的调查数据因与经济数据库合并，因而可以得到有关企业规模、产业等多重维度的考量；浙江省根据《浙江省工业企业创新调查报告》中提供的数据也可得到部分有关企业规模及产业维度的考量；上海市的有关数据无法得出，下同。

根据表10-3,从总量上来看,江苏的创新投入较高,浙江与上海基本持平;从单个企业的平均创新投入来看,上海最高,浙江最低。

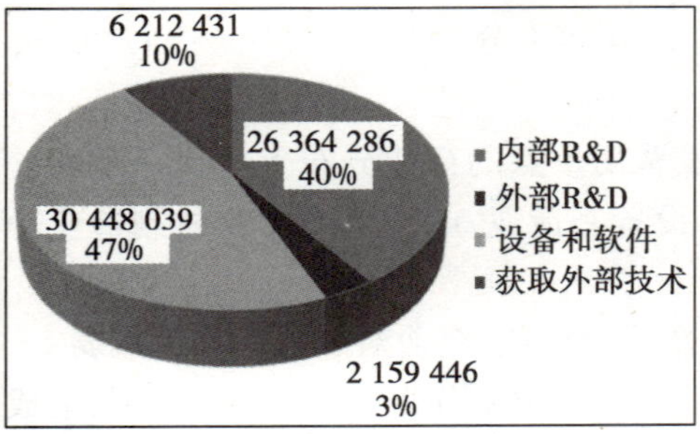

(a) 江苏省

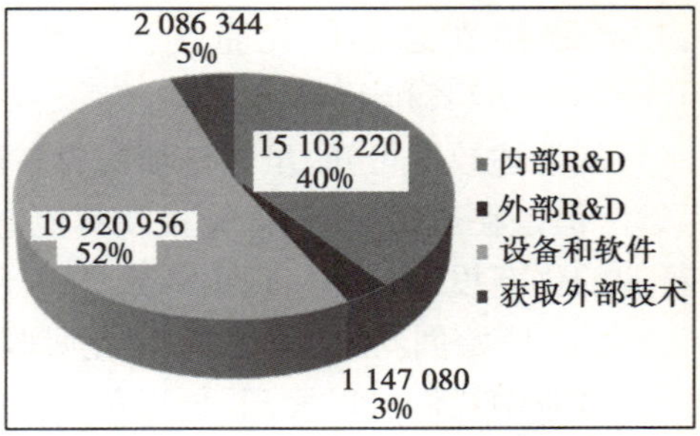

(b) 浙江省

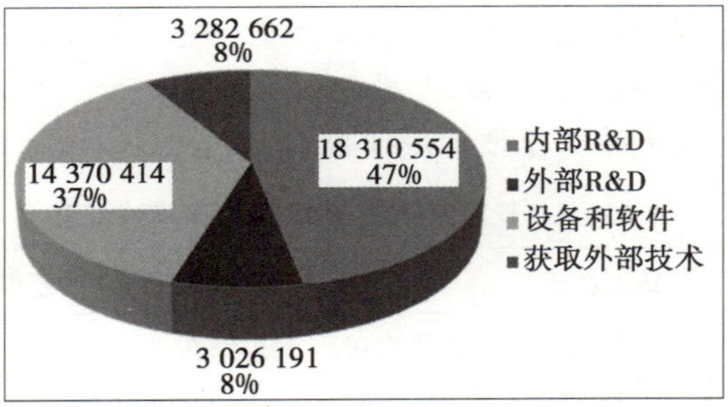

(c) 上海市

图10-2　长三角企业2006年各项创新费用所占比重

把表中的数据具体到内部研究与试验发展活动经费支出,外部研究与试验发展活动经费支出,获取机器、设备和软件经费支出,从企业外部获取相关技术经费支出,见图10-2。

从图10-2可以看出,综合江浙沪三地各项创新之支出占四项费用支出占合计费用比重来看,比重最大的是内部R&D费用支出和获取机器、设备和软件经费两项,这两项支出的比重又出现出轻微的地区差异,即江浙两省内部R&D费用高于获取机器、设备和软件费用,上海相反。

从国民经济行业看,长三角地区的创新投入的行业分布相对集中。

江苏省的创新费用主要集中在采矿业(8.03亿元)、制造业(639.93亿元)、电力燃气及水的生产和供应业(3.88亿元),分别占全部费用的1.2%、98.2%和0.6%。其中制造业中,创新费用最多的五个行业分别是:化学原料及化学制品制造业(96.71亿元)、通信设备、计算机及其他电子设备制造业(94.55亿元)、黑色金属冶炼及压延加工业(72.97亿元)、电气机械及器材制造业(65.43亿元)、交通运输设备制造业(58.79亿元)。

浙江省企业创新费用中的内部R&D经费投入主要集中在高技术产业。医药制造业、仪器仪表及文化、办公机械制造业、通信设备计算机及其他电子设备制造业及专用设备制造业、电气机械及器材制造业等五个行业的内部R&D经费支出占R&D经费总额的比重为69.3%，投入强度①分别达到2.50%、1.96%、1.88%、1.87%和1.13%。

从上述数据可知，虽然江浙两省在研发费用重点的行业分布上呈现一定的差异性，但是在通信设备、计算机及其他电子设备制造业、电气机械及器材制造业等行业的创新投入上却呈现出一致性。

(3) 原始创新、集成创新、消化吸收创新平分秋色，企业对外依赖程度减弱

调查中我们可以发现，长三角企业的创新模式主要分为三种：原始创新、集成创新和消化吸收再创新。原始创新②是指企业通过研发活动掌握核心或关键技术并拥有自主知识产权的产品或工艺创新；集成创新是指企业融合多种资源和技术所从事的产品或工艺创新；消化吸收再创新是指企业在对引进技术进行消化吸收的基础上所从事的产品或工艺创新。

根据上述定义，我们将数据整理得到表10-4。

表10-4 长三角企业2006年创新模式汇总 （单位：个）

	产品创新中				工艺创新中			
	产品创新企业总数	原始创新	集成创新	消化再吸收创新	工艺创新企业总数	原始创新	集成创新	消化再吸收创新
江苏	4 028	1 749	1 503	1 568	3 969	1 540	1 586	1 626
浙江	5 319	2 106	2 000	2 245	4 827	1 796	1 969	2 090
上海	1 393	740	617	508	1 300	621	592	423

从表10-4中，我们可知，在长三角企业的创新中，原始创新、集成创新、消化吸收创新三种创新模式平分秋色。为了更直观地了解江浙沪三地企业在三种创新模式上的分布，我们计算各地区采用每种创新模式的企业数的比重，见图10-3。

① R&D投入强度指R&D经费支出占主营业务收入的比重，是国际通用的衡量企业研发投入强度的核心指标。

② 三种创新的定义由《工业企业创新调查表》的“主要指标解释”给出。

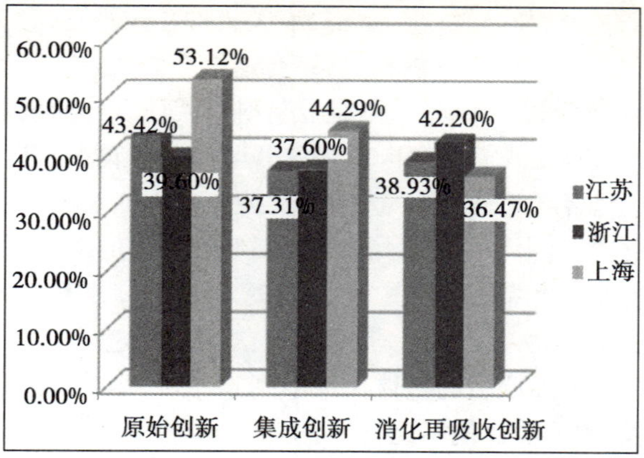

(a) 产品创新

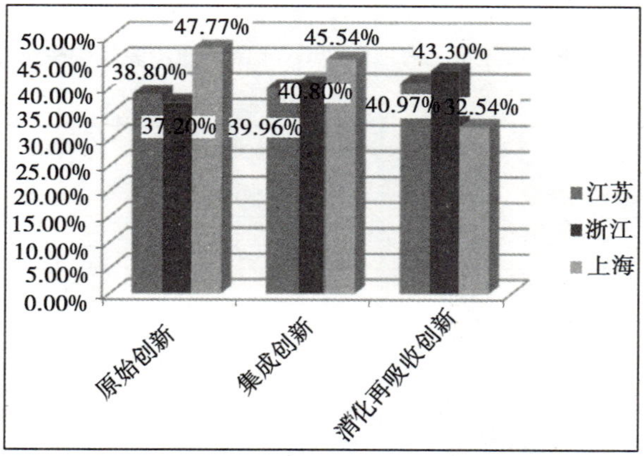

(b) 工艺创新

图 10－3　长三角企业 2006 年创新活动中各创新模式所占比重

从图 10－3 中，我们可以更直观地看出：在产品创新中，上海的原始创新比重和集成创新比重均最大，消化再吸收所占比重最小，江苏和浙江差异性不大；在工艺创新中，上海的原始创新比重和集成创新比重仍然位居首位，江苏和浙江差异不明显。

这表明，虽然依赖外部技术的消化吸收再创新仍占一定比例，但是长三角企业通过内部研发和利用各种有利资源，对引进技术的依赖程度已逐渐减弱，从而自主创新能力在不断增强。

3. 长三角企业加入区域研发联盟的现状

这一部分的数据同样来源于江苏省 2007 年工业企业创新调查数据、上海市 2007 年工业企业创新调查数据及浙江省 2007 年工业企业创新调查报告。

工业企业调查问卷中，对有产品创新和工艺创新的研发主体作了较为详细的调查，围绕产品研发、工艺研发的研发主体问题，设置了七个选项：① 本企业自主研发；② 本企业集团研发；③ 本企业与其他企业合作研发；④ 本企业与科研院所合作研发；⑤ 本企业与高校合作研发；⑥ 与国外有关机构合作研发；⑦ 其他企业或院所、高校研发 。围绕区域研发联盟的内涵，再结合这七个选项，本章认为：本企业集团研发①、本企业与其他企业合作研发、本企业与科研院所合作研发、本企业与高校合作研发四个选项可以帮助我们了解区域研发联盟的相关情况，其中，本企业集团研发、本企业与其他企业合作研发两个选项可反映企业间联盟的现实情况，本企业与科研院所合作研发、本企业与高校合作研发可反映产学研的现实情况。

考虑到数据完整性的需要以及江浙沪地区存在的高度相似性②，这一部分的结论将以江苏省的数据为主要依据，其他地区的数据辅之。

(1) 长三角区域研发联盟的整体水平不高

① 区域研发联盟整体比例不高

将江苏省及上海市的工业企业创新主体的相关情况加以整理，我们可以得到表 10-5：

表 10-5 江苏及上海地区 2006 年区域研发联盟构建情况 （单位：个）

(a) 产品创新

	调查企业总数	创新企业总数	参与区域研发联盟企业数	参与企业间联盟企业数	参与产学研企业数
江苏省	7 897	4 028	1 007	575	432
上海市	2 825	1 393	325	260	65

(b) 工艺创新

	调查企业总数	创新企业总数	参与区域研发联盟企业数	参与企业间联盟企业数	参与产学研企业数
江苏省	7 897	3 969	1 065	635	430
上海市	2 825	1 300	324	269	55

从上表中我们可以看出，产品创新中，江苏省 7 897 个企业中，创新企业数为 4 028，参与区域研发联盟的企业只有 1 007 个，占企业总数的 12.75%，其中参与企业间联盟的企业 575 个，占企业总数的 7.28%，参与产学研联盟的企业 432 个，占企业总数的 5.47%；上海 2 825 个企业中，创新企业数为 1 393，参与区域研发联盟的企业只有 325 个，占企业总数的 11.50%，其中参与企业间联盟的企业 260

① 工业企业创新调查中，指以资本为主要联结纽带，以母子公司为主体，以企业集团章程为共同行为规范的母公司、子公司、参股公司及其他成员企业或机构共同组成的具有一定规模的企业联合体。这里考虑到此选项已剔除掉本企业自主研发的成分，因此，企业集团的研发可视为该企业与集团内其他企业合作完成的研发活动。虽然不排除该企业并未参与集团的可能性，但在这里不多做纠结。

② 从前文长三角地区创新活动一般特征的分析中，我们可以看到江浙沪地区是存在高度相似性的。

个,占企业总数的 9.20%,参与产学研联盟的企业 65 个,占企业总数的 2.3%。工艺创新中,江苏省 7 897 个企业中,创新企业数为 3 969,参与区域研发联盟的企业只有 1 065 个,占企业总数的 13.49%,其中参与企业间联盟的企业 635 个,占企业总数的 8.04%,参与产学研联盟的企业 430 个,占企业总数的 5.45%;上海 2 825 个企业中,创新企业数为 1 300,参与区域研发联盟的企业只有 324 个,占企业总数的 11.47%,其中参与企业间联盟的企业 269 个,占企业总数的 9.52%,参与产学研联盟的企业 55 个,占企业总数的 1.95%。对比产品创新与工艺创新,我们可以发现这两组数据呈现出惊人的一致性。

由此可见,长三角区域研发联盟构建的比例并不高,只占企业总数中 10%左右。

② 产学研联盟比例低于企业间联盟

将表 10－5 中的数据加以计算,算出参与联盟企业占创新企业总数的比重,见图 10－4。

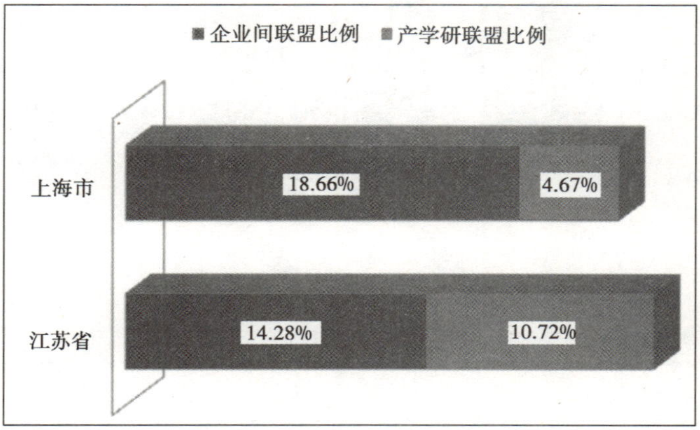

(a) 产品创新

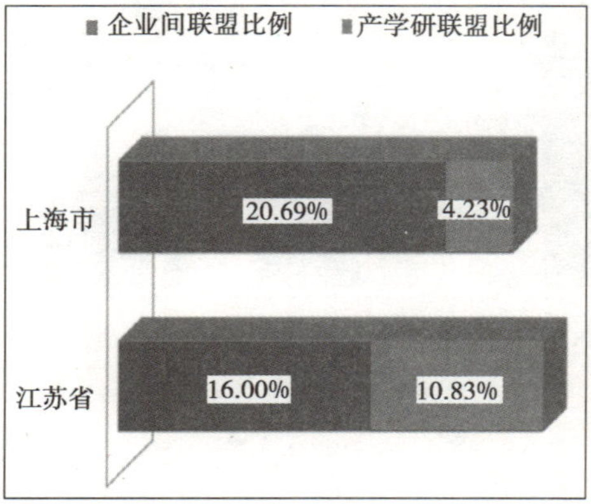

(b) 工艺创新

图 10－4　江苏省及上海市 2006 年参与区域研发联盟占全部创新比重

从图 10-4 中,我们可以非常直观的看到,产品创新中与工艺创新中的区域研发联盟仍然呈现出一致性特征:江苏省区域研发联盟占创新企业的比重略高于上海,但是上海市企业间联盟的比重高于江苏,产学研联盟比重低于江苏。

从江苏和上海呈现的共性来看,这两个地区的企业间联盟的比重均大于产学研联盟的比重。由此也证明,以江苏数据窥长三角区域研发联盟之全貌是有一定的代表性和可信性的。

(2) 区域研发联盟呈现较为明显的企业规模分布

我们把江苏省数据按企业规模进行划分,算出各类规模企业中参与研发联盟企业数占创新企业总数的比重,见图 10-5。

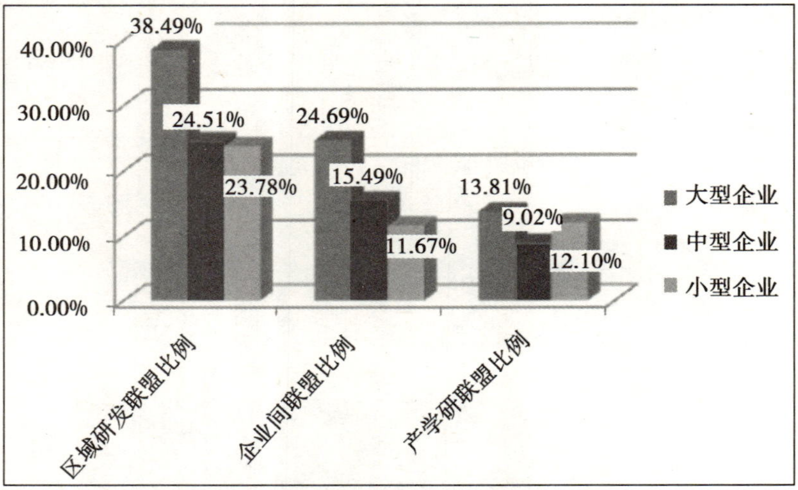

(a) 产品创新

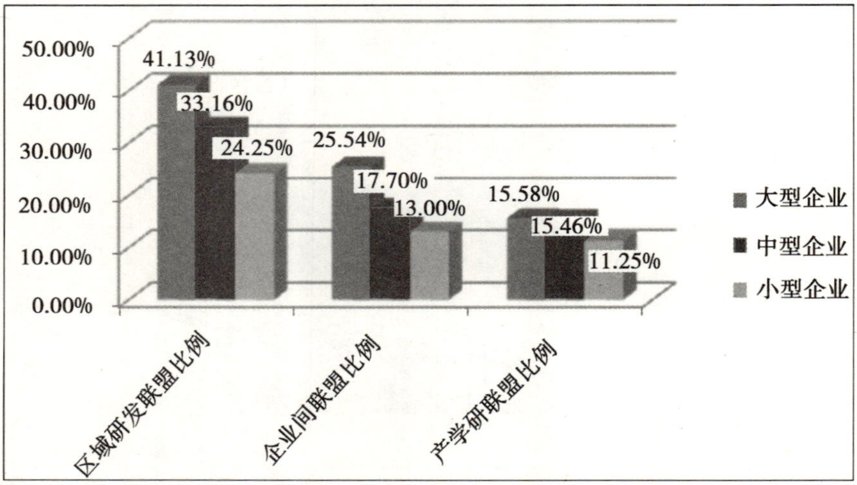

(b) 工艺创新

图 10-5　江苏省 2006 年按企业规模划分的研发联盟占比情况

从图 10－5 中不难发现，产品创新与工艺创新中的区域研发联盟呈现出稍有不同的特点。

在产品创新中，从参与区域研发联盟的总体情况来看，大型企业参与区域研发联盟的比例明显高于小型企业，而中型企业与小型企业的比例则基本持平；从参与企业间联盟的情况来看，企业规模越小，参与企业间联盟的比例就越小；从参与产学研联盟的情况来看，小型企业反而并不处于劣势地位，中型企业在参与产学研联盟上显得乏力。

在工艺创新中，无论是区域研发联盟的比例，还是企业间联盟、产学研联盟的比例，都呈现随企业规模递减的趋势，大中型企业参与到区域研发联盟的比例较大，小型企业比例较小，与大中型企业尚存在一定差距。

（3）区域研发联盟呈现较为明显的产业分布①

① 区域研发联盟主要集中在三大门类产业

江苏省有创新活动的企业主要集中在采矿业、制造业、电力燃气及水的生产和供应业。这里将江苏省企业中有创新活动的企业按照行业大类进行进一步细分，对企业参与区域研发联盟的情况进行统计，并分别计算各行业企业间研发联盟的比例和产学研联盟的比例。具体数据见表 10－6。

根据表 10－6 中的数据，产品创新领域与工艺创新领域在区域研发联盟构建的行业分布上有所差异。

产品创新领域，区域研发联盟主要分布在采矿业和制造业。从区域研发联盟构建的总比例来看，采矿业最高，为 56.25%，制造业次之，为 24.9%，电力燃气及水的生产和供应业为 0；企业间联盟的构建上制造业的比例略高于采矿业，分别为 14.3%和 12.5%；而产学研联盟的构建上采矿业的比例远高于制造业，分别为 43.75%和 10.6%。

工艺创新领域，区域研发联盟主要分布在电力燃气及水的生产和供应业、采矿业和制造业。从区域研发联盟构建的总比例来看，电力燃气及水的生产和供应业与采矿业基本持平，分别为 42.86%和 41.67%，制造业最低，为 26.49%；企业间联盟的构建上，电力燃气及水的生产和供应业比例最高，为 31.75%，制造业次之，为 15.77%，采矿业最低，为 12.5%；产学研联盟的构建上，采矿业最高，为29.17%，制造业与电力燃气及水的生产和供应业基本持平，分别为 10.72%和 11.11%。

从行业门类来看，采矿业在产品创新和工艺创新活动中，均有较高比例的企业加入了区域研发联盟，产学研联盟的比例尤其高；制造业企业在产品创新和工艺创新活动中构建研发联盟的比例也基本持平，但总体水平不高，企业间联盟的比例要高于产学研联盟；电力燃气及水的生产和供应业企业构建的区域研发联盟

---

① 这里的产业分布按照中华人民共和国国家统计局网站（http://www.stats.gov.cn/tjbz/hyflbz）上公布的行业分类标准进行统计。

表 10－6　江苏省 2006 年产品创新的区域研发联盟比例的行业分布

(a) 产品创新

所属行业	企业间联盟	产学研联盟	所属行业	企业间联盟	产学研联盟	所属行业	企业间联盟	产学研联盟
煤炭开采	50.00%	50.00%	造纸及纸制品	21.15%	3.85%	金属制品	16.57%	9.39%
黑色金属矿采选	0.00%	33.33%	印刷业、记录	20.00%	6.67%	通用设备制造	12.59%	7.84%
非金属矿采选	9.09%	45.45%	文教体育用品	6.52%	8.70%	专用设备制造	10.87%	11.23%
农副产品加工	9.23%	29.23%	石油加工、炼焦	0.00%	29.41%	交通运输设备	19.11%	7.51%
食品制造业	10.87%	15.22%	化学原料及制品	12.67%	18.60%	电气机械	14.25%	9.86%
饮料制造	14.71%	5.88%	医药制造	9.84%	27.87%	通信、计算机	24.25%	3.93%
烟草制造	0.00%	20.00%	化学纤维制造	2.82%	14.08%	仪器仪表	14.97%	16.17%
纺织	12.28%	7.19%	橡胶制品	17.91%	8.96%	工艺品	6.06%	3.03%
纺织服装鞋帽	10.00%	10.00%	塑料制品	12.20%	8.13%	热力	0.00%	0.00%
皮革羽毛	20.83%	4.17%	非金属矿物制品	16.19%	8.57%	燃气	0.00%	0.00%
木材加工	8.89%	20.00%	黑色金属冶炼	10.34%	6.90%	水	0.00%	0.00%
家具制造	22.22%	0.00%	有色金属冶炼	9.68%	13.98%			
产业汇总数据								
采矿业汇总	12.50%	43.75%	制造业汇总	14.3%	10.6%	电燃水汇总	0%	0%

(b) 工艺创新

所属行业	企业间联盟	产学研联盟	所属行业	企业间联盟	产学研联盟	所属行业	企业间联盟	产学研联盟
石油天然气开采	0.00%	100.00%	家具制造	27.78%	0.00%	金属制品	21.51%	6.40%
煤炭开采	25.00%	50.00%	造纸及纸制品	21.05%	3.51%	通用设备制造	15.62%	7.81%
黑色金属矿采选	0.00%	25.00%	印刷业、记录	18.75%	0.00%	专用设备制造	17.65%	11.76%
非金属矿采选	14.29%	21.43%	文教体育用品	8.11%	10.81%	交通运输设备	17.67%	7.52%
有色金属矿采选	0.00%	100.00%	石油加工、炼焦	11.11%	38.89%	电气机械	15.95%	8.90%
农副产品加工	8.82%	33.82%	化学原料及制品	13.54%	18.49%	通信、计算机	23.92%	4.58%
食品制造业	14.58%	25.00%	医药制造	10.00%	25.00%	仪器仪表	13.67%	13.67%
饮料制造	15.79%	13.16%	化学纤维制造	5.80%	17.39%	工艺品	10.71%	0.00%
烟草制造	20.00%	0.00%	橡胶制品	14.29%	7.94%	皮革羽毛	25.00%	3.57%
纺织	13.77%	7.71%	塑料制品	10.81%	8.11%	黑色金属冶炼	12.10%	7.26%
纺织服装鞋帽	14.63%	8.54%	非金属矿物制品	15.38%	12.82%	木材加工	4.44%	15.56%
有色金属冶炼	15.79%	11.58%	电力、热力	34.69%	10.20%	燃气	25.00%	0.00%
水	20.00%	20.00%						
产业汇总数据								
采矿业汇总	12.5%	29.17%	制造业汇总	15.77%	10.72%	电燃水汇总	31.75%	11.11%

全部都集中在工业创新领域,企业间联盟的比例远高于产学研联盟。

② 制造业门类内部的产业分布特征明显

为获得制造业门类中各产业的区域研发联盟分布情况,我们进一步使用 SPSS16.0 软件将制造业的数据按行业大类进行 K-Means 聚类分析。结果见表 10-7:

表 10-7 江苏制造业 06 年在产品创新领域的区域研发联盟比例的 K-Means 聚类结果

(a) Final Cluster Centers

	Cluster		
	1	2	3
产学研联盟比重	0.253 0	0.102 8	0.050 1
企业间联盟比重	0.055 9	0.113 9	0.207 8

(b) ANOVA

	Cluster		Error		F	Sig.
	Mean Square	df	Mean Square	df		
产学研联盟比重	0.064	2	0.002	26	39.815	0.000
企业间联盟比重	0.037	2	0.001	26	27.522	0.000

(c) Number of Cases in each Cluster

Cluster	1	5.000
	2	17.000
	3	7.000
Valid		29.000
Missing		0.000

(d) 制造业产品创新活动中区域研发联盟比例的产业分布表

第 1 类(产学研联盟上游产业)	农副产品加工业、烟草制造业、木材加工业、石油加工炼焦及核燃料加工业、医药制造业
第 2 类(区域研发联盟中游产业)	食品制造业、饮料制造业、纺织业、纺织服装鞋帽制造业、文教体育用品事业、化学原料及化学制品制造业、化学纤维制造业、塑料制品业、非金属矿物制品业、黑色金属冶炼及压延加工业、有色金属冶炼及压延加工业、金属制品业、通用设备制造业、专用设备制造业、电气机械及器材制造业、仪器仪表及文化办公用机械制造业、工艺品及其他制造业
第 3 类(企业间联盟上游产业)	皮革羽毛及其制品业、家具制造业、造纸及纸制品业、印刷业和记录媒介的复制、橡胶制品业、交通运输设备制造业、通信设备、计算机及其他电子设备制造业

表 10－7(a)展示了 3 个类的最终类中心情况。3 个最终类中心点的数据分别为(25.3%,5.59%),(10.28%,11.39),(5.01%,20.78%)。由此可见,第 1 类产业产学研联盟比例高,企业间联盟比例低,我们可将之称为产学研联盟上游产业;第 2 类企业两种联盟比例基本持平,均处于中等水平,我们可以将之称为区域研发联盟中游产业;第 3 类企业企业间联盟比例高,产学研联盟比例低,我们可以将之称为企业间联盟上游产业。

表 10－7(b)展示了两种联盟的比例在不同类的均值比较情况,通过该表可以看出各直属的均值在 3 类中的差异是显著的。

表 10－7(c)展示的是 3 个类的类成员情况。第 1 类(产学研联盟上游产业)有 5 个产业,第 2 类(区域研发联盟中游产业)有 17 个产业,第 3 类(企业间联盟上游产业)有 7 个产业。

表 10－7(d)具体给出了在产品创新活动中区域研发联盟的产业分布。从上表中看出,制造业门类中,农副产品加工业、烟草制造业、木材加工业、石油加工、炼焦及核燃料加工业等六个产业在产学研联盟较为活跃,皮革羽毛及其制品业、家具制造业、造纸及纸制品业、印刷业和记录媒介的复制、橡胶制品业、交通运输设备制造业、通信设备、计算机及其他电子设备制造业等八个产业企业间联盟较为活跃,其他大部分产业在企业间联盟与产学研联盟上的比例差异不大。

用同样的方法,我们也可以得到制造业在工艺创新活动中区域研发联盟比例的产业分布。见表 10－8。

表 10－8　江苏制造业 06 年在工艺创新领域的区域研发联盟比例的 K-Means 聚类结果

(a) Final Cluster Centers

	Cluster		
	1	2	3
产学研联盟比重	0.111 3	0.225 7	0.131 0
产学研联盟比例	0.306 8	0.025 8	0.105 0

(b) ANOVA

	Cluster		Error		F	Sig.
	Mean Square	df	Mean Square	df		
企业间联盟比例	0.026	2	0.001	26	21.144	0.000
产学研联盟比例	0.102	2	0.002	26	52.369	0.000

(c) Number of Cases in each Cluster

Cluster	1	4.000
	2	7.000
	3	18.000
Valid		29.000
Missing		0.000

(d) 制造业工艺创新活动中区域研发联盟比例的产业分布表

产学研联盟上游产业	农副产品加工业、食品制造业、石油加工炼焦及核燃料加工业、医药制造业
区域研发联盟中游产业	饮料制造业、纺织业、纺织服装鞋帽制造业、文教体育用品事业、化学原料及化学制品制造业、化学纤维制造业、塑料制品业、非金属矿物制品业、黑色金属冶炼及压延加工业、有色金属冶炼及压延加工业、金属制品业、通用设备制造业、专用设备制造业、电气机械及器材制造业、仪器仪表及文化办公用机械制造业、工艺品及其他制造业、木材加工业、橡胶制品业
企业间联盟上游产业	烟草制造业、皮革羽毛及其制品业、家具制造业、造纸及纸制品业、印刷业和记录媒介的复制、金属制品业、通信设备计算机及其他电子设备制造业

通过表 10-8 中一系列表格，我们可知，制造业门类在工艺创新方面呈现出与产品创新领域相似的产业分布，分类结果显著。

10.2.2.2 高校和科研机构

从上文的主体定位分析可知，高校和科研院所也是区域研发联盟中十分重要的参与者。这一小节对长三角地区高校和科研机构的现状作简单介绍。

1. 长三角地区高校和科研机构的科研实力

(1) 长三角地区的 211、985 高校分布

长三角地区有丰富的高校资源，其中，江苏省共有 211 院校 11 所，985 院校 2 所；浙江共有 211 院校 1 所，985 院校 1 所；上海共有 211 院校 9 所，985 院校 4 所。可见，浙江省在高校资源上相对薄弱。具体分布见表 10-9。

表 10-9 长三角地区的 211、985 高校分布

	211 高校	985 高校
江苏	南京大学、东南大学、苏州大学、河海大学、中国药科大学、中国矿业大学、南京师范大学、南京理工大学、南京航空航天大学、江南大学、南京农业大学	南京大学、东南大学
浙江	浙江大学	浙江大学
上海	复旦大学、华东师范大学、同济大学、上海交通大学、上海外国语大学、上海大学、东华大学、上海财经大学、华东理工大学	复旦大学、上海交通大学、同济大学、华东师范大学

(2) 长三角地区高校的科研活动情况

这一部分的数据根据《江苏统计年鉴2011》、《上海统计年鉴2011》、《浙江统计年鉴2011》提供的数据整理得到，见表10－10：

表10－10　长三角地区高校2010年科研活动基本情况

	从事科技活动人数(人)	从事研发活动人数(人)	研究与发展机构数(个)	研发经费拨入(亿元)	研发经费支出(亿元)	研发课题项目(项)	出版科学专著(部)	发表学术论文(篇)
江苏	51 374	33 672	390	93.58	—	21 760	239	68 563
浙江	56 822	10 073	471	59.68	53.92	22 391	99	31 896
上海	44 220	17 381	214	69.60	50.37	26 774	120	—

从表10－10中，我们发现：整体来看，长三角地区高校的科研活动较为活跃，成果较为显著。具体来看，从事科技活动的人数，浙江最多，江苏次之，上海最少；从事研发活动的人数，江苏最多，上海次之，浙江最少；高校研发机构数目，浙江最多，江苏次之，上海最少；研发经费的拨入，江苏最多，浙江次之，上海最少；研发的课题项目，上海最多，浙江次之，江苏最少；出版的科学专著，江苏最多，上海次之，浙江最少。

(3) 长三角地区科研机构数量及成果

这一部分的数据根据网站《中国机构科技创新能力透视》①提供的数据整理得到。

长三角地区拥有的科研机构资源也是十分丰富的，且科研机构的科研能力十分出色。具体数据见表10－11。

表10－11　长三角地区2010年科研机构科研活动情况

(a) 长三角地区科研机构数量

	科研机构数	发表论文机构数	承担科技成果机构数	申请专利机构数	参与行业标准起草机构数
江苏	1 954	781	313	189	98
浙江	1 125	464	207	115	53
上海	1 165	827	373	251	149

① 网址：http://www.ei86.net.

(b) 长三角地区科研机构成果汇总

	发表论文数量	科技成果承担数量	专利申请数量	参与行业标准起草数量
江苏	84 169	5811	4 954	1 529
浙江	52 015	4 370	2 693	535
上海	109 447	14 594	16 210	4 667

通过表 10－11，我们不难发现，上海市科研机构的研发能力最强，科研成果最为丰硕，而浙江省科研机构的能力则相对薄弱。

2. 长三角高校参与产学研联盟的典型——东南大学①

东南大学是直属于中华人民共和国教育部的综合性全国重点大学，是中国“211 工程”及“985 工程”重点建设高校。一直以来，东南大学都注重于科研基地的建设，积极加入与企业的研发合作，在产学研联盟领域取得了丰硕成果。

(1) 东南大学的科研基地概况

科研基地是东南大学科技创新体系的重要组成部分，是其科技创新、学科建设、人才培养以及参与市场竞争的重要平台和实力体现。

经过多年的建设与发展，东南大学现拥有 3 个国家重点实验室，1 个国家专业实验室，5 个国家级工程(技术)研究中心，11 个教育部重点实验室，5 个教育部工程研究中心，9 个江苏省工程(技术)研究中心，13 个省级重点实验室及一大批校级科研机构。

(2) 东南大学的产学研基地

东南大学积极收集各地企业的技术需求信息，分析其自身科研优势与企业技术需要之间的对接关系，从中寻求潜在的产学研合作伙伴。

目前，东南大学与 35 个企业建立了产学研研发中心，包括：东大华为联合研究中心、东飞显示技术研究开发中心、东大—正保研究发展中心、东南大学—海昌研发中心、东南大学—建德五星机电工程研究中心、东大—卫东环保科技研发中心、东大—中电联合研发中心、东南大学—江苏省电力设计院科研合作中心、东南大学—新潮集团机电控制与教育机器人研发中心、东大—华高测控技术联合研究中心、东南大学—江苏宇杰钢机科技研发中心、东南大学—金智电力自动化研究中心、东南大学—南自通华电力电子工程研究中心、东大—硅动力射频技术联合研发中心、东大—江阴众和状态监控与故障诊断工程研发中心、东大—英达公路养护技术联合工程研究中心、东大—华夏光子技术研究中心、东南大学—横店集团高技术纤维及应用研究中心 、东大—创斯达集团超高性能复合材料联合研发中心、东大—中天太阳能联合研究中心、东大—无锡桥联风电机械装备研究中心、东大—南通建筑总承包建造技术联合研发中心、东大—万汇冷弯钢板工程研究中

① 根据东南大学科学技术处网站提供的信息整理得到。

心、东大—博雷盛电力节能及自动化研究中心、东大—紫金万成嵌入式系统工程研发中心、东大—西奥智能化测控仪器工程(技术)中心、东大—常州太阳宝太阳能热利用联合研发中心、东大—邢台开发区太阳能联合研究中心 、东大—申菱新能源电气装备及技术研究中心、东南大学—加州仪器光电子材料与器件联合研发中心、东大—立业智能电力设备研究中心、东大—南京圣诺节能环保工程技术联合研发中心、东大—博耳智能输配电及节能设备联合研究中心、东大—无锡国联固废处理与处置技术联合实验室、东大—山东豪源集团联合研发中心。

(3) 东南大学产学研联盟的成果

2010 年,东南大学获得国家科学技术奖励项目 5 项,中国专利优秀奖项目 1 项、江苏省科学技术奖励项目 13 项、教育部优秀成果奖(科学技术)奖励项目 5 项,其他级别科技进步奖项目 11 项,获奖成果共计 35 项。

这些获奖项目中,产学研项目 19 项。见表 10 - 12。

表 10 - 12　东南大学产学研项目获奖情况

奖励类别	授奖等级	项目名称
国家科技进步奖	一等(1)	《千米级斜拉桥结构体系、设计及施工控制关键技术》
	二等(4)	《网络教育关键技术及示范工程》、《大跨空间钢结构预应力施工技术研究与应用》、《稠密多相流动与化学反应耦合体系的节能减排关键技术及应用》、《高品质中高碳特殊钢棒线材连续生产技术与工艺开发》
江苏省科技进步奖	二等(2)	《建筑一体化太阳能光伏光热复合系统及关键技术研究和应用》、《中低强度现代混凝土体积稳定性研究与应用》
	三等(2)	《突发性环境污染事故监测、预警与风险评估系统》、《特大断面隧道阻燃沥青路面技术研究》
江苏省建设厅科技进步奖	一等(1)	《长纤维高速过滤技术在净(给)水厂应用的生产性试验研究》
南京市科技进步奖	二等(1)	《长纤维高速过滤技术研究与应用》
中华医学科技奖	三等(1)	《急性呼吸窘迫综合征肺开放的临床进步》
省卫生厅新技术引进奖	一等(1)	《卒中后抑郁的规范化诊疗及发病机制研究》
	二等(4)	《镧系离子(铽 3+)探针荧光光谱法检测外周血 DNA 对恶性肿瘤的诊断价值》、《新型聚丙烯补片通过腹膜前路径在腹外疝中的应用》、《肿瘤抑制基因 CDKN2A 和 CDKN2B 多态性用于筛选冠心病及冠状动脉支架术后再狭窄高危患者》、《肺牵张指数指导 ARDS 最佳 PEEP 的选择》
江苏医学科技奖	三等(2)	《急性呼吸窘迫综合征肺开放的临床进步》、《新型 CO_2 血管造影输送装置的研制与临床应用研究》

10.3 区域研发联盟的制度设计主体

制度设计是区域研发联盟中另一个重要的方面，正是区域层面的制度设计，将“区域研发联盟”的概念与传统的“企业研发联盟”与“产学研联盟”的概念区分开来。因此，对区域研发联盟的制度设计主体进行研究十分必要。

在我国，制度设计的主体是政府，而区域层面的制度设计主体主要是地方政府。

10.3.1 地方政府在联盟中的角色定位

地方政府在区域研发联盟中的角色定位不是单一的，它既是区域研发联盟的制度制定者，又是地方利益最大化的追求者。

1. 地方政府是区域研发联盟的制度制定者

地方政府在引导、促进及协调区域研发联盟的发展中发挥着不可替代的作用，这是由地方政府的地位及其所拥有的资源决定的。首先，政府垄断着大部分的信息和资讯。地方政府拥有各类政治经济机构，对该区域资源状况、市场需求以及研发活动各主体的发展现状都十分了解，可以使用较低的成本来确保信息收集的完整性和及时性，从而制定出较为准确的政策，更好地引导企业的投资方向、高等院校和研究机构的研究方向，进而减少投资风险和资源的浪费。其次，地方政府在研发活动的利益问题上相对中立。地方政府不是研发活动的直接参与者，也不直接参与区域研发联盟的利益分配，因而具备公信力，从而制定出相对公平的制度，确保区域研发联盟正常、深入、有效地开展。

2. 地方政府是地方利益最大化的追求者

地方政府作为一个行为主体，仍然遵循“理性人”的假设，在其制定政策时，仍不可以避免追求自身利益的最大化，其职能也会因自身利益的驱使而被扭曲弱化。

10.3.2 地方政府在区域研发联盟构建中的现状

通过一系列的数据，我们发现，地方政府在区域研发联盟的构建中，所起的作用还不十分显著。

1. 来源于政府的创新费用比例不高

对江苏省 2006 年工业企业创新费用来源的调查数据进行整理，结果见图 10－6。

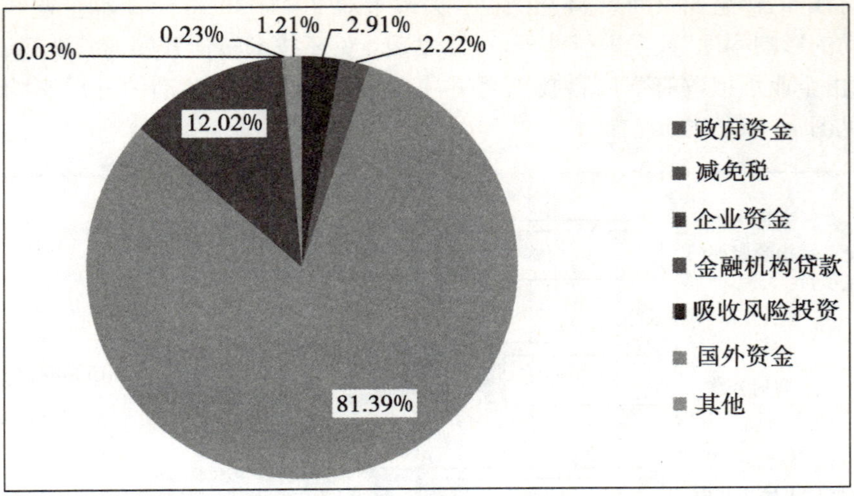

图 10-6 江苏省工业企业 2006 年创新费用来源

从图 10-6 中我们可以看到，企业创新费用的来源中，政府资金占 2.91%，减免税占 2.22%，金融机构贷款中的政策性贷款占 0.77%，把政府对企业新的资金支持全部加总，也只占企业创新费用的 5.9%，企业从政府获得的资金支持很少。

2. 企业创新构思中来源于政府的比例不高

对江苏省《企业家问卷调查》中“2004—2006 年间企业新产品及新工艺的构思来源及其影响程度”数据进行整理，结果见图 10-7。

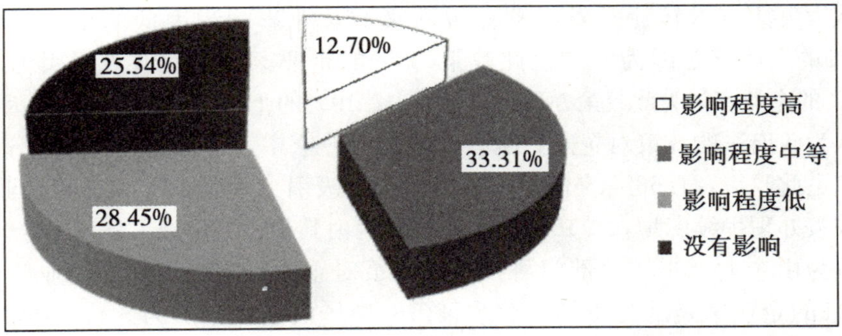

图 10-7 江苏省 2004—2006 年企业创新构思来源及其影响程度

从图 10-7 中我们也不难发现，只有 12.7%的企业家认为政府提供的信息非常重要，28.45%的企业家认为政府提供的信息对企业的创新构思影响程度低，25.54%的企业家认为政府提供的信息没有影响。由此可见，政府为企业提供的创新信息不多，信息的有效性也有待商榷。

3. 政府政策对企业创新的影响程度不高

对江苏省《企业家问卷调查》中“有关政策对 2004—2006 年间本企业开展创新活动的影响程度”数据进行整理，可以发现：免征技术转让开发的营业税、政府采购、由企业承担政府部门科技项目三项政策对企业创新活动的开展影响程度低。见图 10－8。

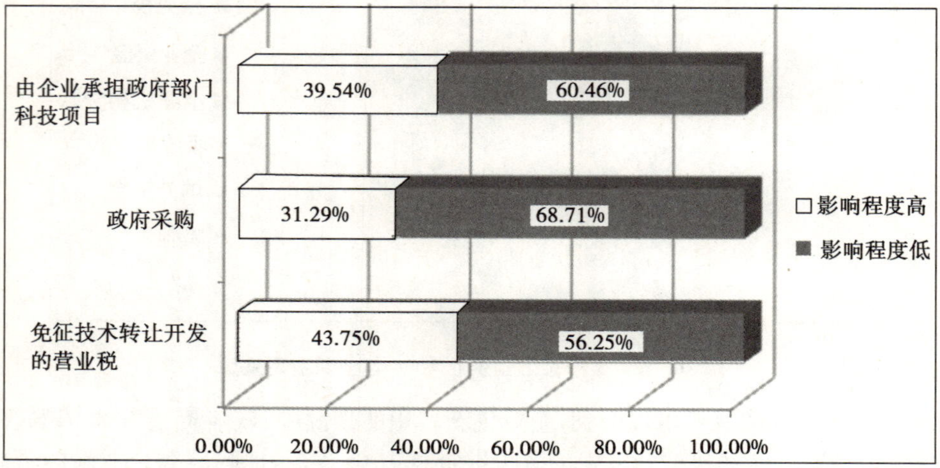

图 10－8　三项政策对企业创新活动的开展影响程度

从上图可以看出，56.25%的企业家认为免征技术转让开发的营业税政策对企业创新影响程度低，68.71%的企业家认为政府采购政策对企业创新影响程度低，有60.46%的企业家认为由企业承担政府部门科技项目政策对企业创新影响程度低。

认为免征技术转让开发的营业税政策对企业影响程度低的企业家中，有20.27%的企业家是因为不知道此政策，20%的企业家认为此政策吸引力不强，17.53%的企业家认为此政策办理手续麻烦，42.19%的企业家认为由其他原因导致。

认为政府采购政策对企业影响程度低的企业家中，有 22.75%的企业家是因为不知道此政策，21.66%的企业家认为此政策吸引力不强，12.43%的企业家认为此政策办理手续麻烦，43.16%的企业家认为由其他原因导致。

认为由企业承担政府部门科技项目政策对企业影响程度低的企业家中，有21.89%的企业家是因为不知道此政策，18.68%的企业家认为此政策吸引力不强，10.16%的企业家认为此政策办理手续麻烦，49.27%的企业家认为由其他原因导致。

10.4　本章小结

本章从区域研发联盟的内涵出发将其主体划分为研发主体与制度设计主体两个模块，并分别对其角色定位和现状进行分析。

区域研发联盟的研发主体主要包括企业、高校和科研机构。

本章对企业主体作了重点分析。本章将企业在区域研发联盟中定位为：追求经济利益的盈利性组织、区域研发联盟中最广泛的参与者、合作创新活动中最主要的决策者。通过统计分析和简单的聚类分析，本章给出了长三角企业的基本情况、企业参与创新活动的基本情况以及企业参与区域研发联盟的基本情况。从企业参与区域联盟的现状来看：长三角企业参与区域研发联盟的整体比例不高；从企业规模来看，整体上大中型企业参与区域研发联盟的比例要高于小型企业；从产业分布来看，产品创新领域的区域研发联盟主要分布在采矿业和制造业，工艺创新领域的区域研发联盟主要分布在电力燃气及水的生产和供应业、采矿业和制造业；在制造业内部，这些企业又可以被划分为产学研联盟上游产业、区域研发联盟中游产业、企业间联盟上游产业三大类别。

本章将高校和科研机构在区域研发联盟中定位为：非纯粹经济利益的追求者、区域研发联盟的重要参与者、合作创新活动中的技术供给方。通过统计分析和案例分析，本章也给出了长三角地区高校和科研机构的基本情况，指出长三角地区目前产学研的联盟的比例要低于企业研发联盟，并以东南大学为典型分析了高校对于产学研联盟的参与情况。

区域研发联盟的制度设计主体主要是指政府。本章将政府在区域研发联盟中定位为：区域研发联盟的制度制定者、地方利益最大化的追求者。通过描述性统计，本章发现：来源于政府的创新费用比例不高、企业创新构思中来源于政府的比例不高、政府政策对企业创新的影响程度不高。

第 11 章　区域研发联盟中的利益协调机制研究

主体间的利益关系才是联盟对创新绩效有无显著影响的根源所在。马克思曾经说过，利益是“社会化的需要”，是“社会主体维持自身的生存和发展的需要”。在区域研发联盟的进程中，利益正是将各方主体联系在一起的纽带。各主体的共同利益导致了合作的产生，从而对联盟绩效产生显著的正向影响；而各主体间的利益冲突则可能引发机会主义行为，导致联盟的失败，从而导致对创新绩效没有显著影响，甚至是产生显著的负向影响。本章将对区域研发联盟主体间的利益关系进行分析。

11.1　研发主体的利益关系分析

11.1.1　共同利益

联盟收益的最大化是各研发主体的共同利益目标。

联盟的收益包括两个方面，第一是产生科研成果，第二是科研成果通过市场化、产业化转化为经济收益，区域研发联盟正是在出于对这两方面收益的追求而缔结的。虽然在联盟发展的过程中，各成员都有追求自身利益最大化的倾向，但是联盟收益的最大化与各主体利益的最大化是并不矛盾的，联盟收益的最大化无疑是要把合作研发的成果“蛋糕”做大，这恰恰是每个成员从中分得更多利益的基础。因此，联盟收益的最大化是联盟中各主体的共同利益目标。

具体说来，各主体的共同利益又可以体现为节约研发成本和交易成本、共享资源、分摊风险三个方面。

1. 节约研发成本和交易成本

按照科斯①等人的观点，资源配置有两种基本手段：企业和市场。企业依靠内部组织的行政协调机制配置资源，市场依靠交易活动配置资源。企业的组织成

① 奥利佛·威廉姆森等编. 交易成本经济学[M]. 李自杰，等，译. 北京：人民出版社，2008：5－9.

本很大，交易成本很低(甚至为零)；市场的组织成本很低，交易成本很大。按照上述观点，一个研发主体获得一项技术成果的成本包括研发成本和交易成本。如果该主体选择独自研发的方式获得技术成果，那么研发成本将非常大，但是交易成本几乎为零；如果该主体选择直接获得技术成果的方式，那么研发成本几乎为零，但市场交易成本会很大。区域研发联盟是一种介于企业和市场之间的合作组织，既具备内部组织的行政协调功能，又显示出一定的市场交易的特征。各研发主体组建区域研发联盟会同时产生研发成本和交易成本，但是其研发成本将低于主体独自研发时的组织成本，交易成本将低于主体直接购入技术成果时的交易成本。各主体选择加入区域研发联盟首先是想通过联盟“组织化”和“市场化”的双重优势，将研发成本和交易成本的总和降低。

2. 共享研发资源

社会资源在各个企业及高校、科研机构间的配置通常是不均衡的。各主体在自身的发展过程中，累积了自己的优势资源，但这些优势资源并不足以使它独立完成新的技术成果的创造，或者说，仅仅通过自己手上的资源完成技术成果的创造并不是各主体的最优选择。因此，各主体选择区域研发联盟的方式，将各成员拥有的资源重新分配，实现资源的共享。

3. 分摊研发风险

研发活动本身就是一项高风险的活动，既有政治、经济和技术风险，又有经营、财务、市场等风险。各主体选择联盟的方式进行研发，既是希望通过联盟降低技术研发失败的可能性，又希望通过多成员的加入，把研发活动面临的风险进行分摊，增强自身抗风险的能力。

4. 共同利益导致的结果

对联盟共同利益的追求，会促使区域研发联盟的各个主体努力于促成合作关系的建立以及合作关系的维持。

1）企业促成合作的行为

前文中已经提到，当企业通过自身的资源无法完成技术创新或者通过自身的资源独立完成技术创新的成本过大时，企业会选择通过合作研发的方式来整合资源，获取技术成果。而企业在促成合作的过程中，具体包括以下行为：

① 选择最优合作伙伴。企业根据自身的需要以及对其他企业及机构掌握的信息情况，于一定的区域范围内，在处于供应链上下游的企业、同行业的竞争企业、高校及科研机构中，选择最优的合作伙伴。

② 维持联盟存在与发展。企业通过投入一定比例的研发经费、订立联盟契约、支付其他机构报酬等行为方式来维持联盟的存在与发展。

③ 促进联盟价值实现。企业要将技术创新的成果推向市场，促成技术成果市场价值的实现以及区域研发联盟的经济价值的最终实现。

2）高校与科研机构促成合作的行为

当加入区域研发联盟可以带来多方面的收益时,高校和科研机构会采取促进合作的行为,其行为方式主要包括:

① 提高科研能力。企业在选择合作伙伴的时候,一个重要的参考标准就是对方要具备较好的人才队伍和较高的科研水平。因此,高校和科研机构引进高素质的科研人才、提高自身的科研能力是其加入产学研联盟必备的准备工作。

② 努力产生技术成果。产学研联盟的绩效主要体现在技术成果的数量及技术成果产业化、市场化的能力上。联盟中,高校及科研机构的研究是以企业的诉求为出发点的,所产生的科研成果不仅要符合企业的初始要求,也必须考虑到成果投入量产、推向市场、转化为经济效益的长远需要。因此,产生高数量、高质量的技术成果是高校和科研机构维持联盟存在和发展的行为方式。

11.1.2 利益冲突

企业、高校和科研机构要符合经济学中"理性人"的基本假设,在联盟的发展过程中都会想方设法追求自身利益的最大化,而追求各自利益的最大化正是各主体间产生利益冲突的根源所在。

1. 企业在联盟中的利益最大化

企业期望通过参与区域研发联盟获得:① 其他企业或者机构的"技术外溢"效应;② 将联盟的技术成果转化为市场需要的产品,最终转换为经济收益,这是企业追求的本质利益;③ 提高顾客的忠诚度,建立自身的品牌优势,最终提升企业整体的综合竞争力。

2. 高校和科研机构的利益最大化

高校与科研机构的利益最大化与企业的利益最大化有所不同,前文中的分析也曾提到,其不仅包括经济层面上的利益,还包括非经济层面上的利益。具体包括:

(1) 获取物质支持或者经济报酬

物质支持或者经济报酬是企业从产学研联盟中收益的重要组成部分。企业获得的物质支持及经济报酬包括:企业方提供的捐款、成立的基金、捐赠的设备与其他研究设施、研发联盟契约或协议中约定的报酬、与企业共享的技术成果转化的利益成果、中央及地方政府的资金补助。这些物质支持或经济报酬,对高校及科研机构的发展起着非常重要的作用。

(2) 树立更好的社会形象

高校、科研机构的性质与企业存在一些区别。企业是完全盈利性质的,而高校与科研机构是非赢利的或者说是不完全赢利的。企业追求的是经济利益的最大化,高校和科研机构的收益在很多情况下不是仅仅以经济收益衡量的,社会形象对于高校和科研机构也有着非常重要的意义。良好的社会形象地树立,有助于高校和科研机构的知名度及社会地位的提高,有助于其获得社会、政府、社会团体的支持和理解。

(3) 推进内部改革,收获长远发展

高校和科研机构在参与产学研联盟的过程中,科学研究、科技开发的针对性更强,能够培养更多的复合型人才,有效调动科研人员参与产品开发、科研立项的积极性,将科研成果转化为市场收益的能力逐步提高,进以促进科研方式或教学方式的改革,使自身在更广阔的平台上获得更长远的发展。

11.1.3　利益冲突的具体体现

各研发主体之间的利益冲突既包括研发投入冲突、知识产权冲突、利益分配冲突等在多种研发联盟形态下都呈现出的主要冲突,又包括讨价还价冲突、竞争冲突、研究方向冲突等不同研发联盟形态下呈现出的特有冲突。

1. 主要冲突

本章认为,各研发主体间的合作研发活动会经历投入研发、合作运行和成果分配三个阶段,每个阶段中都存在着一个主要冲突。

(1) 研发投入的冲突

在研发合作中,前期的投入越大,所承担的风险也就越大。因此各研发主体在合作过程中都会尽量减少自己的投入,以减少自己在研发中的风险,搭合作伙伴的“便车”。

而专用性资产的投入冲突又是研发投入冲突中的一个突出表现。威廉姆森认为:专用性资产是指只能适用于特定用途,改作他用则价值低微甚至可能毫无价值的资产。根据这一定义,研发联盟中的专用性资产的投入是指为支撑特定的合作目标而进行的特定性投入,且该项投入改作他用就会大大的贬值。进行专用性投入一则很可能被合作伙伴套牢,二则其价值在利益分配时并不一定能得到很好地体现,因此,进行专用性资本的投入有很高的风险,各研发主体会尽量不进行专用性投资或者减少专用性投资的比例,以防止自己在研发合作中吃亏。

由此可见,研发投入的冲突成为各研发主体间的一个重要冲突。

(2) 知识产权冲突

知识产权是指权利人对其所创作的智力劳动成果所享有的专有权利。合作研发的过程中必然伴随着知识的共享,而知识共享则会引发各主体间的有关知识产权的各种冲突,这些冲突主要包括两种:

第一种是主体自有知识产权的共享与保护冲突。企业在合作研发过程中,不可避免的需要把自身拥有的知识产权提供给合作伙伴共享。一方面,知识的半公共产品的特性使得其他企业一旦获得这些知识就可以免费重复使用①,随着知识的模仿,知识产权提供方的竞争优势有可能会丧失;另一方面,虽然事先对于知识

① 何瑞卿,黄瑞华,徐志强. 合作研发中的知识产权风险及其阶段表现[J]. 研究与发展管理,2006,18(6):77-82.

共享的范围会有较为明确的规定，但是过程中这部分知识产权可能会被部分合作伙伴在合作项目之外继续使用，并且有可能因为部分合作伙伴的中途退出、核心技术人员的离职等因素而被扩散。

第二种是研发产生的新的知识产权的界定冲突。如果合作研发的活动取得成功，就会产生新的产品或工艺。那么，这一部分的知识产权该属于哪个主体？如果说这一部分的知识产权由各研发主体共同所有，那各主体的拥有比例或者说这部分知识产权产生的收益占有比例要如何确定？围绕这些问题，各主体间也必然会产生矛盾。

由此可见，知识产权上的冲突是各研发主体间的又一个重要冲突。

(3) 利益分配冲突

利益分配是指研发联盟的主体将通过联盟实现的收益(包括有形的物质收益和技术和专利权等无形收益)依照一定的分配方式进行分割和分配的过程①。

很多学者的研究都指出利益分配是研发联盟中主体面临的最突出的冲突。罗利、鲁若愚(2001)②认为利益分配是研发合作中矛盾最突出的一个问题，对合作关系的发展起决定作用；吕海萍、龚建立(2004)等通过实证研究证明约有50%以上的联盟因为利益分配不合理而导致失败③；骆品亮等(2004)则通过对"影响产学研联盟的主要因素"的调查指出，利益分配不当占了49%的比重④，在所有影响因素中所占比重最高；徐咏梅等(2007)则认为联盟成员之间利益分配方案的制定是影响联盟成功的关键因素，也是分歧最多的地方⑤。

由此可见，一个合理的联盟利益分配机制对于联盟的成败有举足轻重的影响。目前的研究中，联盟的利益分配机制主要有两种：一种是平均分配，一种是按比例分配。平均分配就是指无论联盟成员的投入比例、努力程度及贡献程度，对于联盟取得的收益进行平均分配；按比例分配就是指根据联盟成员的资源投入量、所承担的风险、努力水平及贡献程度等因素按照合理的比例对联盟的收益进行分配。Amaldoss⑥ 的研究发现，并行联盟研发成员在平均分配收益时的研发投入始终低于按比例分配时的研发投入；黄波⑦等认为，采取何种方式分配利益取决于投资收益率，投资收益率较低时按投入比例分配，在投资收益率较高时则平均分配。

---

① 刘影. 研发联盟中企业间博弈关系研究[D]. 哈尔滨：哈尔滨工程大学管理科学与工程专业，2010.

② 罗利，鲁若愚. Shapley 值在产学研合作利益分配博弈分析中的应用[J]. 管理科学，2001(15)：17-19.

③ 吕海萍，龚建立等. 产学研相结合的动力障碍机制实证分析[J]. 研究与发展管理，2004，16(2)：58-64.

④ 骆品亮，余林徽. 我国产学研合作的制约因素及其政策研究[J]. 上海管理科学，2004(6)：57-59.

⑤ 徐咏梅，钟拥军. 基于 Swarm 的企业战略联盟的结构演化仿真[J]. 科技管理研究，2007(3)：121-124.

⑥ Amaldoss W. Collaboration to compete[J]. *Marketing Science*，2000，19(2)：105-126.

⑦ 黄波，孟卫东，任玉珑. 基于投资溢出的并行研发联盟成员投资策略研究[J]. 预测，2009(2)：42-46.

必须看到,平均分配和按比例分配两种方式各有利弊。平均分配易于操作,但是会使增强联盟成员的投机意愿,导致道德风险;按比例分配有利于避免搭便车的机会主义行为,但在实际中很难精确计算每个成员的资源投入量、所承担的风险、努力水平及贡献程度等因素,可操作难度较大①。

由此可见,利益分配的冲突仍然是目前各研发主体间存在的、有待解决的十分重要的冲突。

2. 其他冲突

除了上述主要的利益冲突,不同类型研发联盟的主体之间还存在着一些特有的冲突。

(1) 讨价还价的冲突

讨价还价的冲突是供应链上下游企业进行研发合作时产生的特有冲突。

一个企业想要在竞争中取得优势,需要构建稳定且运行流畅的价值链,有时则需要与其价值链中上游或者下游的企业进行研发合作。一般来说,这种合作由一家制造商和多家供应商组成,旨在某种特定产品开发中存在的公共技术问题,制造商负责产品的总体开发设计,供应商则负责各种零配件的开发②。

供应链中,企业的讨价还价能力对于企业在供应链中的生存至关重要。具备市场势力的企业常常利用其优势地位,挤占其他弱小企业的应得利益,强势的零售企业可能对上游供应商压低成交价格,提出苛刻的配送条件等。这种冲突仍然会存在于研发联盟的过程中,并影响着各主体的研发投入及利益分配。

(2) 竞争冲突

竞争冲突是同行业竞争企业间进行合作研发时产生的冲突。

企业在意识到依靠自己的力量无法独立完成产品研发而寻求合作时,企业的竞争对手由于在研发目标上与它有着高度的一致性,往往成为它重要的合作伙伴之一。这种情况下,企业与它的竞争对手的关系,就由单纯的竞争关系演化为合作竞争的关系。

合作的产生并不意味着竞争关系的消失,合作关系的产生恰恰是为了争取在竞争关系中获得更大的优势。因此,即使共同完成新产品的研发,同行业竞争的企业在产品市场上仍然会刀剑相向,面临残酷的市场竞争。对于产品市场上竞争冲突的预计往往会影响这类合作主体的判断和合作决策。

(3) 研究方向及成果发布的冲突

研究方向上的冲突是产学研联盟中的一种突出的矛盾冲突。前文中提到过,

---

① 丁旭,黄波,孟卫东. 基于投资溢出的供应链研发联盟利益分配方式研究[J]. 预测,2011(5):48-53.

② 张军果,任浩. 供应链上下游企业合作研发博弈分析[J]. 华中师范大学学报(自然科学版),2007,41(2):206-210.

企业与高校、科研机构在研究目标上的追求是不尽相同的。企业更注重经济效益，因而看中研究成果的应用性，希望研究来的更为直接，而省去研究过程中包括基础研究在内的诸多中间环节；高校和科研机构希望在应用研究中同时实现学术上的重大突破，很多时候仍专注于基础性研究，其研究成果与企业的要求可能并不能实现完美对接。企业与科研机构在研究目标上的脱轨很容易导致二者在研究方向上的矛盾，从而导致双方在投入、利益分配多方面的更深层次的矛盾。

成果发布的冲突也是产学研联盟中存在的一种典型冲突。作为高校和科研机构，希望将研究成果发表，以获得社会和学界更多的认可；而作为企业，则希望将研究成果保密，以防止竞争对手的模仿，在竞争中获得技术优势。

除此之外，合作研发的主体在文化、组织架构、规章制度、沟通平台等诸多方面都有可能存在矛盾冲突，这里不作详细分解。

11.1.4 研发主体利益冲突的结果

各研发主体之间的利益冲突导致了各主体机会主义行为的产生。

机会主义是人的本性之一，"理性人"在追求自身利益最大化过程中由于"有限理性"，往往会有投机取巧的倾向。威廉姆森对"机会主义"给出的定义是：人们用虚假的或空洞的，也就是非真实的威胁和承诺来谋取个人利益的行为①。因此，机会主义的行为首先是一种追求自我利益的行为，其次是一种违背契约的行为。无论是企业还是高校和科研机构，当各自追求的利益目标不一致时，都会产生"利我"的机会主义行为倾向。

1. 企业的机会主义行为

① 隐瞒核心知识。在联盟中，各成员之间的数据和信息应该是要实现共享的。但是，在实际的联盟中，企业出于技术风险及商业安全等考虑，往往会将某些核心的知识，包括图纸、资料、说明书等予以保留；在企业数据库的开放上不完全，只开放某些通用性的知识，而隐藏一些专用型知识等。

② 虚报技术产品的销售、盈利等情况。有些企业为了在利益分配中分得更多的成果，往往借用信息的不对称，向对方谎报技术产品在市场上的销售及盈利情况。

③ "敲竹杠"行为。研发联盟中有一部分资产被称之为"专用性资产"，"专用性资产"是指只能适用于特定用途，改作他用则价值低微甚至可能毫无价值的资产。当联盟的某一方投资于这些专用性资产，另一方可能会以退出交易来尽可能增加其在联盟中的收益。

2. 高校和科研机构的机会主义行为

① 隐瞒或虚报技术方的真实信息。如：高校和科研机构隐瞒技术的不成熟

---

① 贺卫，伍山林. 制度经济学[M]. 北京：机械工业出版社，2003：34－37.

性、篡改专利号、夸大专利的有效性、夸大技术水平的评价度等。

② 在科研中努力程度不高。高校和科研机构虽然也是产学研联盟风险的承担者，但是由于其并不是研发经费的主要投入者，其联盟风险在很大程度上并不体现为直接的经济损失，且有些联盟契约或协议的订立不能对高校和科研机构产生有效的激励。因此一些高校和科研机构在科研的过程中表现懈怠，不能保质保量的完成产学研的科研任务。

11.2　制度设计主体的利益关系

各地方政府是区域研发联盟中制度设计的主体，其在区域研发联盟构建的过程中应该发挥积极的推动作用和强大的保障作用。但是，从前文中的分析中可知，地方政府在促进区域研发联盟中的表现并不理想。究其原因，除了其现有的制度设计机制上存在缺陷之外，另一个重要的原因则是各地方政府之间也存在日益加剧的冲突和矛盾，这从根本上使得地方政府在联盟构建中的作用被削弱。

11.2.1　共同利益

11.2.1.1　地方政府的共同利益目标

地方政府的共同利益目标是促进区域的共同发展。

地方政府是国家在地方行政上的政权机构，其在制定行为目标时，首先要符合中央宏观发展战略的大方向。在我国，加强区域经济合作已经成为国家经济发展的主流模式，而区域研发联盟是区域经济合作的一种新的方式。通过制度设计整合区域内的各种资源，实现区域自主创新能力的提升以及区域经济的共同繁荣，正逐步成为地方政府的重要职能之一。

11.2.1.2　共同利益的具体体现

1. 实现区域内资源的整合

各地方政府推动区域研发联盟的构建，是希望区域内的各种资源可以实现共享，使得区域内的资源的利用效率得到提高，从而打破区域资源的分布对于区域发展的种种限制。

2. 促进区域自主创新能力的提高

区域研发联盟的成功构建必然使得区域内企业及企业集群在更大范围内实现研发活动的合作，从而使得自身的自主创新能力得到提升。这种积极的影响不只是微观意义上的，对于区域而言，必然期望其整体的自主创新能力随着微观企业主体能力的提升而得到提升。

3. 区域经济的共同繁荣

区域内各类资源的整合、区域自主创新能力的提高必然会转化为生产力，对区域的经济繁荣产生巨大的推动力。长三角经济共荣圈的建立也就是希望通过区域的合作带来区域经济的繁荣发展，而区域研发联盟的构建正是实现这一目标的有效途径。

11.2.1.3 共同目标导致的结果

在区域共同繁荣目标的指引下，各地方政府通过各种方式来促进区域研发联盟的构建。具体的行为方式包括：

1. 颁布合作规划，引导联盟方向

为了防止区域研发联盟的各研发主体出现追求自身利益最大化的短期行为，地方政府会根据区域内产业当前调整和今后发展的需要颁布区域合作的规划，以明确企业、高校及科研机构的合作方向。自2004年以来，长三角各地方政府颁布的一系列区域发展规划便是很好的例子。

2. 制定创新政策，保证联盟建立

政策法规对区域研发联盟有直接调控作用，是区域研发联盟构建的制度保证。总体说来，长三角区域的创新政策包含财政引导政策、税收优惠政策、金融扶持政策、人才激励政策、知识产权保护政策等。江苏省由于企业不知道政策、政策吸引力不强、政策办理手续繁杂等因素导致部分政策没有发挥应有的作用。由此可见，政策的制定只是一个方面，政策的落实更为重要。

3. 设立专项资金，加大研发投入

地方政府为了降低企业技术创新的风险、缓解企业投资科研的资金压力、增加企业参与创新及区域研发联盟的积极性，往往设立一系列的专项资金。可以以江苏省为例加以说明。目前，江苏省的省级专项资金就包括自然科学基金、重大科技支撑与自主创新专项引导资金、重大科技成果转化专项资金、产学研联合创新资金、科技服务平台专项引导资金、苏北科技富民强县专项引导资金、中小企业技术创新资金、创投引导资金、节能减排专项资金、专利资助专项资金、专利实施资金、企业知识产权战略推进计划项目专项资金、重点产业调整和振兴专项引导资金等十三项资金。虽然从政策制定上，江苏省专项资金已渗透到企业自主创新与区域研发联盟的各个层面，但是从政策实施结果来看，江苏省企业的创新费用来源中政府资金只占2.91%，企业真正从政府获得的资金并不多。

11.2.2 利益冲突

11.2.2.1 地方政府利益冲突的根源

地方政府利益冲突的根源在于各地方政府对于地方利益最大化的追求。

地方政府及其官员也都符合“理性人”的一般假设，在实现区域共同发展目标的过程中，地方政府及其官员也都会追求各地方利益的最大化，争取在地方经济发展和官员个人政绩的比拼中脱颖而出。

11.2.2.2 利益冲突的具体体现

1. 地方发展竞争的冲突

地方政府是地方人民群众根本利益的代表，推动地方经济社会的跨越式发展是地方政府基本的利益目标。具体来说，地方经济社会的跨越式发展主要包括实现国民生产总值的目标、人均可支配收入目标、地方财政收入目标、产业结构目标、分配结构目标、对外贸易目标、公共服务目标、和谐幸福指数目标等。

在促进区域研发联盟构建的过程中，除了带来区域经济的共同繁荣，还加剧了地方经济发展的竞争，拉大了地方发展的差距，各地方政府有其独立的经济效益目标。当地方利益与大区域利益产生冲突时，地方政府的决策往往更倾向于地区经济的发展，其职能可能会在自身利益的驱使下被弱化。

2. 地方财政分担的冲突

地方在推动区域研发联盟构建的过程中会产生各种成本，包括合作目标的搜寻成本、合作缔结的谈判成本、签约履约成本、组织机构的运作成本以及监督成本等。这些成本需要各地方政府之间进行合理的分摊。

由于各地发展存在的差距，各地方政府在财政经费上也存在着很大的差距。即使各地方财政的水平趋于一致，各地方政府在财政分担的过程中，仍会期望能够尽量节约地方财政的开支，以最少的投入换来最大的收益。因此，这些成本在各地的分担成为各地方政府间的一个重要冲突。

3. 地方官员"个人政绩"比拼的冲突

地方官员是地方政府决策的主体，我们进一步将地方政府的行为目标细化到地方官员的层面。"个人政绩"是官员个人利益的一个集中体现。在现行的政府官员绩效考核体制下，发展地方经济成为考核地方官员政绩的主要指标，官员的升迁与当地经济发展息息相关，推动地方经济发展已成为官员追求"政绩"的重要手段。各地方政府官员比拼政绩的行为，必然带来地区合作中的冲突。一些官员急功近利、私欲膨胀，为了实现一己私欲，罔顾地方利益，更置大区域的利益不顾，有的甚至令个人的利益冲突上升为地方的利益冲突。

11.2.2.3　地方政府利益冲突导致的结果

地方政府的利益冲突导致了政府行为的缺失和越位，同样带来了地方政府的机会主义行为。

1. 地方政府毁约严重

我们发现，地方政府间区域合作行政契约的订立对地方政府的行为缺乏约束力，地方政府毁约严重。比如，有些地方政府对于不利于自身短期利益的合同就不认真履行；有些地方政府为了地方利益，擅自解除合同和承包协议。政府作为制度制定的主体尚且这般，其他主体的行为更是可见一斑。

2. 地方保护主义盛行

一些地方政府为了地方的局部利益，实行地方保护主义。比如，某些政府为了本地的经济发展和财税收入，禁止外地产品进入本地市场，保护本地企业的市场垄断地位，这种做法不仅不利于区域研发联盟进程的顺利推进，长远来看，也不利于当地企业自主创新能力的提升，更不利于地区经济的健康可持续发展。

共同利益推动合作关系的建立，而利益冲突则会导致合作关系的破裂。区域研发联盟各主体的利益冲突如果不能得到妥善的协调，必然会阻碍区域研发联盟的维持和发展。因此，区域研发联盟主体间利益关系的协调是我们面临的一个重要议题，也是本章的主要内容。

11.3　区域研发联盟利益协调机制的目标、原则和组织

11.3.1　理论基础

机制设计理论由里奥尼德·赫维茨于上世纪 60 年代最早提出。赫维茨(1960)把机制设计理论定义为：对于任意给定的一个目标，在自由选择、自愿交换的分散化决策条件下，设计一个合理机制，使得经济活动参与者的个人利益和设计者既定的目标一致。

根据上述定义，对于机制设计理论的理解可以从三方面入手：一是认可“经济人假设”，认为个体是可以自由选择、资源交换的，并且是利己、理性的；二是有效利用信息，有效利用信息具体又指诱使当事经济主体显示他们的真实信息、节约信息成本；三是合理决策，设计主体应该制定合理的方式、法则、政策条令、资源配置规则等使得个人利益和设计者既定的目标一致。

机制设计理论的一般流程如图 11－1 所示。

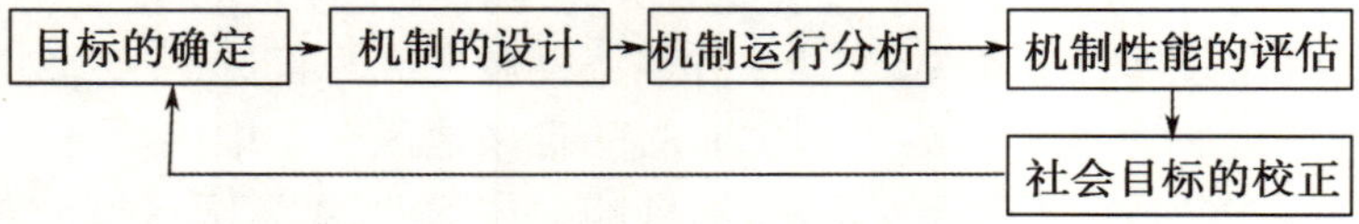

图 11－1　机制设计理论的一般流程

在上述流程中第一步是确定清晰的目标，在处理现实问题时，必须抓住事物的本质，忽略次要因素，使目标简化而明确；第二步是最优机制的设计，一个合理的机制应该使得参与者的个人利益和设计者既定的目标一致；第三步是对机制运行的分析，考查机制能否顺利运行，对机制实施进行可行性分析；第四步是对机制性能的评价，这一步是至关重要的，通过这一步，可以准确得知机制的价值所在；最后一步是社会目标的校对，这是在第四步的基础上进行的，如果最初设计的机制成本过高或副作用过大，就应该适当调整原来目标，达到成本效益的最大化。

机制设计理论主要包括激励相容、显示原理及实施理论三大重要内容。

11.3.1.1　激励相容

里奥尼德·赫维茨提出了激励相容的概念，他给激励相容的定义为：如果在给定机制下，如实报告自己的私人信息是参与者的占优策略均衡，那么这个机制

就是激励相容的①。

在现实中，个人利益与社会利益不一致是经常发生的。当信息不完全时，真实显示偏好不一定是占优均衡策略，当别人都选择显示真实信息时，选择显示虚假信息往往可以从中获利。将这一观点深化，则在信息不完全的情况下只有当显示真实信息可以获得收益时，参与人才会选择显示真实信息。那么，在制度或规则的设计者不了解所有个人信息的情况下，设计者要使其所制定的机制能够给每个参与者一个激励，使参与者在最大化个人利益的同时也达到了设计者所制定的目标，这就是机制设计理论中的激励相容。

激励相容是机制设计理论中的一个核心概念，也是实际经济机制设计中一个必须考虑的问题。

11.3.1.2　显示原理

显示原理是机制设计理论中又一个重要理论。显示原理出现于20世纪70年代，迈尔森在显示原理的提出中发挥了非常重要的作用。

在给定一个社会目标时，我们总是希望能够寻找到一个机制来实现这个目标，在这个过程中我们面临的一个最大难点就是我们可以选择的范围太大，往往不知从何处入手。迈尔森等人建立的显示原理对解决这个问题的贡献非常关键。显示原理表明，我们只需要考虑一类特殊的机制，如果从这类特殊机制中不能找到一个机制来实现我们的社会目标，那么任何其他机制也不能实现给定的社会目标。更重要的是，这类特殊的机制可以用一些数学表达式来刻画，这就使得机制设计问题可以转化为一个数学上有可能解的问题。

显示原理的发现极大地简化了机制设计问题，把复杂的社会选择问题转换成不完全信息博弈，为机制设计理论的进一步发展奠定了基础。

11.3.1.3　实施理论

机制设计理论面临另一个难题：一个为特定社会目标设计的机制可能产生多个结果，人们的社会目标只是多种可能结果中的一个，并且并不能保证这个机制的结果一定是设定的既定目标。而实施理论有助于解决这个难题。

一般认为，实施理论同样产生20世纪70年代，并被认为是对显示原理的完善，而马斯金对实施理论的形成起了奠基作用。1977年，马斯金在一次研讨会上提交了论文《纳什均衡与福利最优化》。在这篇论文中，马斯金提出了著名的“马斯金定理”，指出在一定条件下，人们可以找到实现社会目标的机制，而且该机制的结果一定和社会目标是一致的。马斯金所发现并证明的用纳什均衡来实施机

---

① Leonid Hurwicz. The Design of Mechanisms for Resource Allocation [J]. *The AmericanEconomic Review*, 1973, 63:33 - 35.

制的充分和必要条件①，为寻找可行的规则提出了一种新的标准，因此被认为是实施理论研究的基础。

实施理论不仅可以帮助我们理解什么样的社会目标是纳什可实施的，而且也提供了在其他均衡假设下研究一个社会目标能否被实施的基本技巧和方法。

11.3.2 目标

(1) 整体目标设定与目标分解

从第四章有关区域研发联盟主体的利益关系的分析中，我们知道，共同利益导致合作的成功，利益冲突导致了合作的失败。而每一个区域研发联盟的主体在共同利益和利益冲突的影响下，都会产生促进合作与背叛合作的两种行为倾向。

因此，我们建立利益冲突协调机制的整体目标是：促进合作的产生和持续，减少合作的背叛和破裂。

(2) 基于重复博弈理论的目标分解

这里，为了对利益协调的整体目标有更清晰的认识，我们将区域研发联盟中的对应主体纳入到一个简单的博弈模型中加以讨论，实现对区域研发联盟利益协调整体目标的分解。

1. 模型的基本假设

(1) 只考虑两个主体的情况

这里只考虑存在合作竞争关系的对应主体 A 和主体 B 进行博弈的情况，多个主体的情况可据此类推。假定在这个博弈中，双方具有完全的行为理性，各主体知道自己和对方每个决策的收益，并且依据对方的策略来选择自己的应对策略，在自身利益的最大化的目标下做出决策。

(2) 每个主体有相同的策略空间

无论是区域研发联盟中企业、高校和科研机构的合作，还是区域研发联盟中地方政府的合作，无论这些主体处于区域研发联盟的哪个阶段，假设各主体要么选择合作，要么选择背叛，则各主体的共同策略空间为(合作，背叛)。

(3) 主体不同决策下的联盟收益和主体收益

对于各主体不同决策下的联盟收益和主体收益作如下假设：a. 如果双方都选择合作时，双方收益相同，且联盟的总收益最大；b. 如果双方都选择背叛时，双方收益相同，则联盟的总收益最小，联盟稳定性最差，联盟面临失败；c. 如果某一方主体选择合作，而另一方选择背叛，则选择合作的一方获得的最小收益，而选择背叛的一方获得的最大收益。

(4) 主体采取在博弈中"冷酷战略"

---

① 朱慧. 机制设计理论——2007 年诺贝尔经济学奖得主理论评介[J]. 浙江社会科学，2007(6)：188-191.

博弈中的"冷酷战略"是指主体A在一开始选择合作，直到主体B选择背叛，则永远选择背叛，联盟破裂。主体同样采取"冷酷战略"。

2. 博弈模型的讨论

根据以上假设，我们建立主体A和主体B的博弈矩阵，见表11-1。

表11-1中，$G1$是双方都选择合作时的联盟收益；$G2$是一方选择合作另一方选择背叛时，合作一方的收益；$G3$是一方选择合作另一方选择背叛时，背叛一方的收益；$G4$是双方都选择背叛时的联盟收益。

根据假设3，$G3>G1>G4>G2$。

表11-1　主体A和主体B的博弈矩阵

主体B

		合作	背叛
		合作	背叛
主体A	合作	$(G1,G1)$	$(G2,G3)$
	背叛	$(G3,G2)$	$(G4,G4)$

(1) 一次或者有限次博弈的讨论

假设双方主体只进行一次博弈，那么模型将是一个典型的"囚徒困境"模型。博弈的结果存在唯一的纳什均衡解(背叛，背叛)，收益组合为$(G4,G4)$。这种情况下，不可能实现合作。

假设双方主体进行多次博弈，但是博弈次数为有限次。由于各主体可以预见博弈的次数，并且会在最后一次博弈中选择同于一次博弈的结果(背叛，背叛)，通过逆向归纳法推理下去，在有限次的重复博弈中，双方一开始就会都选择背叛。因此，在有限次的博弈中，合作仍然没有实现的可能。

(2) 无限次重复博弈的讨论

当博弈模型扩展为无限次重复博弈时，合作才有实现的可能。下面我们讨论合作实现并维持的条件。

由于是无限次重复博弈，将涉及到对未来收益的时间价值判断问题，即存在时间贴现因子。张维迎将贴现因子解释为参与人的耐心程度，贴现因子表示一个参与人的耐心程度，取值范围为(0,1)。时间贴现因子越大，说明参与人的耐心越好，若是等于0则说明参与人完全没有耐心。这里，为简单起见，设A、B双方的时间贴现因子相同且都为ε。

无限次重复博弈存在两种情况。

第一种情况是A、B双方都始终选择合作策略，则一方的总收益为：

$$\pi 1=G1+\varepsilon G1+\varepsilon^2 G1+\varepsilon^3 G1+\cdots=\frac{G1}{1-\varepsilon}$$

第二种情况是A、B其中一方先开始选择背叛，则会导致另一方永久性地选择背叛。这种情况下，最先选择背叛的乙方的总收益为：

$$\pi2=G3+\varepsilon G4+\varepsilon^2 G4+\varepsilon^3 G4+\cdots=G3+G4*\frac{\varepsilon}{1-\varepsilon}$$

合作实现的条件是，$\pi1>\pi2$，即$\frac{G1}{1-\varepsilon}>G3+G4*\frac{\varepsilon}{1-\varepsilon}$。 (1)

解不等式(1)，得 $\varepsilon>\frac{G3-G1}{G3-G4}$。 (2)

通过不等式(2)，我们可以看出：如果 ε 比$\frac{G3-G1}{G3-G4}$小的话，那么将会有主体对长远利益缺乏耐心，首先选择背叛的策略，主体利益与联盟利益的不统一将导致合作破裂；如果 ε 比$\frac{G3-G1}{G3-G4}$大的话，那么合作中的主体将会更看重与联盟的长远收益，一直选择合作的策略，将合作关系一直维持下去。

3. 利益协调的目标分解

观察不等式(2)，我们进一步发现，促进合作实现和持续有三种方法：① 增大 ε 值；② 增大 $G1$ 值；③ 降低 $G3$、$G4$ 值。

据此，本章将利益协调的整体目标分解为：① 增加成员之间的信任；② 减少合作的成本，增加合作的收益；③ 增加背叛的成本，减少背叛的收益。

针对上述三个目标，在机制设计中，要设置激励机制，以达到增加成员之间的信任，减少合作的成本，增加合作的收益的目标；同时，要设立制约机制，以达到增加背叛的成本，减少背叛的收益的目标。

11.3.3 原则

政府在进行机制设计时，要解决的一个问题是：如何根据自己所掌握的信息来对区域研发联盟的各主体进行奖惩，以使联盟主体的行动与自己设定的社会目标相一致。为此，我们可以构造一个简单的模型，导出在区域研发联盟主体利益协调机制设计时需要遵循的原则。

令 Y 为政府的总收益，X 是联盟主体所有可能的行动集合(劳动努力程度)，x 是其中一个元素。当联盟主体付出某一努力程度 x 时，y 与 x 之间存在高度正相关，其函数关系为：$y=f(x)$；S 为联盟主体付出努力获得的收益，则 $S=s(x)$，C 是联盟主体付出努力的成本，则 $C=c(x)$；同时，为了鼓励联盟主体付出努力，S 通常还与 y 有关，则 $S=s(y)=S[f(x)]$；U 为联盟主体不付出努力时也能获得的效用水平。

作为政府，当然希望研发联盟主体首先要愿意付出努力，其次要愿意付出最优努力。那么政府就必须对区域研发联盟进行激励，在这个过程中需要考虑到的必须遵循两个原则：(1) 联盟主体付出努力时的净收益必须不低于其不付出努力也能得到的收益，这是参与约束；(2) 政府所满意的联盟主体的最优努力程度也是给联盟主体自己带来最大净收益的努力程度，这是激励相容约束。

在模型中，上述两个约束可以表达为：

$$S[f(x)]-C(x)\geqslant U \tag{3}$$

$$S[f(x^*)]-C(x^*)\geqslant S[f(x)]-C(x) \tag{4}$$

在不等式(3)中，最优解 x^* 可以通过求解在(3) 式约束下的利润 $y(x)-s[y(x)]$ 的极大值时得到。

当满足不等式(4)中，x 取 x^* 的时候，研发联盟主体也能获得自身利益的最大化，因此会选择政府认为满意的 x^*。那么，政府的机制设计就达到了设定的社会目标。

上述两个约束条件，就是政府在机制设计中需要遵循的两个基本原则。

11.3.4　组织

本章认为，无论是要协调各地方政府间的利益冲突还是协调各研发主体间的利益冲突，都需要建立一个跨地区的区域统一管理机构，以实现长三角地区跨区域的统一管理。在这一点上，我们可以借鉴国外经济合作组织的有益经验。在发达国家，解决这种跨区域合作问题的普遍做法是建立相应的跨区管理机构，如“区域建设委员会”、“城市联合委员会”等①。

因此，本章认为有必要建立一个统一的长三角管理机构，我们可以称之为“长三角区域合作委员会”。设立“长三角区域合作委员会”时，我们要明确委员会的职权，委员会的机构设置，委员会的工作机制。

11.3.4.1　委员会的职权

从职权上来看，“长三角区域合作委员会”应该是介于各地方政府与中央政府之间的行政组织，其对地方政府享有领导权，并直接对中央政府负责；其制定的行政法规、章程、制度、公约具有法律效力，对地方政府具有约束力。

本章认为可由长三角区域合作委员会牵头，各地方政府代表及专家学者广泛参与下制定长三角区域合作协议。

协议由各地方政府自由签订，协议中对协议成员可以享有的经济、政治、法律等方面的优惠政策给予规定，对协议成员违反协议行为的惩罚措施也进行明确的规定。

协议具有法律效力，由长三角区域合作委员会监督执行。对于合作中出现的协议中未规定的争议，仲裁权归长三角区域合作委员会所有。

---

① 韦默主编. 制度设计[M]. 费方域，等，译. 上海：上海财经大学出版社：2004：10 - 11.

11.3.4.2 委员会的机构设置

从机构设置上来看，主要包括行政首长委员会，首长委员会下设常务委员会、专家委员会、立法委员会、监督委员会，委员会下设各职能机构。

区域行政首长会议的主要人员由国务院下派领导人与各地方政府最高领导人共同构成，主要制定区域合作总体规划、统筹领导长三角区域合作，统一协调合作中的各项矛盾等；常务委员会成员由区域行政首长会议委任，主要负责区域行政首长会议闭会期间的日常事务，是区域行政首长会议的常设机构，下设各职能部门，负责区域的发展改革、交通、科技、立法、监督等各项活动，其人员可在各地方政府职能部门中选择优秀人才担任，但不得与地方政府工作人员兼任；专家委员会的成员主要由各高校、科研机构推荐优秀专家、学者担任，下设各项专业咨询机构。

11.3.4.3 委员会的工作机制

“长三角合作委员会”的工作机制是每年召开两次区域行政首长会议，上下半年各一次；区域行政首长联席委员会议每年召开两次，每年上半年和下半年各召开四次常务委员会工作报告会议，每个季度各一次；专家委员会除了参与区域行政首长会议、常务委员会工作报告会议之外，根据实际情况不定期召开，对区域经济合作中出现的实际问题进行实地调研、分析论证，形成可行性研究报告。

11.4 区域研发联盟的利益协调机制的构建

通过前文的分析，首先，我们明确了机制设计过程中要解决的两大问题：第一，是不完全信息条件下的信息显示问题；第二，是区域研发联盟微观主体的激励相容问题。然后，我们明确了利益协调的三大目标：第一，增加成员之间的信任；第二，减少合作的成本，增加合作的收益；第三，增加背叛的成本，减少背叛的收益。最后，我们明确了机制设计的两大原则：第一，是参与约束，即联盟主体付出努力时的净收益必须不低于其不付出努力也能得到的收益；第二，是激励相容约束，即政府所满意的联盟主体的最优努力程度也是给联盟主体自己带来最大净收益的努力程度。

据此，本节提出区域研发联盟主体间利益协调的信息显示机制和激励相容机制。

11.4.1 信息显示机制

这一部分机制设计的目的在于使区域研发联盟中的各主体都能显示自己的真实信息，增强区域研发联盟主体之间的信任。通过信息显示机制，区域研发联盟中的地方政府、企业、高校和科研机构都发现在联盟的过程中，显示真实信息可以获得好处，而隐瞒真实信息将失去获得这种好处的机会或者将受到惩罚。

11.4.1.1　建立合作项目信息登记制度

本章认为，在构建区域研发联盟时，每一个合作研发项目都应该到“长三角合作委员会”进行详细信息的登记。合作项目的信息登记有助于政府部门了解项目各方在合作之初的真实信息，并对各个合作项目进行有效的跟踪。

1. 合作项目信息登记制度的基本规定

在进行合作项目登记时，合作各方需提供自身的真实信息，“长三角合作委员会”会有专门的人员对信息的真实性进行审核；合作方需提交有关项目的真实信息，包括项目的背景、项目的技术信息、项目合作协议等等；合作方还应提交一定金额的保证金作为在项目运行过程中履约的保证，如果项目运行的过程中各合作方无机会主义行为，则保证金如数退回，否则保证金不予退回；逃避登记的合作项目，一旦发现将处以一定金额的罚款。

合作项目信息登记制度是一种强制执行制度，但出于各种原因的考虑，合作各方仍然有逃避这一制度的可能性。因此，我们需要给各合作方以参与登记的激励，那么逃避这一制度的主体就失去了获得这一激励的机会，也就是说逃避制度是存在机会成本的。

2. 合作项目登记的政策激励

首先，政府为登记项目提供专业的第三方保证及仲裁。能够作为第三方实施的机构有政府机构、非官方行业协会、大学研究机构、盈利性的第三方企业等。本章认为，由政府来充当第三方实施与仲裁的角色是最具公平性、强制力与效率性的。政府应该通过立法或者司法程序来弥补不完全契约造成的无效率，相关的立法、司法工作应当由政府部门的相关职能机构完成；除此之外，政府还应该组建专业的第三方担保与仲裁机构，来处理联盟成员间的违约问题以及争议处理。政府提供的第三方保证及仲裁实际上相当于对各研发主体的缔约及履约成本进行分摊，并以政府的强制力与公信力作为保障。这使得各合作主体完全有理由相信合作的可靠性，从第三方保证的层面增加了各研发主体间的相互信任。

其次，政府为登记项目提供财政和融资上的优惠。项目合作方只有先向“长三角合作委员会”进行信息登记，才可以提出获得政府财政及政策性融资的申请。政府在进行财政拨款及政策性融资时，将不以单个主体作为考察指标，而是以合作项目为基础对所有参与主体的总体进行考察。这样，进行合作项目登记增加了项目获得政府资金支持的可能性，而不进行登记的合作项目则失去这种可能性。

11.4.1.2　建立政府的合作信用制度

在我国，个人与企业的信用制度都逐步地建立起来。个人的信用记录对于个人的升学、就业、社会认可等方面都有很大的影响；而对于企业而言，企业的信用直接关系到企业在消费者心目中的形象，从而对企业的收益会造成很大的影响，《公司法》、《合同法》、《刑法》等法律条文中也都有相关的规定。然而，对于政府而言，其在地方政府合作中的违约行为并未被公众所重视，社会对于政府在区域合作中的信用问题关注的不多。因此，我认为，应该把政府在区域合作中的信用行为也纳入到整个信用体系中去，加大公众对政府合作行为的关注，逐步建立地方政府合作的信用记录。

本章认为，该档案的创建应该由长三角区域合作委员会的监督部门完成，其信用记录的内容应该定期向民众公布。并且，信用记录应该是“终身制”的，信用记录上的污点将会一直跟随政府违约行为的主要负责人。

地方政府合作信用制度的建立将会增加地方政府的显示虚假信心的成本，因此可以对地方政府显示真实成本产生激励。

11.4.1.3 建立企业、高校和科研机构的合作信用制度

与建立地方政府的合作信用档案相对应的，政府还应该完善企业、高校和科研机构的合作信用制度，并以此作为企业、高校和科研机构获得各项社会认可与支持的评判依据。

如果企业在合作中提供虚假信息，那么其合作信用会被减分。合作信用的分数会被作为企业融资、上市及获得业内荣誉的重要参考。

如果高校、科研机构在合作中提供虚假信息，其合作信用同样会被减分，其信用的分数将会直接影响到高校、科研机构的级别认定、高校的社会声誉以及国家重大科研项目的申请。

并且，主体的信用档案是跟随主体的存在而一直保留的，是“终身制”的，主体某一次的虚假信息提供，将会对其今后整个的发展造成持续的恶劣影响。

企业、高校和科研机构的合作信用制度的建立将增加各主体提供虚假信息的成本，并且造成持续的消极影响，这实质上也是对企业、高校和科研机构显示真实信息产生激励。

11.4.1.4 完善各级政府的信息披露制度

除了直接的研发成本，信息成本也是一种十分重要的成本。在前文的分析中，我们提到：只有12.7%的企业家认为政府提供的信息非常重要，28.45%的企业家认为政府提供的信息对企业的创新构思影响程度低，25.54%的企业家认为政府提供的信息没有影响。政府为企业提供的信息不多，且信息的有效性不高。

因此，完善各级政府的信息披露制度、构建更准确及时的信息平台应该作为政府今后的一个努力方向。政府应该成立专门的信息部门，提高部门信息收集与分析的能力，并及时向公众发布有效信息；其次，政府应该全面构建政府电子信息化工作平台，在提高政府工作透明化的同时，也进一步增加各研发主体获得有效信息的途径。

政府信息披露制度是对各研发主体显示其真实信息的一种补充，当研发伙伴在合作过程中不愿意显示其真实信息时，政府披露的信息将作为主体决策的重要参考。

11.4.2 地方政府的激励相容机制

激励相容机制的目的在于激励区域研发联盟的主体选择有利于合作的策略，从而防范主体的机会主义行为。激励相容机制分为激励机制和制约机制。激励机制的目标在于减少主体的合作成本、增加主体间合作的收益，制约机制的目标则在于增加主体的违约成本，减少各主体的违约收益。

地方政府的激励相容机制

1. 地方政府合作的激励机制

(1) 加大中央政府的财政支持

在前文的分析中，我们知道合作中地方财政的分担是各地方政府之间一个很重要的冲突，也是地方政府合作成本的一个很大方面。中央政府的财政支持包含两个方面：第一，加大对区域合作的财政经费的划拨，各地方政府的财政压力会极大地减少，因此而产生的地方经费分担矛盾自然也可以在很大程度上得到缓解；减少地方政府的税收缴纳额度，税收的减少也会直接带来地方财政收入的增加。

当然，这并不是要求中央政府承担区域合作的所有经费，这不现实，也无必要。中央政府的合作经费的划拨是按照一定的比例的，这一比例的确定可以根据区域经济发展的全国排名、区域税收在中央财政收入中的贡献度、区域研发联盟的数目质量、区域高校科研机构的科研贡献度等因素划定权重综合决定。这样，既缓解了地方政府、区域政府的压力，又可以大大地调动地方政府和区域政府的积极性，推动区域合作特别是区域研发联盟的开展，从而增加区域合作的经济激励。

(2) 建立区域合作专项基金

中央政府的拨款只是区域合作经费的一部分来源，在现实中可能还不足以满足区域合作的全部费用要求。要想缓解各地方政府财政分担上的矛盾，建立区域合作基金，特别是区域研发联盟构建基金是一个很好的选择。

首先，区域合作基金的建立可以减少各地方政府财政摩擦的次数。以往的地方财政分担摩擦是随着合作项目的发生而产生的，在每一次的合作项目中都有可能导致地方财政上的矛盾，而区域合作基金是基本上是由各地方政府视基金使用情况不定期缴纳的，基金的缴纳次数绝对会少于合作项目的开展次数。因此，从这个意义上说，区域合作基金的建立减少了地方政府的财政的摩擦次数。

其次，各地方政府的区域合作基金的缴纳可以根据地方的财政收入按一定比例缴纳，这样可以相对缓解财政实力较弱的地区的压力；基金投入的收益也并不随每个项目而进行分配，而是从年度核算的金额中拿出一定的比例，按照区域合作基金缴纳的比例发放给各地方政府，这样也可以使基金缴纳比例较高的地方政府可以获得其相应的回报。如果区域合作的项目的收益很高的话，其盈利的一部分很有可能在很长一段时间内满足区域合作经费的需要，各地方政府也可以减少缴纳基金的次数和数额，这也再一次产生了区域合作的激励。

当然，在进行基金收益的年度分配时，是应该考虑到利率、通货膨胀率等金融、经济因素的影响，这样的分配才是更为公平和有效率的。

(3) 增加区域合作贡献度为地方政府政绩考核加分项

前文中提到，地方政府及其官员政绩上的比拼是地方政府间的又一大冲突点，在很多情况下导致了合作关系的静止不前甚至是破裂。因此，对地方政绩的考核指标进行合理修正同样可以缓解地方政府间的冲突，产生对地方政府合作的激励。

本章认为，现有的地方政绩考核指标虽然涉及经济、社会、文化、科技、人才、资源等各个方面的考察①，但是这些方面均是对地方政府行政区划内指标的考察，而不涉及地方政府对区域合作(特别是区域研发联盟)贡献度的考察。据此，我认为可以把地方政府对区域合作(特别是区域研发联盟)的贡献度加入地方政绩的考核指标之中。贡献度指标考核包含两个含义：第一，区域合作(特别是区域研发联盟)的成功是前提，只有在这个前提下才加分；第二，地方政府的贡献度为正才加分，这一点是显而易见的。

地方政府对区域合作贡献度的数值可以根据地方上企业、高校和科研机构加入区域研发联盟的项目数、成果数及总收益占总数的比例加以综合评判。

地方政府对区域合作的贡献度既可以加强各地方政府对共用利益的追求，也降低了地方政府政绩争夺战的惨烈程度。从某种程度上来说，地方政府对于合作的态度与支持力度也成了政绩的考查对象，促进合作的“收益”对于地方政府而言已不局限于经济收益。

2. 地方政府机会主义行为的约束机制

要想增加地方政府背叛的成本，减少背叛的收益，对于地方政府违约的惩罚力度一定要加强。本章认为，建立地方政府合作信用记录、加大政府违约的经济惩罚、将政府违约作为地方政绩考察的减分项，增加了地方政府的声誉维护成本、经济成本及政治成本，使得地方政府违约的收益减少。

(1) 加大对地方政府机会主义行为的经济惩罚

地方政府在合作中的违约行为不仅会造成其信用记录的污点，也会带来直接的经济损失。本章认为这里的经济损失包含两层含义：第一，一旦地方政府违约，其前期投入合作的经费将拒不退回；第二，除此之外，长三角区域合作委员会还可以根据地方政府违约情节的轻重，对地方政府处以罚款。

经济惩罚将会是最直接、最立竿见影的出发手段，会直接加大地方政府的违约成本，减少其违约收益。

① 刘凤朝，施定国，潘雄峰. 东北区域创新体系建设的行政协调体系研究[J]. 科技进步与对策，2005(10)：36－39.

(2) 将地方政府在区域合作中的机会主义行为作为地方政绩考察的减分项

与增加区域合作贡献度为地方政府政绩考核加分项相对应，如果地方政府在区域合作中选择背叛，那么它也应该为自己的违约行为付出政治代价。

将地方政府在区域合作中的违约程度纳入地方政绩考察的减分项直接增加了地方政府违约的政治成本。地方政府在区域合作中的违约程度可以根据违约项目的数目、造成的损失、带来的后续负面影响等多个指标综合考虑。

11.4.3　研发主体的激励相容机制

在展开这一节内容之前，首先需要说明的是，本章的分析并不涉及企业、高校和科研机构等微观主体在区域研发联盟中该如何投入、如何分担风险、如何分配利润等具体方法，事实上这方面的研究已经非常之多。本章旨在从政府的角度给出一个机制设计的框架与方向。

1. 研发主体合作的激励策略

(1) 增加对合作研发项目的经费投入，加大对合作创新成果的奖励

在前文的分析中，我们提到：企业的创新费用中，政府资金占 2.91%，减免税占 2.22%，金融机构贷款中的政策性贷款占 0.77%，由此政府对企业新的资金支持只占企业创新费用的 5.9%，企业从政府获得的资金支持很少。

因此，政府首先应该增加对合作研发项目的经费投入比例，这属于事前支持。经费可以直接从区域合作基金中划拨，由企业提出申请，相关部门组织专家对申请进行审查，根据项目本身的质量对经费进行批复。

再者，政府可以加大对合作创新成果的奖励，这属于事后支持。如果合作创新的成果达到了一定的标准，对于整个行业和国家的产品和工艺水平的提高都有重大意义的话，政府应该给予奖励，成果意义越大，奖励的力度应该越大。

(2) 加大区域的教育和科技投入，提升高校与科研机构的研发能力

高校和科研机构是产学研联盟重要的参与者，也是区域研发联盟中最主要的技术供给方。可以说，高校和科研机构的研发能力对于合作收益的实现有着直接的影响。因此，提升高校与科研机构的研发能力意义也十分重大。

对于高校和科研机构，政府首先要加强教育和科技经费的投入，使高校和科研机构有更好的科研环境和资源；其次要拉动高校、科研机构与企业的联系，使其人才资源的实践能力更强，其研究的方向更易于转化为实际的生产力；再者要加大对高校和科研机构的考核力度，激发其产生科研成果的动力。

当然，高校和科研机构的研发能力、企业吸收能力的提高主要还是依靠微观主体自身的努力，但是政府的政策可以对其进行很好的引导，对于提高联盟的合作收益会有一定程度的帮助。

(3) 完善产业政策，指明研究的市场方向

前文中还指出：长三角地区目前存在较为严重的产业同构现象，江浙沪三地

主导产业也高度重合；而区域研发联盟构建的实际情况来看，长三角各地区也都主要是集中在通信设备、计算机及其他电子设备制造业、电气机械及器材制造业等行业。这就会带来使得区域研发联盟中的重复投资增加，造成资源的浪费，并加剧联盟成果在产品市场上的竞争，从而使得合作的收益减少。

因此，政府必须进一步完善产业政策：对区域内的产业发展进行更合理的规划，重新确定各地区的优势产业，引导各地区发展自身的优势产业，缓解长三角地区的产业同构现象；对区域内研发联盟的构建提供方向上的指引，搭建不同地区之间优质资源的合作平台，是合作项目更能符合市场化和产业化的要求。

产业政策的进一步完善将使合作研发的项目成果更容易转化为市场产品，实现经济收益的提高。

2. 各研发主体机会主义行为的约束策略

(1) 完善竞争立法，规范产品市场竞争行为

遏制研发联盟主体间的恶性竞争、过度竞争，规范市场竞争环境，是政府增强研发主体间相互信任的另一个举措。

在区域研发联盟中，由同行业企业组建的研发联盟中合作成员的竞争关系最为直接和激烈。由于同行业企业最终将在产品市场上兵戎相见，其在产品市场上的竞争行为会直接影响到合作中的双方信任问题，因此，规范产品市场的竞争行为是可以增强主体间信任的。

政府应该完善竞争立法，对企业在产品竞争市场上的行为提出高位规范的要求，对于企业恶性竞争的行为实行更为严厉的制裁，只有这样，才能在产品市场上建立一个良性竞争的循环，使得企业间合作的信任机制及其默契程度大幅度的提高。

(2) 加大对主体违约行为的经济处罚

研发主体选择违约，是因为违约能够为其带来收益，并且这一收益的预期大于合作的收益预期。因此，政府首先应该加大对研发主体违约的经济处罚力度。这样，一旦主体选择违约，其不仅导致其之前缴纳的保证金无法收回，在此基础上，还要支付更高的费用。这种直接的经济制裁会对主体产生威慑，使主体不会轻易选择违约。

(3) 完善知识产权保护政策，增加主体侵权成本

各研发主体在合作研发中的很多违约行为是围绕知识产权展开的。回顾前文的内容，各主体知识产权上的冲突包括主体自有知识产权的共享与保护冲突和研发产生的新的知识产权的界定冲突。为解决这些冲突，政府应该进一步完善知识产权保护政策。

首先，政府应该对于主体原有的自有知识产权的使用的范围进行更准确的定位，一旦其自有知识产权在合作中被另一方超出合理范围使用，就要对其超出适用范围获得的收益进行没收，并加以惩罚，对被侵权的主体经济补偿；其次，政府

对于合作研发新产生的知识产权的界定应该有更明确更合理的界定，这样，新知识产权获得的收益将会得到更合理的分配，由此产生的争议也会减少，争议产生之后的解决也有了更明确的依据。

由此，知识产权保护政策的完善提高了企业违约的成本，将在一定程度上减少主体的背叛行为。

11.5　本章小结

本章以机制设计理论作为理论基础，明确了长三角区域研发联盟主体间的利益协调机制的目标、设计原则以及组织，并给出了主体利益协调的信息显示机制和激励相容机制。

信息显示机制的目的在于使区域研发联盟中的各主体都能显示自己的真实信息，增强区域研发联盟主体之间的信任，主要包括建立合作项目信息登记制度、建立地方政府、企业、高校和科研机构的信用制度、完善各级政府的信息披露制度。

激励相容机制的目的在于激励区域研发联盟的主体选择有利于合作的策略，从而防范主体的机会主义行为可分为激励机制和制约机制。地方政府的合作激励机制包括加大中央政府的财政支持、建立区域合作专项基金、增加区域合作贡献度为地方政府政绩考核加分项；地方政府机会主义行为的约束机制包括加大对地方政府机会主义行为的经济惩罚、将地方政府在区域合作中的违约程度纳入地方政绩考察的减分项；企业、高校和科研机构的合作激励机制包括增加对合作研发项目的经费投入、加大对合作创新成果的奖励、加大区域的教育和科技投入、完善产业政策、指明合作项目的市场方向；企业、高校和科研机构的机会主义约束机制包括完善竞争立法、规范产品市场竞争行为、加大对研发主体机会主义行为的经济处罚、完善知识产权保护政策、增加主体侵权成本。

第12章　从区域研发联盟到国家创新战略：技术无限供给条件下企业创新行为

加入WTO以后，中国制造业企业加入全球价值链，企业创新活动面临了新的参数环境，本章在技术无限供给条件下提出一个后发国家中企业创新的规模异质性假说，揭示了后发国家，尤其是中国的企业创新行为特征依赖于企业生产所面临的产品需求的价格弹性、自主研发与引进技术所需资本支出的利率弹性的特定取值下竞争行为选择。理论与计量研究发现，与西方国家企业创新有显著不同的是：后发国家的企业进行产品与工艺创新活动的意愿随着企业规模增加而逐步增强；小企业更偏向于自主研发和原始创新，大企业更偏向于引进技术和吸收消化再创新。中等规模企业兼顾自主研发和引进技术。促进中国企业自主创新的政策在小企业和部分中等规模企业中重点是降低其进入中间产品生产与自主研发支出的成本，鼓励其原始创新，在大企业和部分中等规模企业中侧重于加快引进吸收消化再创新，尽快赶上技术前沿。

12.1　问题的提出

自熊彼特提出“经济发展就是创新”命题以来，技术创新作为发达国家经济增长的重要源泉，企业层面技术创新在发达国家之间呈现出不同的特征得到了广泛的研究。后发国家要实现持续经济增长，依赖于什么样的技术创新？企业创新呈现出怎样的有别于发达国家的特征？本章以中国作为后发国家的代表，从理论与实证研究给予明确地回答。

发达国家技术创新经常“创造性破坏”的特征，是一个共识，这意味着，发达国家技术处于领先地位，前沿技术一旦在市场经过模仿、扩散，便进入利润微薄的竞争状态，这就要求企业进行更前沿的技术创新。对于这些国家的企业来说，新技术的供给总是稀缺的，有限的。这些技术创新通常是拥有自主知识产权和原始创新，本章称之是企业在技术有限供给条件的创新。以美国为例，Acs and

Audretsch(1998)①、Cohen and Klepper(1996a,1996b)②③、Akcigit and Kerr (2011)等研究得出，小企业的创新通常是原始的新产品创新，应用最前沿的技术。当新技术成为主流技术时，产业组织进入成为大企业主的结构，创新变成了以工艺创新为主要特征。

对于后发国家的技术创新，Gerschenkron (1952)④、金麟洙与尼尔森 (2011)⑤、Bogliacino 等 (2011)⑥等研究认为，由于与发达国家存在技术差距，不是原始创新，而是对发达国家的存量技术和新技术的引进、模仿和消化吸收。只要引进、模仿和消化吸收的速度快于发达国家技术创新速度，经过一段时期就会赶上技术前沿。日本、韩国的发展经历验证了这一个判断，从 Lee 和 Kang (2007)⑦、Inui 等 (2008)⑧、Jung 和 Lee(2010)⑨的研究中得出，后发国家通常依赖于大企业(集团)进行引进、模仿、消化吸收和追赶前沿技术，这是因为大企业存在规模经济和范围经济，为可持续的技术引进和 R&D 提供足够的资金支持。大企业因此表现产品创新的倾向，小企业为之产品配套，进行以工艺完善为主的创新。其中对以显性知识为主的技术模仿和追赶容易缩小后发国家与发达国家之间的差距，而在以隐性知识为主的技术模仿和追赶中差距始终存在。

中国作为后发国家在进入全球化产业分工时，除了采取了日本、韩国等早期后发国家依赖于大企业的技术创新策略之外，又经历了技术前沿的制造业企业利用全球价值链在发达国家和后发国家之间分工，将中国企业纳入其广泛的中间产

---

① Acs, Zoltan and David Audretsch. Innovation in Large and Small Firms: An Empirical Analysis [J]. American Economic Review, 1998,78(4): 678-690.

② Cohen, Wesley and Steven Klepper. A Reprise of Size and R & D[J]. Economic Journal,1996a, 106(437): 925-951.

③ Cohen, Wesley and Steven Klepper. Firm Size and the Nature of Innovation within Industries: The Case of Process and Product R&D[J]. Review of Economics and Statistics,1996*b*: 232-243.

④ Gerschenkron, A. Economic Backwardness in Historical Perspective. In: Hoselitz, B. F. (Ed.), The Progress of Underdeveloped Areas[M]. Chicago: University of Chicago Press.

⑤ 金麟洙(Linsu Kim)，理查德·R. 尼尔森(Richard R. Nelson). 技术、学习与创新：来自新兴工业化经济体的经验[M]. 吴金希，戴德余，译. 北京：知识产权出版社，2011.

⑥ Bogliacino Francesco, Giulio Perani, Mario Pianta and Stefano Supino. The evidence from innovation survey[J]. European Journal of Development Research, Innovation and development, 2011.

⑦ Lee Keunjae, Sang-Mok Kang. Innovation Types and Productivity Growth: Evidence from Korean Manufacturing Firms[J]. Global Economic Review, 2007,36(4): 343-359.

⑧ Inui Tomohiko, Atsushi Kawakami and Tsutomu Miyagawa. Do Competitive Markets Stimulate Innovation? An Empirical Analysis Based on Japanese Manufacturing Industry Data[J]. RIETI Discussion Paper, 2008, 08-E-012.

⑨ Jung Moosup and Keun Lee. Sectoral systems of innovation and productivity catch-up: determinants of the productivity gap between Korean and Japanese firms[J]. Industrial and Corporate Change, 2010,19(4): 1037-1069.

品加工体系。中国企业出口产品的复杂度与发达国家呈现趋同的特征①②。尽管中国高技术产品出口中高附加值部分是有外资企业主导，中国企业更多地是“跟上(Keeping up)”世界技术前沿③④，但是不容否认，中国企业能够接触到的高水平技术、新技术呈现几何级数的增长。中国企业可以不需要再对这些技术从头开始研发获得，可以直接模仿、进入其产品加工体系。在这个条件下，无论是小企业，还是大企业都可以进入这个中间产品生产体系，既可以进行工艺创新，也可以进行产品创新，既进行技术引进、模仿和消化吸收，也进行再创新和自主创新。在追赶到技术前沿时，将遭遇到处于技术前沿的企业竞争。如果中国企业自主研发新技术与处于技术前沿的发达国家企业自主研发相比较还是较少、技术差距还是存在的，那么处于技术前沿的发达国家企业可以再利用投资、贸易自由化与中国企业竞争，将其产品加工体系伸入到中国企业当中。因此，本章将后发国家企业始终面对的前沿技术供给，以及始终在前沿技术研发上与发达国家之间存在一个落差，称之为面临着“技术无限供给”的约束条件。这个约束条件会让中国企业创新呈现什么特征呢？如果小企业和大企业都在进行工艺创新和产品创新，那么是否存在中等规模企业创新这一过渡特征？在接近技术前沿时，是否会出现重复地“追赶—模仿—修补性的创新”周期？

这些问题都将在本章构建的技术无限供给条件下企业创新博弈模型中得到解释。基于该模型参数条件的变化，本章提出一个技术创新的周期性围困假说：在不同企业存在有差异的外部引进技术所需资本的利率弹性和国内自主研发所需资本的利润弹性的情况下，随着企业规模变大，小企业有原始创新意愿，外部技术集成、引进、消化吸收再创新意愿降低，大企业则相反，因而存在一个“中等规模企业过渡创新”，使得企业创新特征发生了转变。

对于该理论假说，本章运用江苏制造业 7 849 家企业 2004—2006 年科技创新调查数据进行实证检验，进一步证实了中国企业在小、中、大规模阶段之间，企业在产品、工艺创新意愿上都表现平缓的 U 型特征。中等规模企业产品、工艺创新意愿水平增长滞缓，但在自主研发投入、引进技术之间相对平衡。企业进入大企业阶段时，原始创新意愿持续增加，但是引进消化吸收再创新意愿呈现出 U 型特征。归结起来是，小企业“自主创新意愿在增强、引进消化吸收再创新意愿在减

---

① Rodrik Dani. What's So Special About China's Exports? [J]. NBER Working Paper, 2006, 11947. 1-19.

② Schott Peter K. The Relative Sophistication of Chinese Exports[J]. NBER Working Paper, 2006, 12173. 5-49.

③ Blonigen, Bruce, Alyson Ma. Please Pass the Catch-up The Relative Performance of Chinese and Foreign Firms in Chinese Exports[J]. NBER Working Paper, 2007, 13376. 475-509.

④ Feenstra, Robert C. and Shang-Jin Wei. China's Growing Role in World Trade[M]. Chicago: University of Chicago Press, 2010.

弱”，大企业呈现出“强自主创新意愿、强引进消化吸收再创新意愿”的特征。这与西方发达国家、从后发国家兴起的日韩企业创新特征不完全相同。

本章利用微观企业样本来研究创新活动的决定因素等问题，相对于国内已有文献从国家层面、行业层面数据的研究来说，是新的尝试，而计量样本数据来自于2007年问卷调查，正好反映了中国企业创新活动在加入WTO，进入国际产品加工和创新体系之后的特征，因此，本章依赖于更新的数据、加入了“技术无限供给”这个新的约束条件，得出了不同的企业创新行为特征假说和检验。这正是本章的创新之处。本章第二部分是对与本章相关的企业创新理论与实证研究进行了综述。第三部分基于技术无限供给条件的假设，利用不变弹性的需求函数构造了一个古诺-纳什博弈模型，论证了企业规模处于不同阶段所面临的价格需求弹性、利率需求弹性的不同，对引进技术、自主研发的意愿发生了改变，提出了后发国家的企业创新的规模异质性模型。第四部分根据中国制造业问卷调查数据验证了存在一个企业创新的规模异质性特征，第五部分与经验、模型结论较为一致的对企业在各规模阶段上创新意愿计量证实，第六部分为结论。

12.2　文献回顾

与本章研究相关，而且成为本章研究基础的文献大致分为三类，第一类是对发达国家先进技术对后发国家转移、扩散和溢出，解释南方—北方国家经济增长差距的文献。如果根据上文界定的后发国家企业技术创新时面临着来自发达国家的“技术无限供给”条件，那么发达国家的企业所需要的新技术就只能依赖于自身的投入对现有的技术进行创新和突破，本章称之为“有限的技术供给”。一旦新技术和新产品形成，就会通过技术许可、转让、FDI、OEM、ODM等向后发国家扩散。在发达国家与后发国家之间形成一种技术二元结构，发达国家处于世界技术前沿上，R&D累积形成了巨大的知识存量，拥有的是适应于技能偏向劳动力禀赋的技术，后发国家拥有的是适应于非技能劳动力禀赋的技术，后者从前者吸收的技术只能与其禀赋相适应的技术①，发展中国家越偏向于从知识存量多的国家进口，就会获得越高的生产率(Coe, Helpman, Hoffmaister,1997)。

相对于发达国家来说，后发国家对发达国家先进技术的吸收在国家层面上取决于人力资本投资、制造业进口、知识产权保护这三个主要因素(Caselli and Coleman Ⅱ, 2001②, Hobijn, 2006)。技术和制造装备的投资通常是在一个上下游产业链上，合约制度越完善的国家，企业越倾向于采用较先进技术(Acemoglu,

① Caselli Francesco and Coleman Ⅱ, Wilbur John. The World Technology Frontier[J]. American Economic Review, 2006, 93(3): 499 - 522.

② Caselli, Francesco and Coleman Ⅱ, Wilbur John. Cross-Country Technology Diffusion: The Case of Computers[J]. CEPR Discussion Papers, 2001: 328 - 335.

Antras, Helpman, 2007[①])。这就意味着,在现有的技能要素禀赋差异下,后发国家通过增加人力资本和资本设备投资、改善合约环境,将面对越来越大范围的先进技术供给。

在企业层面上,后发国家的企业通过进入发达国家企业主导的中间产品加工体系、为FDI配套、接受技术指导等手段,既实现了产业发展,又获得了技术溢出和生产率改进(Keller, 2004[②]),Helpman(1993)[③]论证的福利受损的局面不会出现。对于发达国家来说,后发国家往往成为发达国家的先进技术在后发国家形成扩大产能的场所,使得发达国家的企业在更大范围里获取技能要素,扩大其研发能力。后发国家知识产权保护越严格,发达国家的创新越丰富[④],在一定程度又增加了对后发国家的技术供给。

第二类文献是关于新技术采用与扩散、创新与模仿的研究。从国家层面看,新技术的出现,或者说被采纳,放弃正在获利的已有技术,依赖于各个企业技术能力累积能否达到一定程度。当该国整体上具备了一定技术能力后,新技术生产率才会高于传统技术,进而诱致企业愿意投资[⑤⑥]。在企业层面上,对新技术的采纳、吸收不是一帆风顺的,取决于采用新技术的收益预期、投资于创新和模仿的相对收益、企业异质性与市场需求等因素。

首先,采用新技术对企业利润的促进存在一个预期阈值,该阈值大小取决于新旧技术差距、新旧技术转换成本和对新技术采用所发生的信息搜寻成本。该阈值有一个先降后升的分布,使得现有技术改善在一定的条件下将阻碍新技术采用,成为一个"诅咒",(Weiss,1994)。在国家层面上,这种"诅咒"情况表现为发达国家抱守已有技术被采用新技术的后发国家超越,例如 Motta, Thisse and Cabrales(1997)[⑦]证明了,在面对同一个新技术的发达国家和后发国家,只要后发

---

① Acemoglu, Daron, Pol Antràs, Elhanan Helpman. Contracts and Technology Adoption[J]. American Economic Review, American Economic Association, 2007,97(3): 916 - 943.

② Keller, Wolfgang. International Technology Diffusion[J]. Journal of Economic Literature, 2004, 42(3): 752 - 782.

③ Helpman Elhanan. Innovation, Imitation, and Intellectual Property Rights[J]. Econometrica, Econometirc Society, 1993, 61(6): 1247 - 1280.

④ Mondal, Debasis and Ranjan Gupta, Manash. Endogenous Imitation and Endogenous Growth in a North-south Model: A Theoretical Analysis[J]. Journal of Macroeconomics, Elsevier, 2009, 31(4): 668 - 684.

⑤ Brezis, Elise S., Krugman, Paul R and Tsiddon, Daniel. Leapfrogging in International Competition: A Theory of Cycles in National Technological Leadershio[J]. American Economic Review, American Economic Association, 1993, 83(5): 1211 - 1219.

⑥ Parente, Stephen L and Prescott, Edward C.. Barriers to Technology Adoption and Development [J]. Journal of Political Economy, 1994, 102(2): 298 - 321.

⑦ Motta, Massimo, Jacques-Francois Thisse and Antonio Cabrales. On the Persistence of Leadership or Leapfrogging in International Trade[J]. International Economic Review, 1997, 38(4): 809 - 824.

国家的技术与新技术差距在一定的水平下，且存在一个较大的国内需求规模，后发国家企业通过较大规模 R&D 投资，就能跳跃到发达国家技术前沿。再如 Amiti(2001)①的研究得出，发达地区的企业由于已有技术形成了产业纵向集聚，并形成了高工资，往往会拒绝新技术的采用。相比之下，新技术在低工资、缺乏产业纵向集聚效应的后发地区容易被企业采用，出现蛙跳，赶上发达国家。

其次，企业选择创新还是模仿，取决于对两者投资的生产率和相对收益的比较。Benhabib, Perla, and Tonetti(2012)②认为，新技术不存在外部性收益，边际生产率也可能不变，模仿促进了前沿技术的扩散，其生产率来源于前沿企业和模仿企业使用共同技术产生的外部性，但是越是接近技术前沿，扩散的边际生产率递减，就需要越来越大规模的投资才能维持其生产率相对不变，如果此时的投资收益较小，企业会从技术前沿退回到后发地位。因此，存在一个生产率阈值，当后发企业的生产率(或投资收益)相对高于前沿企业时，就会选择创新，否则就处于后发地位，接受新技术的供给，获取技术扩散的生产率。这就意味着，有些后发国家在接近技术前沿时又重新选择，继续作为技术追赶者。

再次，从企业异质性和市场规模角度看，由于采用新技术存在学习效应，采用成本是递减的。当低于某个保留成本时，企业就会采用新技术，Karshenas and Stoneman(1993)③计量发现，已采用新技术存量对后续采用没有显著的影响，但是存在显著的排名效应(rank effect)，即大企业采纳新技术的速度要高于小企业，大企业获取新技术收益较早，就较早地采用新技术。这种情况在新技术没有迅速淘汰旧技术时更容易发生，反之，小企业或新进入者更早地采用新技术④。在一个垄断竞争结构中，企业规模差异来源于市场需求的差异，即消费者对企业采用新技术不同数量的价值评价，如果价值评价越大，大企业比小企业更早地采用新技术，而且采用新技术的时间持续越长⑤。

---

① Amiti, Mary. Regional specialization and technological leapfrogging[J]. Journal of Regional Science, 2001,41(1): 149－172.

② Benhabib Jess, Jesse Perla and Christopher Tonetti. Catch-up and Fall-back through Innovation and Imitation[J]. NBER Working Papers, 2012, 18091.

③ Karshenas Massoud and Paul L. Stoneman. Rank, Stock, Order, and Epidemic Effects in the Diffusion of New Process Technologies: An Empirical Model[J]. The RAND Journal of Economics, 1993, 24(4): 503－528.

④ Thomas, Louis A.. Adoption order of new technologies in evolving markets[J]. Journal of Economic Behavior & Organization, 1999, 38: 453－482.

⑤ Götz Georg. Monopolistic Competition and the Diffusion of New Technology[J]. The RAND Journal of Economics, 1999, 30(4): 679－693.

市场规模大有利于技术创新，不仅促进工艺创新[①]，Grossman，Helpman，1991[②]，还能促进产品创新，原因之一是促进了不同产品之间竞争，进而提高了产品需求的价格弹性。在 Lancaster 偏好假设下，市场均衡的结果是只有大企业创新[③]。这意味着，企业创新获取的不仅是垄断租金，而且还能获取一种比其竞争对手不成功创新来说的较大租金。竞争性强的行业通常是该行业领导者获得较大利润的行业[④]，因此，当产品市场竞争发生于发达国家与后发国家之间的技术竞争中，也将促进创新的发生。但是，有研究发现，后发国家中只有处于“不高不低”的中等技术水平上的企业才愿意创新[⑤]。

第三类相关的研究是关于不同规模企业创新特征的研究。目前有以下代表性共识：一是相对于小企业来说，大企业内部资源较为丰富，产品种类较多，在增加研发投入的同时实现规模经济或范围经济（Cohen and Klepper，1996，Klette and Kortum，2004[⑥]），但是受到已有产品和技术创新投入和路径依赖的约束，对突破前沿的创新反应不足。在企业已经处于技术前沿时，管理者在已有产品生产和创新之间会出现“力不从心”，不利于创新，生产和创新活动出现非一体化（Acemoglu et al，2002[⑦]）。二是小企业，尤其是创业企业成为了一些重大产品创新的主要贡献者，实现了较快的成长，其 R&D 强度的平均水平要高于大企业，同时对大企业产生了显著的溢出效应，这是因为大企业在对现有产品线进行完善型 R&D 时，管理者不断增加对外部的创新的重视[⑧]。三是企业规模扩大，在产品创新、工艺创新上 R&D 支出都显著增加，但是产品创新增加的幅度小于工艺创新，这意味着大企业更偏重工艺创新。不仅如此，产品生命周期越长的产业，企业在工艺创新上 R&D 支出越大，反之，产品生命周期越短的产业，企业在产品创新上 R&D 支出越大（Fritsch，Meschede，2001）。

---

① Aghion，P. and Howitt，P.. A Model of Growth through Creative Destruction[J]. Econometrica，1992，60：323－351.

② Grossman，G. M. and Helpman，E.. Innovation and Growth in the Global Economy[M]. Cambridge Mass.：MIT Press，1991.

③ Klaus Desmet，Stephen L. Parente. Bigger is Better：Market Size，Demand Elasticity and Resistance to Technology Adoption[J]. Centre for Economic Policy Research，Discussion Paper，2006，5825.

④ Aghion，P.，C. Harris，P. Howitt and J. Vickers. Competition，Imitation and Growth with Step-by-Step Innovation[J]. Review of Economic Studies，2001，68：467－492.

⑤ Sugata Marjit，Hamid Beladi. Technology adoption and LDC firms[J]. Research in Economics，1999，53：421－429.

⑥ Klette，Tor Jakob and Samuel Kortum. Innovating Firms and Aggregate Innovation[J]. Journal of Political Economy，2004，112(5)：986－1018.

⑦ Acemoglu Daron，Philippe Aghion and Fabrizio Zilibotti. Vertical Integration and Distance to Frontier[J]. Journal of the European Economic Association，2003，1：630－638.

⑧ Akcigit Ufuk and William R. Kerr. Growth Through Heterogeneous Innovations[J]. NBER Working Paper，2010，16443.

关于中国制造业企业创新的已有研究，Kuroiwa 等(2011)①指出，中国制造业企业创新总体上与上述发展中国家特征类似。相对于日本、韩国，还处于创新能力积累阶段，但是在外部购买技术和 R&D 之间相对较为平衡(Bogliacino et al，2011)。创新能力积累来自于中国制造业企业在全球价值链中以长期的进口技术和设备所带动的资本积累，以及国内创新体系的建设②。在创新类型上，Guan 等(2009)证实了中国企业创新活动主要在国内领域，侧重于质量管理、成本降低等工艺创新内容；但是，在创新趋势上，已呈现出逐步摆脱对进口技术和设备的技术路径，开始注重自主研发。在企业异质性上，得到政府支持的高科技企业创新绩效好于非高科技企业，新企业和小企业的创新表现分别好于老企业、大企业。安同良等人(2006)③统计分析表明，大企业 R&D 强度小于小企业，但是大企业中有研发活动的企业占比高于小企业，且持续性研发活动较为显著。Fu 等(2011)计量得出，中国本土企业自主创新在 TFP 增长上有显著的效果，主要集中在中低技术产业的技术前沿，合作创新是技术升级的主要驱动方式，外资企业的创新集中在高技术产业，但是其创新投入远远低于其在母国的投入水平，对本土企业技术进步总体上有显著的抑制作用，只在少数行业对本土企业的技术跟随和追赶有促进作用。

综上所述，本章在上述文献基础上，作出了一个新假设条件，即针对中国作为发展中大国的特征和发展经验，提出了一个技术“无限供给”的条件。众所周知，中国以巨大规模的劳动力供给启动工业化，为先进技术、机器设备与软件、可进入的中间产品加工提供了巨大的潜在产能，由此产生了巨大的技术引进需求。相应地，来自发达国家的先进技术供给也是巨大的，发达国家企业作为技术垄断供给者，从巨大的需求中获取源源不断的利润。即使中国企业技术升级到发达国家的技术前沿，由于产品市场竞争，也将促进发达国家进行更多的创新。因此，在中国，即使知识存量、技能劳动力禀赋、研发能力、创新集聚等条件不足，对引进新技术的巨大需求也促使各个产业的发展，这成为最重要的因素之一。

本章吸收了已有文献中影响新技术采用和扩散的因素，特别是将其中市场需求因素进行了扩展，区分了产品需求的价格弹性、引进技术的资本需求利率弹性、自主研发的资本需求利率弹性，利用不变弹性需求函数，构建了后发国家企业创新在引进技术、自主研发上的古诺-纳什博弈模型，将技术“无限供给”条件作为约束条件嵌入其中，揭示出在这个技术“无限供给”条件下，企业创新意愿是怎样形成的，不同规模的企业在引进技术、自主研发上的创新表现在经验上有没有特殊

---

① Kuroiwa，Ikuom，Kaorum Nabeshima and Kiyoyasu Tanaka. Innovation networks in China，Japan，and Korea：evidence from Japanese patent data[J]. IDE Discussion Paper，2011，285.

② Altenburg Tilman，Hubert Schmitz and Andreas Stamm. Breakthrough? China's and India's Transition from Production to Innovation[J]. World Development，2009，36(2)：325－344.

③ 安同良，施浩，Ludovico Alcorta. 中国制造业企业 R&D 行为模式的观测与实证——基于江苏省制造业企业问卷调查的实证分析[J]. 经济研究，2006，2：21－30.

性，是否存在相应的理论假说。对这些问题的回答，是本章与已有文献不同之处。

12.3 技术无限供给条件下的创新行为特征：来自中国企业的描述性统计

12.3.1 数据来源

本节根据2007年国家统计局和科学技术部进行的“全国工业企业创新调查”中江苏省制造业企业在2004—2006年创新情况的问卷调查，共计7 849家制造业企业，其中大企业310家、中企业有3 310家、小企业4 229家①，问卷内容主要涉及企业开展的创新活动种类、创新投入与产出、创新来源和合作方式、知识产权保护、融资与经营效益、企业家对创新的认知情况、创新的思想来源、创新阻碍因素、国家有关创新政策的落实情况以及企业对创新的政策需求等内容。

本节根据问卷提供的产品和工艺创新及其自主创新类型方面的信息来区分可供企业选择的各种创新活动。由此得到的六种创新活动如表12-1所示。其中，X_i为产品创新（当$i=1$）或工艺创新（当$i=2$）；Y_j为三种自主创新类型，即原始创新（当$j=1$）、集成创新（当$j=2$）和消化吸收再创新（当$j=3$）。如果企业发生了产品创新，而且该种创新为原始创新，那么$X_1Y_1=1$，否则为0；如果企业发生了工艺创新，且该种创新为原始创新，那么$X_2Y_1=1$，否则为0。因此，任何一个企业可以选择其中任何一种或者多种类型的创新活动。②

表12-1 企业6种可能选择的创新活动

	原始创新意愿	集成创新意愿	消化吸收再创新意愿
产品创新	X_1Y_1	X_1Y_2	X_1Y_3
工艺创新	X_2Y_1	X_2Y_2	X_2Y_3

12.3.2 创新活动指标设定及其变化特征

1. 创新意愿指标

本章根据每个企业在可能的6种创新活动中所从事创新活动数量的占比，来度量每家企业的创新活跃涉及的种类或范围，涉及的创新种类越多，表明其创新

---

① 按国家统计局对工业企业规模类型划分依据，2 000人及以上、销售额是3亿元及以上、资产4亿元及以上的是大企业；300—2 000人、销售额3 000万—3亿、资产4 000万—4亿元的是中企业；人数300以下、销售额3 000万元以下、资产4 000万元以下的为小企业。

② 原始创新是指企业通过研发活动掌握核心或关键技术并拥有自主知识产权的工艺创新和产品创新。集成创新是指企业通过融合多种资源和技术所从事的工艺创新、产品创新。消化吸收再创新是指企业在对引进技术进行消化吸收的基础上所从事的工艺创新、产品创新。

越活跃，创新意愿越强烈。该指标可以理解为企业选择各种创新活动的概率，称之为创新意愿，公式为，$innw_n = \frac{\sum_{ij} X_i Y_j}{6}$，$n = 1, \cdots, 7\ 849$ 家企业，该指标值越大，意味着该企业从事的创新活动种类越多，创新活动越活跃。其中，产品创新意愿定义为 $innwpd_n = \frac{X_1 \sum_j^3 Y_j}{6}$，工艺创新意愿定义为 $innwpc_n = \frac{X_2 \sum_j^3 Y_j}{6}$，原始创新意愿定义为 $innwi_n = \frac{Y_1 \sum_i^2 X_i}{6}$，集成创新意愿定义为 $innwc_n = \frac{Y_2 \sum_i^2 X_i}{6}$，消化吸收再创新意愿定义为 $innwim_n = \frac{Y_3 \sum_i^2 X_i}{6}$。

根据上述定义，各类创新活动和创新意愿在企业规模从小到大中的表现如图 12-1 所示①。

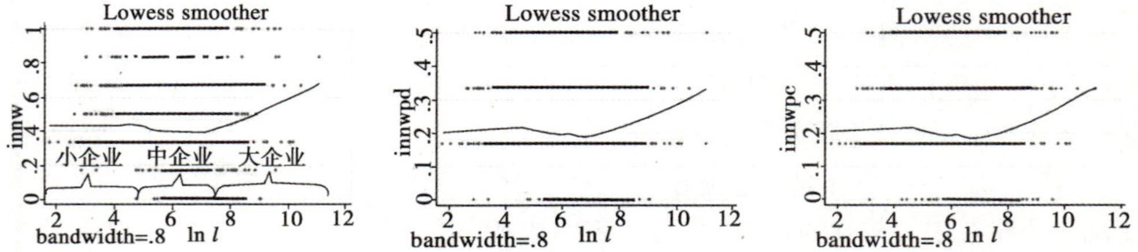

(a) 创新意愿分布　(b) 产品创新意愿分布　(c) 工艺创新意愿分布

图 12-1　创新意愿、产品、工艺创新意愿随企业规模的变化

如果从企业在原始创新、集成创新和消化吸收再创新上的意愿来看，在企业规模从小到大中呈现出的特征如图 12-2 所示，随着企业规模从小、中到大的变化，原始创新意愿都一直上升，集成创新意愿和消化吸收再创新意愿都呈现出显著的先降后升，但是前者在小企业范围内就出现拐点，后者在进入大企业范围时出现拐点。

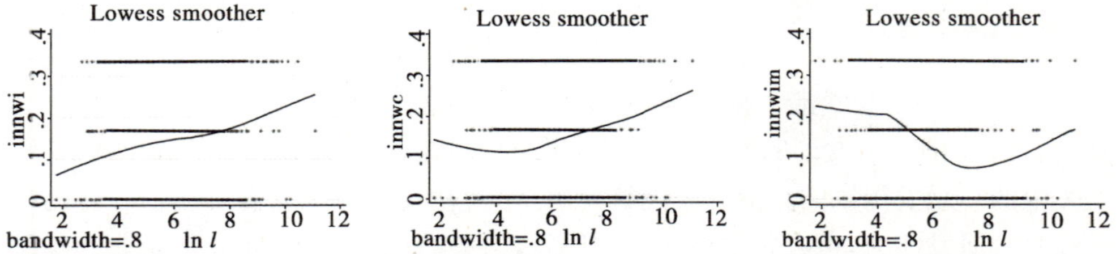

(a) 原始创新意愿分布　(b) 集成创新意愿分布　(c) 消化吸收再创新意愿分布

图 12-2　原始创新、集成创新、消化吸收再创新意愿随企业规模的变化

① 受篇幅限制，这里只列出按照从业人数来划分大、中、小企业的创新特征，并且以企业从业人(l)的对数 ln(l)来作为企业规模指标，这样处理可以使得企业规模数据分布较为平滑，但不改变其单调性。创新意愿和企业规模两者之间关系采用局部加权回归散点平滑法(Lowess Smoother)进行了模拟。

2. 中国制造业企业创新特征

根据定义，产品创新与工艺创新涉及新产品（进入中间产品体系）生产。原始创新体现自主研发的努力，集成创新、消化吸收再创新依赖于对先进技术的引进，“干中学”和适用于本地市场的创新，需要一定程度的自主研发。从图 12－1 和图 12－2中可以得出中国制造业企业创新行为及其变化特征：

特征 1：在企业从小规模、到中等规模，再到大规模的过程中，企业的产品与工艺创新有一个缓慢的先升后降、再显著上升的“S”型特征。如图 12－1 所示，企业从小规模到中等规模，（从业人数 7—1 100 人），产品创新意愿和工艺创新意愿同时都呈现平缓的先升后降的特征。在从中等规模到大企业范围，产品与工艺创新意愿又同时呈现显著持续上升的特征，而且上升的幅度要大于小企业。

特征 2：在技术无限供给条件下，企业没有放弃在产品与工艺的原始创新的努力，随着企业规模增加，企业的原始创新意愿逐步增强，但是企业在产品与工艺的集成、引进吸收消化再创新上却呈现出先降后升的 U 型变化。如图 12－2 所示，企业在从小规模到中等规模阶段，原始创新意愿与集成、引进消化吸收再创新意愿之间始终面临正此长彼消的变化。在大企业阶段，企业呈现“强原始创新意愿、强集成、引进消化吸收再创新意愿”的特征。

特征 3：存在中等规模企业创新意愿过渡性变化特征。如图 12－1、图 12－2 所示，企业在中等规模阶段，产品与工艺的集成、引进消化吸收再创新意愿降为低谷，与维持小企业阶段原始创新意愿持续上升的趋势，综合起来使得中等规模企业的产品与工艺创新意愿停留在某一个区域，没有出现持续上升特征。只有当集成、引进消化吸收再创新意愿转降为升时，加上进一步增加的原始创新意愿，企业的产品与工艺创新意愿再次进入上升的通道，此时，企业进入大规模阶段。

12.4 技术无限供给条件下的创新：一个理论模型

12.4.1 假设前提

1. 存在一个技术滞后的后发国家，该国面临着技术无限供给假设。其含义是，在很长时期，后发国家从处于技术前沿的发达国家获取的技术和新产品几乎是无限的。后发国家的企业为了能够使用这些较先进技术，也需要具备一定的技术吸收和研发能力，可以采取企业内部研发，与科研机构、高校和其他企业合作研发等形式。发达国家所供给的技术通常是显性知识，既可以以专利形式存在，可以物化在软件、设备中，也可以体现在对中间产品加工的技术指导和培训上，即可以采取“技术要求＋订单”的方式，让后发国家加工其所需要的产品。用 K_f 表示后发国家的企业从发达国家引进的技术、软件和设备的数量，购买的价格用 h_f 表示，由此进行的创新活动本节称之为“引进消化吸收再创新”，如果多渠道引进技术进行整合开发，本节称之为"集成创新"。用 q_f 表示为发达国家加工的中间产品数量，进口待加工的中间产品或材料所支付的价格为 p_f。因此，技术无限供给条件就可以这样设定：只要后发国家的企业出于自身利润最大化、成本最小化和市场竞争的需要，从发达国家的企业购买 K_f 和 q_f，发达国家的企业都能满足。发达国家获得相应的收益 $R_f = p_f q_f + h_f K_f$。

需要指出，由于技术本身有层次性，技术实际上是多层次技术供给，从低层次到前沿技术的供给。每一层次技术的引进和受让企业越多，技术被赶上、技术专利和诀窍流失的可能性越大，因此每当后发企业引进更高层次的技术时，技术供给者往往会提高技术转让价格 h_f 或 p_f。当到了没有新技术可供后发企业引进的时候，技术供给将是有限的。因为此时新技术产生不仅需要大量 R&D 投入，而且还将是不确定的。

2. 假设后发国家产品市场中存在两个代表性同质企业（$i=1,2$）围绕中间产品加工订单、先进技术引进展开竞争，这是一种古诺竞争。① 假定企业对中间产品加工数量 q_i 的反需求函数为 $p=\left(\frac{M}{\alpha q_1+q_2}\right)^{\frac{m}{\theta}}$，其中企业 1 生产的产品与企业 2 有一定的差异性，用 α 表示；M 表示企业面对的初始中间产品市场规模。为了生产中间产品，假设企业还需投资于从发达国家引进技术 K_f^i 和一定程度的自主研发 K_d^i。前者与通常所说的"引进消化吸收再创新"含义一致，后者与"原始创新"含义一致，包括自己投入、与其他机构合作投入的研发支出。假定每个企业对这两类资本需求也受到另外一个企业的影响，因此，两种资本的反需求函数分别设为：$r=\left(\frac{F}{K_f^1+K_f^2}\right)^{\frac{a}{\lambda}}$，表示引进国外技术的资本反需求函数，$v=\left(\frac{D}{K_d^1+K_d^2}\right)^{\frac{b}{\sigma}}$，表示国外研发资本反需求函数。其中 F 和 D 是截距项，表示两种资本在利率为零的最大需求规模，反映引进技术和国外研发所蕴含的技术创新潜在空间。$\frac{\theta}{m}$、$\frac{\lambda}{a}$ 和 $\frac{\sigma}{b}$ 分别是产品需求函数中价格变化引起的需求变化弹性、引进技术和自主研发资本需求函数中利率变化引起的需求变化弹性系数，其中 θ、λ、σ 假设为弹性系数，取决于行业、经济整体层面因素，后发企业面临相同的系数。m、a、b 分别是来自于企业层面作用于弹性系数的因素，这些因素在企业之间存在一定的差异性。

首先，就 $\frac{\theta}{m}$ 而言，在本章考察的中间产品市场中，该弹性所影响的，是后发企业进入前沿企业的产品分工体系时所面对的中间产品需求规模，即后发国家制造业企业在加入国外企业驱动的全球价值链时所能承接到的加工规模。一般来说，

---

① 引入 n 个企业之后，在这个模型中可以做继续推导，思路参见马丁《高级产业经济学》（上海财经大学出版社）。

如果后发企业及其所在地区相对于其他地区企业来说，劳动力、土地等要素成本较低，进出口成本较低，市场环境中交易成本较低等外生条件具有竞争力，后发企业的技术水平低，那么承接的中间产品加工的潜在规模较大，但是该地区这类企业数量会较多，竞争会更充分。如果后发企业技术水平提高，甚至接近技术前沿，那么这类企业在该地区具有一定的垄断势力，竞争会表现为垄断竞争、多头竞争等格局，但是在面向国外时，则面对较多的国外同行企业，来自国外同行的竞争压力较大。本章将参数 m 定义为后发企业产品异质性程度，m 越小，企业面临的中间需求弹性越大。m 越大，意味着企业面对更细分的市场，有的企业可能生产与国外同行类似的产品，但各个企业面对的产品需求弹性降低。

对于中间产品需求规模本身，取决于前沿企业所掌握的中间产品核心技术及其研发的创新水平，以及进入其他国家进行生产分工的国际贸易自由化程度，在产品反需求函数中体现为 M 上。随着进入中间产品市场的企业数量或企业规模增加，企业获取更多的 M 份额难度越大。如果企业要获取更多的份额，就要对产品差异化、技术创新提出更高的要求，因此可能产品升级，与更高技术水平的企业竞争，甚至进入技术前沿，与原来技术前沿企业竞争。

根据 m 和 M 的含义，不难得出，在后发国家，无论是高技术水平还是低技术水平的小企业在进入中间产品市场时，通常产品差异性较小，即$\frac{\theta}{m}$较大。进入市场后，企业面临向降低成本、扩大规模、提高附加值这三个发展方向，可选择的技术是：(1) 在原技术层次上降低成本，(2) 引进更高层次技术，(3) 在国内进行自主研发。其结果是扩大产品差异化，进入新市场，进而依赖于在引进技术的使用和自主研发上的差异化努力。一旦企业在这些选择上获得成功，顺利成长为大企业，在该地区的中间产品市场上，$\frac{\theta}{m}$就将逐步变小。

其次，对于$\frac{\lambda}{a}$而言，在技术无限供给条件下，后发企业与技术前沿企业的技术差距呈现出多层次性特征，后发企业技术每要上升一个层次，都需要其积累一定技术吸收能力，包括研发人员储备、经验和知识积累，以及相应的融资能力。在这些能力缺乏时，企业倾向于直接获取“安装即用”的设备和技术，这几乎是无限供给的。因此，只要融资成本降低，企业的需求就会大幅增加，即$\frac{\lambda}{a}$较大。当企业的吸收能力足够大时，可供购买的“安装即用”技术越来越少，遇到的是需要“改装再用”技术的供给，这种技术需要企业进行专用性知识和技能的投入，形成默认知识。当企业自身形成技术能力专用性越强、知识默认性越强，与已有的技术供给匹配越难，引进技术使用中的差异性增加。因此，即使融资成本降低，企业对这些技术的需求不会一下子增加很多，即$\frac{\lambda}{a}$变小。因此，本章将 a 定义为企业技术能力、知识的专用性与默认性程度。小企业由于技术能力缺乏，积累少，a 较小，因此在引进技术上的需求弹性$\frac{\lambda}{a}$较高。

对于引进技术的资本需求函数中 F 的大小，则取决于技术前沿国家和地区创新体系的能力和效率的差距，前者在初始状态时，提供几乎无限的技术供给，如果后者技术学习和创新生产率高于前者，这种技术无限供给下的二元格局，就会转变技术有限供给下技术竞争。反之，技术无限供给状态继续维持下去。

再次，对于$\frac{\sigma}{b}$而言，即使企业面临技术无限供给的条件，对自主研发也存在一定程度的需求，例如企业引进了“安装即用”的技术，将会在“干中学”中消化吸收再创新；如果企业要进入国内市场或其他行业，需要产品、工艺创新，也将有研发投入；企业出于差异化竞争需要，也会对技术、产品差异化增加研发投入等等。但是企业自主研发的资本需求弹性依赖于企业自主研发能力和掌握前沿技术的企业研发能力差距，本章将这个差距用 b 表示。差距的缩小体现为企业自主研发能力和经验的积累，不仅包括企业内部自主研发投入和活动的开展，还包括企业选择高校、科研机构和其他企业作为研发投入的对象以及相关研发能力的积累。因此，在企业之间，小企业在进入市场时，面对技术无限供给，可供选择的自主研发活动和相应的投入较少，因而与前沿技术相比，b 通常较大。在企业成长过程中，随着自主研发活动开展、投入增加和经验积累，b 在逐步变小，因此，b 在不同的水平时，企业对自主研发的需求弹性将是不同的。

对于自主研发支出的需求函数中 D 的大小，取决于该地区研发资源禀赋、研发投入与合作中的知识产权保护、激励和降低交易成本等方面的制度完备程度及其效率。在经济发达地区，由于企业自主研发活动较多，这方面制度创新较早，也较为完善，进而使得这些地区的企业在研发支出上有较大的潜在需求。

3. 出于模型简洁，本章对企业的生产函数设定为 $q_i=F(K_f^i,K_d^i)$，不考虑劳动力成本因素，假定上述两个企业的产品是来自于国外技术先进企业的中间产品 q_f，经过加工后，$q_i=\mu q_f$，其中 $\mu\geqslant 1$。再假定企业 1 在引进技术、自主研发资本投入使用中会产生的差异性，用 β、φ 表示，并且只降低成本，不改变引进技术、自主研发投入的边际产量。

12.4.2　模型分析

在上述条件设定下，企业决策问题有两个部分构成，一是企业根据成本最小化目标，确定最小成本，由最小的引进技术和国外研发的资本支出构成（$K_f^{i\,*}$、$K_d^{i\,*}$）。二是企业根据利润最大化目标，确定利润最大化的产量水平（q_i^*），再考虑到技术无限供给条件，考察引进技术、自主研发、中间产品产量、发达国家先进企业产品和技术定价对国内企业利润的影响。

1. 成本最小化问题

$$\min_{K_f^i, K_d^i} C_d^i = \left(\frac{F}{\beta K_f^1 + K_f^2}\right)^{\frac{a}{\lambda}} K_f^i + \left(\frac{D}{\varphi K_d^1 + K_d^2}\right)^{\frac{b}{\sigma}} K_d^i \tag{1}$$

s. t.

$$F(K_f^i, K_d^i) \geqslant \mu \overline{q}$$

分别计算一阶条件 $\frac{\partial C_d^1}{\partial K_f^1} = 0$、$\frac{\partial C_d^2}{\partial K_f^2} = 0$、$\frac{\partial C_d^1}{\partial K_d^1} = 0$、$\frac{\partial C_d^2}{\partial K_d^2} = 0$,得出:

$$K_f^{2\,*} = \beta K_f^{1\,*} \tag{2}$$

$$K_d^{2\,*} = \varphi K_d^{1\,*} \tag{3}$$

由此得出两个企业的成本函数分别为:

$$C_d^{1\,*} = \left(\frac{F}{2\beta}\right)^{\frac{a}{\lambda}} (K_f^{1\,*})^{1-\frac{a}{\lambda}} + \left(\frac{D}{2\varphi}\right)^{\frac{b}{\sigma}} (K_d^{1\,*})^{1-\frac{b}{\sigma}} \tag{4}$$

$$C_d^{2\,*} = \left(\frac{F}{2}\right)^{\frac{a}{\lambda}} (K_f^{2\,*})^{1-\frac{a}{\lambda}} + \left(\frac{D}{2}\right)^{\frac{b}{\sigma}} (K_d^{2\,*})^{1-\frac{b}{\sigma}} \tag{5}$$

2. 没有追赶技术前沿情况下的利润最大化问题

$$\max_{q^i} \pi_d^i = \left[\left(\frac{M}{\alpha q_1 + q_2}\right)^{\frac{m}{\theta}} \mu q_i - p_f q_i\right] - C_d^{i\,*} \tag{6}$$

分别计算一阶条件$\frac{\partial \pi_1}{\partial q_1} = 0$、$\frac{\partial \pi_2}{\partial q_2} = 0$,得出:

$$q_2^* = \alpha q_1^* \tag{7}$$

由此得出两个企业的利润函数:

$$\pi_d^{1\,*} = \mu\left[\left(\frac{M}{2\alpha}\right)^{\frac{m}{\theta}} - p_f\right] q_1^{\,1-\frac{m}{\theta}} - \left(\frac{F}{2\beta}\right)^{\frac{a}{\lambda}} (K_f^{1\,*})^{1-\frac{a}{\lambda}} - \left(\frac{D}{2\varphi}\right)^{\frac{b}{\sigma}} (K_d^{1\,*})^{1-\frac{b}{\sigma}} \tag{8}$$

$$\pi_d^{2\,*} = \mu\left[\left(\frac{M}{2}\right)^{\frac{m}{\theta}} - p_f\right] q_2^{\,1-\frac{m}{\theta}} - \left(\frac{F}{2}\right)^{\frac{a}{\lambda}} (K_f^{2\,*})^{1-\frac{a}{\lambda}} - \left(\frac{D}{2}\right)^{\frac{b}{\sigma}} (K_d^{2\,*})^{1-\frac{b}{\sigma}} \tag{9}$$

根据(2)、(7)式和技术无限供给条件 $R_f = p_f q + h_f K_f$,得出发达国家技术前沿企业的收益为

$$R_f^{\,*} = p_f(1+\alpha) q_1^* + h_f(1+\beta) K_f^{1\,*} \tag{10}$$

将(10)式和(8)、(9)式结合起来，分别得出企业1的新利润函数：①

$$\pi_d^{i\,*} = \pi_d^i(K_f^{i\,*}, K_d^{i\,*}; \alpha, \beta, \varphi, M, F, D, p_f, h_f) \tag{11}$$

$$\pi_d^{i\,*} = \pi_d^i(q_1^*, K_d^{i\,*}; \alpha, \beta, \varphi, M, F, D, p_f, h_f) \tag{12}$$

根据(11)、(12)式，分别考察企业1从国外引进技术、自主研发、从事中间产品生产数量等变量变化对其利润的影响，即 $\frac{\partial \pi_d^i}{\partial K_f^i}$、$\frac{\partial \pi_d^i}{\partial K_d^i}$、$\frac{\partial \pi_d^i}{\partial q_i}$，分别得出如下命题：

命题1：在技术无限供给条件下，若其他因素不变，在产品价格的需求弹性 $\frac{\theta}{m}$、引进技术中资本利率的需求弹性 $\frac{\lambda}{a}$ 取不同值，引进技术对企业利润的影响有以下结论：

(1) 当 $\frac{\theta}{m} > 1, \frac{\lambda}{a} > 1$ 时，有 $\frac{\partial \pi_d^1}{\partial K_f^1} < 0$，即企业从国外引进技术并没有带来利润的增加。这意味着，企业对从国外先进技术的引进、吸收、消化和再创新的意愿降低；如图12-3中第Ⅰ部分中实线所示。

(2) 当 $\frac{\theta}{m} < 1, \frac{\lambda}{a} < 1$ 时，有 $\frac{\partial \pi_d^1}{\partial K_f^1} > 0$，企业1引进技术的意愿增强；如图12-3中第Ⅲ部分中实线所示。

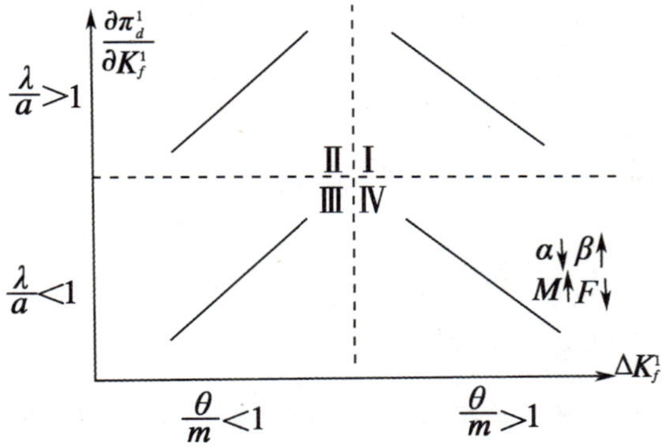

图12-3　后发企业引进技术和产量变化对利润的影响

(3) 当 $\frac{\theta}{m} > 1, \frac{\lambda}{a} < 1$，或者 $\frac{\theta}{m} < 1, \frac{\lambda}{a} > 1$ 时，$\frac{\partial \pi_d^1}{\partial K_f^1}$ 的符号不确定。但是，如果企业的产品差异性 α 变小、引进的技术差异性 β 增加、中间产品(代工)潜在市场规模 M 增加、或者引进技术潜在规模 F 变小，则有：当 $\frac{\theta}{m} > 1, \frac{\lambda}{a} < 1$ 时，有可能使得

① 这些结论从企业1的利润函数中得出。如果从企业2的利润函数中推导，也得出类似的结论。利润函数及其各部分求导的公式请见附录。

$\frac{\partial \pi_d^1}{\partial K_f^1}<0$，企业降低从国外引进技术的意愿；当$\frac{\theta}{m}<1$，$\frac{\lambda}{a}>1$时，有可能使得$\frac{\partial \pi_d^1}{\partial K_f^1}>0$。如图3中Ⅳ、Ⅱ 部分所示；反之，如果$\alpha$变大、$\beta$变小、$M$变小、$F$增加，$\frac{\partial \pi_d^1}{\partial K_f^1}$则呈现相反方向的变化。

命题2：对于企业的自主研发支出增加对利润的影响，有以下结论：(1) 在其他因素不变，自主研发支出中资本利率的需求弹性$\frac{\sigma}{b}<1$的情况下，有$\frac{\partial \pi_d^1}{\partial K_d^1}>0$，自主研发支出增加会增加企业的利润，如图12-4所示。如果自主研发的潜在空间变大，$\frac{\partial^2 \pi_d^1}{\partial K_d^1 \partial D}>0$，自主研发支出对利润增长的效应进一步增强；此时企业如果自主研发投入中的差异性程度又提高，反而出现$\frac{\partial^2 \pi_d^1}{\partial K_d^1 \partial \varphi}<0$，减弱了自主研发支出对利润增长的效应；(2) 当$\frac{\sigma}{b}>1$时，有$\frac{\partial \pi_d^1}{\partial K_d^1}<0$，增加自主研发支出将不利于利润增加，且$\frac{\partial^2 \pi_d^1}{\partial K_d^1 \partial D}<0$，自主研发规模增加将加剧这个不利影响；此时企业如果提高其自主研发的差异性程度，就出现$\frac{\partial^2 \pi_d^1}{\partial K_d^1 \partial \varphi}>0$，增强了自主研发对利润的作用。

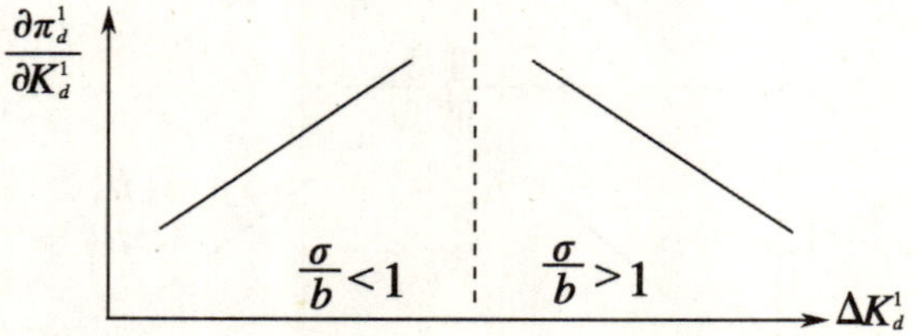

图12-4　后发企业自主研发支出变化对利润的影响

命题3：在技术无限供给条件下，若其他因素不变，企业增加对国外中间产品加工的进入，对企业利润的影响有以下结论，如图12-5所示：(1) 当$\frac{\theta}{m}>1$，$\frac{\lambda}{a}>1$时，有$\frac{\partial \pi_d^1}{\partial q_1}>0$，即企业1获取国外企业中间产品生产规模增加将带来利润的增加；(2) 如果$\frac{\theta}{m}<1$，$\frac{\lambda}{a}<1$，则有$\frac{\partial \pi_d^1}{\partial q_1}<0$；(3) 如果$\frac{\theta}{m}>1$，$\frac{\lambda}{a}<1$，或者$\frac{\theta}{m}<1$，$\frac{\lambda}{a}>1$，$\frac{\partial \pi_d^1}{\partial q_1}$的符号不确定。但是，如果企业1的产品差异性$\alpha$变小、在引进技术的使用过程中所产生的差异性$\beta$变大、中间产品(代工) 潜在市场规模$M$增加、或者引

进技术潜在规模 F 变小，则有：当 $\frac{\theta}{m}>1$，$\frac{\lambda}{a}<1$，有 $\frac{\partial\pi_d^1}{\partial q_1}>0$；当 $\frac{\theta}{m}<1$，$\frac{\lambda}{a}>1$ 时，$\frac{\partial\pi_d^1}{\partial q_1}<0$，如图 3 中 Ⅳ、Ⅱ 所示；反之，如果 α 变大、β 变小、M 变小、F 增加，$\frac{\partial\pi_d^1}{\partial q_1}$ 则呈现相反方向的变化。

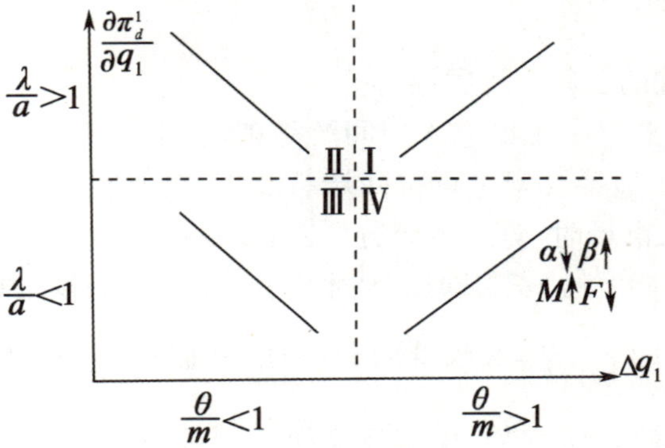

图 12－5　后发企业引进技术和产量变化对利润的影响

命题 4：在技术无限供给条件下，企业若增加产品差异性，有 $\frac{\partial\pi_d^1}{\partial\alpha}>0$，总体上会带来利润的增加；企业在自主研发中的差异性程度提高，$\frac{\partial\pi_d^1}{\partial\varphi}>0$，总体上使得利润增加；若引进技术使用中的差异性增加，在 $\frac{\theta}{m}<1$ 情况下，有 $\frac{\partial\pi_d^1}{\partial\beta}>0$，促进利润的增长，在 $\frac{\theta}{m}>1$ 情况下，中间产品潜在规模降低，或者可供引进的技术空间增加，才有可能出现 $\frac{\partial\pi_d^1}{\partial\beta}>0$。

命题 5：在技术无限供给条件下，国外技术先进企业可以通过提高中间产品价格来获取利润，但是对国内企业利润却产生不同的影响：(1) 如果提高中间产品价格 p_f，或者提高先进技术的销售价格 h_f，在 $\frac{\theta}{m}>1$ 的情况下，$\frac{\partial\pi_d^1}{\partial p_f}<0$，$\frac{\partial\pi_d^1}{\partial h_f}<0$；(2) 在 $\frac{\theta}{m}<1$ 的情况下，$\frac{\partial\pi_d^1}{\partial h_f}>0$，此时国内企业产品差异性 α 降低，或引进技术使用的差异性 β 提高，将有可能出现 $\frac{\partial\pi_d^1}{\partial p_f}<0$，但是，如果国外先进技术企业出于竞争考虑，降低价格 p_f 或 h_f，都将挤压国内企业利润，尤其是在国内企业能生产出同样技术水平的产品时。

12.4.3 后发国家中企业创新的规模异质性假说的提出

根据上文对中间产品、引进技术和自主研发需求函数特征的解释，结合企业围绕中间产品、引进技术和自主研发所展开竞争的行为和效应，对上述命题和推论的含义做出解释，可以逻辑演绎出一个技术无限供给条件下后发企业的创新的规模异质性模型。

1. 小企业阶段的创新行为假说

后发国家的企业以小规模进入中间产品市场，由于技术相对稀缺，只能以相对廉价的劳动力、土地等要素进行中间产品加工，企业间同质性较强。在技术无限供给条件下进入市场时，竞争较充分，使得企业的现金流和利润偏向于投向形成生产能力和生存能力的“安装即用”技术，对自主研发的投入相对有限。这意味着企业面临的较高的 $\frac{\theta}{m}$、$\frac{\lambda}{a}$，和较低的$\frac{\sigma}{b}$。一旦企业进入中间产品市场，通过技术引进形成一定的生产能力之后，由于较高的$\frac{\theta}{m}$、$\frac{\lambda}{a}$，企业有动力继续扩大规模（如命题 3），相应的技术引进的需求增幅会较大，而且是对某一层次上技术有较大的需求。根据上文界定的技术无限供给条件，首先会导致到某一技术层次的中间产品和技术引进的价格上升，降低企业利润（如命题 4），因此，企业在此阶段对中间产品数量或范围的选择、对引进技术的购买还不会很多。企业如果要引进更高层次技术，通常还需要有一定的自主研发能力，而这种能力需要“干中学”，不断积累。在较低的$\frac{\sigma}{b}$ 的情况下，企业增加自主研发支出的需求，成本上升缓慢，而且企业因规模小，又面对较高的自主研发空间，因此，企业更愿意从事自主研发（如命题 2）。总之，可以提出小企业创新意愿假说。

假说 1：后发国家的小规模企业进入中间产品市场时，企业面临的产品需求弹性$\frac{\theta}{m} > 1$，引进技术的需求弹性$\frac{\lambda}{a} > 1$，企业增加中间产品加工生产规模的意愿上升，但是由此引起的引进技术的需求增加，降低了进一步引进消化吸收再创新意愿。与此同时，企业面临的自主研发的需求弹性$\frac{\sigma}{b}$ 较小，企业进行原始创新的意愿上升。

该假说与上文描述性统计分析中小企业的特征是一致的，即小企业对依赖于外部技术引进的创新意愿，如集成创新、引进消化吸收再创新意愿，随着规模增加而逐渐降低，对依赖于自主研发的原始创新意愿则是逐步增加。

2. 中等规模企业创新特征的假说

在引进了一定规模的“安装即用”技术之后，企业的动机如果是扩大中间产品的生产规模或范围，获取规模经济或范围经济，获取成本优势，那么就会面对两种可能的情况。

一是在$\frac{\lambda}{a}$不变的情况下，随着企业进入中间产品市场的生产规模增加，对中间产品需求上升，导致价格上升，进而使得企业利润降低(如命题5所示)，这就意味着，继续扩大生产规模，将导致利润降低(如命题3所示)，结果出现企业的中间产品需求弹性$\frac{\theta}{m}$变成小于1。在这种情况下，企业产品差异化动机减弱，但是可供引进的技术空间仍然较大，甚至变得更大，①此时如果引进技术使用中差异性β增加，会增加企业利润(由命题4可知)。一旦引进技术使用中差异化出现，该层次技术的潜在空间F就降低，所对应的中间产品潜在规模M增加，由命题1所得，企业增加技术的引进，将进一步改进利润，消化吸收再创新意愿增加。如图12-1第Ⅱ部分所示。

二是在$\frac{\theta}{m}$不变的情况下，原来所在技术层次上继续引进技术的空间逐步变小，$\frac{\lambda}{a}$变成小于1。在这种情况下，企业将面临着现有层次的技术潜在空间F降低，企业有动力增加引进技术使用中的差异性。由于已有的中间产品潜在规模M不变的局面，企业对产品差异化的动机相对不变，因此企业对引进技术使用中差异化的目标就会转向成本降低等其他方面，这将带来企业对引进技术的需求增加，那么将诱致其购买价格上升，带来利润的降低(如命题5所证)，预期到这一点，企业降低对技术引进的意愿，如命题1和图12-3第四部分所示。总之，存在一个中等规模企业创新意愿假说：

假说2：后发国家的中等规模企业在获取成本优势、竞争优势等多种发展方向上进行选择，由此企业面临的两种需求变化，一是引进技术的需求弹性不变，产品需求弹性下降，二是产品需求弹性不变，而引进技术的需求弹性下降。由于资金和技术能力积累有限，不同的企业对发展手段有不同的选择，例如有的企业降低产品差异性，增加引进技术使用中的差异性，使得企业消化吸收再创新意愿出现增加与降低并存的格局。反之，企业采取与前面相反的策略，也不能改变中等规模使得企业消化吸收再创新意愿出现增加与降低并存的格局。但是企业自主创新意愿开始增加。

根据该假说，不难解释上文描述性统计中揭示的中等规模企业在产品与工艺创新意愿增长滞缓、集成创新意愿先降后升、引进消化吸收再创新意愿下降的特征。其原因可能是企业面临的中间产品生产的需求弹性和引进技术支出的需求弹性存在不同的组合情况，使得企业在产品差异化、引进技术的使用上差异化的努力，在产品、工艺的集成创新、引进消化吸收再创新意愿上呈现出相反方向变

① 有许多研究表明，在全球价值链分工中，发达国家将低端加工制造环节转移到中国等发展中国家之后，企业的生产率和创新都比以前有显著地增进。

化。在原始创新意愿上，虽然自主研发支出能够增加带来利润的增长，但是毕竟由于生产规模有限，在自主研发支出与引进技术支出之间存在一定程度的平衡，使得原始创新意愿有限地增加。

3. 大企业创新特征的假说

后发企业能否成功地渡过中等规模阶段，取决于采取的产品差异化、引进技术使用差异化的手段能否给企业带来足够的资金和技术能力的积累，是否有较高生产率的专用性资产积累。这些因素的积累能够支持企业在更大的范围内同时采取两种差异化手段。在这种情况下，产品差异化对技术创新要求更高，不仅要能得到企业进一步增加的自主研发投入，或者是进一步差别化的研发投入的支持，这表现为$\frac{\sigma}{b}$的变大，而且也能得到更高层次技术引进的支持，或者是在引进技术使用中更多差异化技术的支持。但是，一旦这种产品差异化的目标转向国际市场，势必和国外的技术前沿企业产品或技术形成竞争，此时$\frac{\lambda}{a}$变小。在技术无限供给条件下，国外技术前沿企业一个竞争策略是降低价格，将技术转让给其他(国家) 企业，增加竞争对手数量，降低后发企业的潜在市场规模，表现为$\frac{\theta}{m}$变小。结果是如命题 5 所证，这将使得后发企业扩大自主研发投入、扩大引进技术使用中差异化努力的预期利润降低。因此，后发企业在竞争中预期到这一点，如果继续增加产品差异化和引进技术使用中差异化，将导致利润的降低，难以获取较高的附加值，甚至难以收回其投资。因此，企业转向进一步扩大对前沿技术进一步引进，获得利润增加，因此可以得出大企业创新意愿假说：

假说 3：后发企业在大规模阶段后，产品差异化和引进技术使用中差异化程度进一步增加，在接近技术前沿时，会出现企业产品的需求弹性和引进技术的需求弹性降低，使得企业增加对前沿技术的引进，表现为消化吸收再创新意愿进一步增强，进一步扩大中间产品生产规模和自主研发支出的意愿下降。

该假说验证了上文描述性统计中得出的大企业引进消化吸收再创新意愿上升的特征。在大企业原始创新意愿上，该假说和描述性统计的特征不一致，大企业还处于自主研发支出的需求弹性较低的阶段，即$\frac{\sigma}{b}<1$。

12.5 来自中国企业创新行为的计量检验

12.5.1 计量模型的设定

上文模型分析中得出的企业增加中间产品生产的意愿$\frac{\partial \pi_d^i}{\partial q_i}$、从事自主研发意愿$\frac{\partial \pi_d^i}{\partial K_d^i}$和引进技术意愿$\frac{\partial \pi_d^i}{\partial K_f^i}$越大，意味着企业开展产品与工艺创新意愿($innwpd_n$、$innwpc_n$)、原始创新意愿($innwi_n$)、集成创新($innwc_n$)与引进消化吸收再创新意愿($innwim_n$)等创新活动的概率可能变大，根据上文(11)、(12)式得出两个计量方程：

$$innwpd_n(etc\ al) = \alpha_0 + \alpha_1 Y_n + \mu \tag{13}$$ [①]

$$innwpd_n(etc\ al) = \beta_0 + \beta_1 K_n^d + \xi \tag{14}$$

$$innwpd_n(etc\ al) = \gamma_0 + \gamma_1 K_n^f + \tau \tag{15}$$

其中$n = 1,2,\cdots,N$个企业，L_n^u和L_n^s分别表示企业雇佣的低技能劳动力和高技能劳动力数量，K_n是企业使用的机器设备、软件等固定资本，K_n^r是企业的无形资产，Y_n是企业的产量，包括新产品产量、出口销售额、新产品出口销售额等等。K_n^d由来自于企业内部和外部的自主研发支出强度构成。K_n^f由外部购买技术经费支出强度、获取机器、设备和软件经费支出强度构成。(13)式中$Y_n = AL_n^{\alpha}K_n^{\beta}$，因此进一步将(13)式变为

$$innwpd_n(etc\ al) = \alpha_0 + \alpha_1 \ln L_n^u + \alpha_2 \ln L_n^s + \alpha_3 \ln K_n + \alpha_4 \ln K_n^r + \mu \tag{16}$$

由于自主研发和引进技术之间存在一定程度的互补性，在(14)(15)式加上自主研发和引进技术两个变量的交互项，进一步得出：

$$innwi_n(etc\ al) = \beta_0 + \beta_1 K_n^d + \beta_2 K_n^d K_n^f + \xi \tag{17}$$

$$innwim_n(etc\ al) = \gamma_0 + \gamma_1 K_n^f + \gamma_2 K_n^d K_n^f + \tau \tag{18}$$

12.5.2　指标设定

本章所依据的创新调查问卷在涉及到上述变量时，获得的数据形式各不相同，例如对创新意愿指标涉及到企业是否从事产品和工艺创新、原始、集成与消化吸收再创新两类、6种创新活动的回答。对于自主研发和引进技术，本章根据企业对问卷中关于企业开展了哪些创新活动的回答，界定了自主研发概率和引进技术概率，其他指标按照类似的方式进行界定。

---

① 被解释变量是包括产品创新意愿在内的各种创新意愿指标，其他的还有工艺创新意愿($innwpc_n$)、原始创新意愿($innwi_n$)、集成创新($innwc_n$)与消化吸收再创新意愿($innwim_n$)，公式中用 *etc al* 表示，以下类同。

表 12-2　计量模型中变量含义及其取值一览表

变　量	变　量　取　值
创新活动指标 A_i	创新意愿、产品创新意愿、工艺创新意愿、原始创新意愿、集成创新意愿、引进消化吸收再创新意愿：具有含义和定义见上文
劳动力投入	L_n^U：低技能劳动力占比，L_n^S：高技能劳动力(有大学本科的劳动力)占比
资本投入	K_n：固定资产净值，RK_n：无形资产，K_n/L_n：人均资本
自主研发支出强度	内部研发支出强度($rddcss_n$)、外部研发支出(企业委托其他单位研发发生的支出)强度($rdfcss_n$)：各项支出 / 主营收入
引进技术支出强度	外部购买技术经费支出强度($acqtcss_n$)、获取机器、设备和软件经费支出强度($acqmcss_n$)：各项支出 / 主营收入
自主研发活动概率 K_{in}^d	$selfrdp_n$：自主研发活动发生的概率，$\frac{1}{7}\sum_i KS_{in}^d$，共 7 种创新活动，5 种活动与自主研发有关，$i=1,2,3,4,5$，分别是“内部研发活动”、“有外部 R&D 活动”、“培训” 和“新产品市场推介”、“其他”
引进技术活动概率 K_{jn}^f	$acqprob_n$：外部创新活动发生的概率，$\frac{1}{7}\sum_j KS_{jn}^d$，共 7 种创新活动，2 种活动与引进技术有关，$j=1,2$，“获取机器、设备和软件”、“从企业外部获取相关技术”
自主研发与引进技术交互项	$selfacq_n$：$selfrdp_n \times acqprob_n$

12.5.3　计量结果

根据上文关于企业创新特征的分析，本章分别对小企业、中等规模企业和大企业创新意愿进行计量。从计量方程(16)、(17)、(18)中进行 A、B、C、D、E 五组回归，解释变量和被解释变量设定和计量结果如表 12-3 所示。由于本章考察各种创新意愿的决定因素，这五组回归方程的被解释变量是相同的，如第一行所示。每组回归又分大、中、小企业三个板块，因此每组回归方程有 15 个。根据这些计量结果，可以对上述假说和推论进行证实和解释。

1. 从中间产品生产意愿角度的检验

企业增加中间产品生产意愿，在本章问卷调查中用企业产品与工艺创新意愿来表示。根据(13)、(17)式，决定该意愿的因素主要是企业的产量，而产量取决于所投入的生产要素。如表 12-3 中(1)—(15)所示，不难发现：

(1) 企业各要素投入产品创新意愿的作用系数之和在小企业、中等规模企业和大企业上分别是 0.009 65、0.022 31、0.038 18，在工艺创新意愿上作用系数之和分别是 0.014 08、—0.016 8、0.031 23，显然这两组数字呈现递增的上升幅度，而且中等规模企业中该系数增加缓慢，与图 12-4 一致。

（2）技能劳动力对所有规模类型企业的产品与工艺创新意愿都显著地发生正向作用，随着企业规模越大，该相关系数越大。非技能劳动力在小企业和中等规模企业中的相关系数为负数，在大企业中为正数，但是均不显著。这些结果意味着，现阶段，企业增加中间产品生产意愿主要取决于企业对技能劳动力的投入，即大学本科以上劳动力的投入，企业规模越大，技能劳动力投入产生的促进作用越显著。这在一定程度上支持了上文对企业创新特征1。

非技能劳动投入虽然能提高加工规模，但是不会促进企业创新意愿，在小企业和中等规模企业中反而有抑制作用。资本要素投入对创新意愿对小企业、中等规模企业有一定程度的抑制效应，尤其是在工艺创新上，这在一定程度上抵消了技能劳动力的促进效应，使得小企业、中等规模企业产品与工艺创新意愿增长缓慢，这与上文对企业创新特征1一致。

（3）无形资产在小企业中还没有显著发生作用，尽管相关系数为正，在中等规模企业中对产品、工艺创新意愿都显著有正向影响，在大企业中只对产品创新意愿有正向影响。无形资产反映了企业的差异化特征，这就意味，企业进入中等规模阶段，企业在产品和技术等方面差异化开始显现，进而要求企业增加产品、工艺创新活动。在大企业阶段，无形资产更多地促进了产品创新。可以说，无形资产作用程度的变化在一定程度上也支持了上文对企业创新特征1。

由于问卷调查对产品、工艺创新又分成原始、集成和引进吸收消化再创新三种，上述要素投入对产品、工艺创新意愿的影响方向一致，在此基础上，本章可以进一步观察企业在涉及自主研发、引进技术上的创新特征：

（1）各要素投入对原始创新意愿作用系数之和在小、中、大企业中分别是0.026 9、0.013 74、0.018 41，呈现递增变化，与图12－5（Ⅰ）一致。其中，在小企业、中等规模企业中受到了技能劳动力的显著促进，在大企业中，技能劳动力的影响不显著。资本投入对各类规模企业原始创新产生了抑制作用，其中只有中等规模企业上抑制作用显著。

（2）各要素投入对引进消化吸收再创新意愿作用系数之和在小、中、大企业中分别是－0.003 06、－0.006 01、0.028 18，呈现出先降后升的特征，与图12－5（Ⅲ）一致。其中，在小企业中不依赖于技能劳动力，与非技能劳动力、无形资产正相关，但是不显著。在中等规模企业、大企业中依赖于技能劳动力的促进，但是在大企业中促进作用不显著。资本投入与各类企业该创新意愿均负相关，抑制效应不显著。

（3）各要素投入对集成创新意愿作用系数之和在小、中、大企业中分别是0.000 6、0.029 28、0.021 71，呈现先升后降的特征，与图12－5（Ⅲ）不一致。不一致的原因是在大企业中，非技能劳动力和资本投入作用方向从中等规模企业中的促进作用转变成抑制作用，如表12－3（9）（14）所示。其中还发现，在各规模类型企业中都得到了技能劳动力的促进，而且大企业促进的效果最大。无形资产在中等规模企业中对该创新意愿有显著的促进作用，在小企业、大企业中作用不显著。

表 12－3　企业创新的决定因素的计量结果

		小企业					中企业					大企业				
		innwpd	innwpc	innwi	innwc	innwim	innwpd	innwpc	innwi	innwc	innwim	innwpd	innwpc	innwi	innwc	innwim
A		(1)	(2)	(3)	(4)	(5)	(6)	(7)	(8)	(9)	(10)	(11)	(12)	(13)	(14)	(15)
	lnL^U	−0.005 69	0.003 33	0.005 7	−0.0153**	0.004 72	−0.007 34	−0.009 42	−0.002 88	0.003 21	−0.0245***	0.008 28	0.009 92	0.009 54	−0.004 64	0.010 8
	lnL^S	0.017***	0.014***	0.028***	0.0105**	−0.007 81	0.025 5***	0.025 8***	0.025 4***	0.008 35**	0.017 3***	0.030 9***	0.029 1***	0.009 21	0.033 0***	0.014 9
	lnK	−0.003 26	−0.005 57*	−0.005 66	0.003 55	−0.002 68	−0.003 13	−0.006 69*	−0.010 3**	0.009 74**	−0.002 53	−0.015 6	−0.017 4	−0.007 93	−0.016 5	−0.002 21
	lnRK	0.001 6	0.002 32	−0.001 14	0.001 85	0.002 71	0.007 28***	0.007 11***	0.001 52	0.007 98***	0.003 72	0.014 6**	0.009 61	0.007 59	0.009 85	0.004 69
	Observ	946	930	836	836	836	1 439	1 415	1 235	1 235	1 235	205	195	184	184	184
	R^2	0.028	0.02	0.035	0.011	0.004	0.063	0.063	0.034	0.027	0.033	0.11	0.077	0.018	0.085	0.03
B		(16)	(17)	(16)	(19)	(20)	(21)	(22)	(23)	(24)	(25)	(26)	(27)	(28)	(29)	(30)
	rdfcss	0.608***	0.482 * *	0.546 *	0.385	0.0432	0.787 *	0.984 * *	0.605	0.393	0.664	−0.888	3.286	0.981	0.468	−1.276
	rddcss	0.148***	0.192***	0.398***	0.169**	−0.23***	0.559***	0.613***	0.392***	0.213*	0.478***	1.669***	1.306**	0.241	1.650***	1.153*
	Observ	1 849	1 812	1 611	1 611	1 611	1 925	1 912	1 660	1 660	1 660	236	228	213	213	213
	R^2	0.012	0.011	0.018	0.005	0.004	0.025	0.031	0.01	0.003	0.02	0.042	0.038	0.002	0.043	0.019
C		(31)	(32)	(33)	(34)	(35)	(36)	(37)	(38)	(39)	(40)	(41)	(42)	(43)	(44)	(45)
	selfrdp	0.112***	0.109***	0.222***	0.043	−0.0438	0.148***	0.161***	0.227***	0.0819***	0.0116	0.236***	0.282***	0.279***	0.0978	0.112
	selfacq	0.214***	0.267***	−0.26***	0.294***	0.455***	0.329***	0.367***	−0.207***	0.467***	0.431***	0.385**	0.191	−0.339*	0.627***	0.374 *
	Observ	1 546	1 502	1 349	1 349	1 349	1 925	1 912	1 660	1 660	1 660	236	228	213	213	213
	R^2	0.088	0.098	0.036	0.027	0.025	0.116	0.14	0.041	0.075	0.05	0.183	0.151	0.046	0.133	0.076
D		(46)	(47)	(48)	(49)	(50)	(51)	(52)	(53)	(54)	(55)	(56)	(57)	(58)	(59)	(60)
	acqtcss	0.274*	0.162	−0.0649	0.173	0.322	0.532**	0.798***	−0.0576	0.39	0.876***	0.249	0.799	0.146	−0.588	1.214
	acqmcss	0.037 5	0.076 5	0.142*	0.077	−0.1	0.071 6	0.147***	−0.010 7	−0.023 6	0.205***	1.014***	1.011***	0.632 *	1.026***	0.219
	Observ	1 849	1 812	1 611	1 611	1 611	1 925	1 912	1 660	1 660	1 660	236	228	213	213	213
	R^2	0.002	0.002	0.002	0.001	0.002	0.004	0.012	0	0.001	0.019	0.047	0.053	0.018	0.045	0.008
E		(61)	(62)	(63)	(64)	(65)	(66)	(67)	(68)	(69)	(70)	(71)	(72)	(73)	(74)	(75)
	acqprob	−0.21***	−0.154***	−0.57***	−0.0642	0.27***	−0.395***	−0.425***	−0.577***	−0.203**	−0.0615	−0.443**	−0.501**	−0.597**	0.000 955	−0.188
	selfacq	0.730***	0.702***	0.991***	0.467***	−0.0249	1.180***	1.269***	1.007***	0.898***	0.537***	1.400***	1.321***	0.897**	0.781**	0.802**
	Observ	1 546	1 502	1 349	1 349	1 349	1 925	1 912	1 660	1 660	1 660	236	228	213	213	213
	R^2	0.077	0.085	0.03	0.026	0.03	0.114	0.141	0.036	0.074	0.05	0.164	0.124	0.029	0.128	0.071

注：*、**、*** 分别表示 P 值在 1%、5%、10%范围。限于篇幅，只报告了每个解释变量，每个变量中文含义请见表 12－1。下表同注。

(4) 上文创新特征 3 得到部分验证，即中等规模企业在各要素对创新意愿促进的表现呈现出过渡性特征：随着企业规模从小企业逐渐到大企业，技能劳动力对原始创新意愿的作用程度缓慢下降，在大企业阶段变得不显著，对引进消化吸收再创新意愿的作用从抑制效应转变成促进效应；资本投入对集成创新意愿的作用从促进效应变成抑制效应。无形资产的作用从小企业时不显著，到中等规模企业时对产品与工艺创新、集成创新意愿有显著促进作用，到大企业只对产品创新意愿有促进作用。

总之，这种过渡性变化反映了小企业在创新资源有限、技术无限供给的条件下，将关键创新资源(技能劳动力)投向于自主研发，兼顾外部技术引进，大企业获取创新资源相对轻松，但仍面临在技术无限供给条件，因而将关键创新资源集中投向了集成创新。只有中等规模企业对关键创新资源在自主研发、引进技术之间进行取舍，兼顾两者的作用。

2. 从自主研发角度的检验

根据(14)、(17)式，企业自主研发投入强度、自主研发活动概率对企业创新意愿的影响计量结果如表 12－3 中(16)—(45)所示，不难发现：

(1) 来自企业内部研发支出强度对各规模类型企业的产品与工艺创新都有显著的促进作用，而且规模越大的企业，促进程度越高，这在一定程度上又验证了上文企业创新特征 1。但是对产品与工艺创新在原始、集成与引进吸收消化再创新上表现却存在企业间差异。

在对原始创新意愿的促进上，企业内部研发支出强度在小企业和中等规模企业中有显著促进效应，随着企业规模越大，对原始创新意愿促进效应越大，这与企业创新特征 2 一致。但是这种效应只到中等规模企业为止，在大企业中不显著。

在对引进消化吸收再创新意愿的促进上，企业内部研发支出强度在中等规模企业和大企业中有显著的促进效应，而在小企业则有显著的抑制效应。这在一定程度上验证了上文提出的 U 型特征。在对集成创新的影响上，各类型企业内部研发支出都有显著的促进作用，与前两者结合起来，可以说，小企业内部研发支出强度越大，越偏向于支持自主研发为主的创新活动，大企业则偏向于支持引进技术为主的创新活动，介于中间的中等规模企业则在两者之间取得良好的平衡。

(2) 来自企业外部研发支出强度只对小企业、中等规模企业产品与工艺创新意愿有显著促进作用，其中小企业外部研发支出对产品创新意愿提升较大，中等规模企业外部研发支出对工艺创新意愿提升较大。而在大企业中，外部研发支出作用不显著，但是在产品创新上负相关，在工艺创新上正相关，即大企业外部研发支出主要用于工艺创新。从对原始创新意愿的影响来看，只有小企业外部研发支出显著地促进了原始创新，其他规模类型企业均不显著。在对集成创新意愿的作用上，外部研发支出有促进作用，但均不显著。对引进消化吸收再创新意愿的作用，外部研发支出的作用均不显著，但是在小企业、中等规模企业中是促进作用，在大企业中有抑制作用。

与内部研发支出强度的作用相比较，企业内部研发支出强度对创新意愿的促进显著地好于外部研发支出，其中小企业产品与工艺的原始创新更多地依赖于外部研发支出，这反映了小企业创新资源稀缺的状况。

(3) 从自主研发发生概率对创新意愿的作用来看，各规模类型企业从事自主研发活动的概率越大，对产品与工艺创新意愿的促进越大，且在大企业中促进程度最大。如果同时增加引进技术的概率(如交互项 selfacq 所示)，将进一步增加产品与工艺创新意愿。在对原始创新意愿的促进上，各规模类型企业都有显著的促进效应，若同时增加引进技术的概率，那么原始创新意愿从增加转变成降低。在对引进消化吸收再创新意愿的作用上，企业自主研发活动概率增加虽然没有显著的效应，但是在小企业中表现出抑制方向，而在中等规模企业和大企业中则呈现出促进方向，如果同时增加引进技术的概率，那么就显著地增加引进消化吸收再创新意愿。这在一定程度上也验证了企业创新特征 2。在集成创新上，各类企业只有在增加自主研发概率的同时增加引进技术的概率，才会显著地促进集成创新。

归纳得出，企业在自主研发活动中，若增加引进技术活动概率，将导致企业在产品与工艺的原始创新意愿减弱，使得产品与工艺的集成、引进消化吸收再创新意愿增强。

3. 从引进技术与角度的检验

根据(15)(18)式，企业引进技术支出强度、引进技术活动概率对创新意愿的影响计量结果如表 12 - 3 中(31)—(60)所示，不难发现：

(1) 企业"从外部获取相关技术"支出强度在小企业、中等规模企业中对产品创新意愿有显著的促进作用，且中等规模企业的作用程度大于小企业，这个效应在大企业中不显著。在对工艺创新意愿的促进上，只在中等规模企业中显著。此外，"从外部获取相关技术"只在中等规模企业中能够显著地促进引进吸收消化再创新，这意味着，中等规模企业引进技术支出都将有效地促进产品与工艺创新。

(2) 企业"购买机器、设备或软件"支出强度对产品创新意愿提升的作用只显著地体现在大企业之中，对工艺创新意愿的促进发生于中等规模企业和大企业。这两个效应在小企业中均不显著。从对原始创新意愿的提升来看，"购买机器、设备或软件"支出强度在小企业、大企业中有显著的效果，且在大企业中的作用程度大于小企业，该效应在中等规模企业中不显著。在集成创新意愿上，只有大企业从"购买机器、设备或软件"支出强度有显著促进效果。

总之，在引进技术活动中，中等规模企业倾向于通过"从外部获取相关技术"来增加产品与工艺创新，尤其是它们的引进消化吸收再创新意愿。大企业倾向于通过"购买机器、设备或软件"来增加对产品与工艺创新，尤其是它们的原始与集成创新意愿。

（3）从引进技术活动概率的影响来看，在各类型企业中，对产品与工艺创新意愿、及其他们的原始创新意愿都有显著的抑制作用，只有同时增加自主研发活动概率，如交互项显示，才会产生促进作用。在引进消化吸收再创新意愿上，在小企业中，单独增加引进技术活动概率将有显著的促进作用，但是如果同时增加自主研发活动概率，则降低引进消化吸收再创新意愿。中等规模企业和大企业的情况恰好与之相反，在这一点上反映企业选择同时增加引进技术和自主研发活动的目的在企业间有显著差异。在集成创新上，虽然小企业和中等规模企业引进技术活动概率增加会抑制集成创新意愿，但是同时增加自主研发活动，则都将促进集成创新意愿的提升，在大企业中，两种活动概率都促进集成创新意愿。

从中不难得出，企业在引进技术活动中，若增加自主研发活动，将增进企业在产品与工艺的原始、集成创新上的意愿，但是对引进消化吸收再创新意愿的影响，在小企业有不显著的抑制效应，在中等规模企业、大企业中则有显著的促进效应，在这个意义上，企业创新特征 2 得到验证。

12.6　本章小结

本章根据发展中大国——中国制造业在加入 WTO 之后发展背景，后发国家的企业在进入市场时，产品与工艺创新面临来自发达国家先进技术、产品和资本的供给和竞争。本章将其概括为技术无限供给条件下后发国家的企业创新活动的选择问题，旨在揭示后发国家，尤其是发展中大国的企业创新行为特征。本章基于价格弹性恒定的需求函数和特定的技术无限供给条件，围绕企业在自主研发、引进技术这两类创新活动构建了一个古诺竞争模型，通过模型推导，揭示了后发国家的企业在产品与工艺创新意愿、产品与工艺的原始创新意愿以及引进消化吸收再创新意愿上的表现依赖于企业生产所面临的产品需求的价格弹性、自主研发与引进技术所需资本支出的利率弹性的特定取值下竞争行为选择。

本章根据企业在小规模、中等规模和大规模阶段面临的自主研发、引进技术所需资本支出的利率弹性以及产品需求的价格弹性取值特征，推断出后发国家的企业创新的规模异质性假说，其中与西方国家企业创新有显著不同的表现是：企业进入中间产品市场，进行产品与工艺创新活动的意愿在从小规模到中等规模的变化中逐步增强，到大企业阶段减弱；企业在自主研发和引进技术动机之间权衡取舍，小企业更偏向于自主研发支出的增加，大企业更偏向于增加引进技术支出。中等规模企业的特征取决于产品生产、研发和引进技术过程中的差异化程度。

本章利用中国制造业企业创新问卷调查数据计量基本上证实了后发国家中企业创新的规模异质性假说，即企业产品与工艺创新活动随着企业规模增加而增加的概率越大，这意味着，后发国家的小企业和大企业在产品与工艺创新上的差别不再是创新类别上不同，而是程度上差异。这一点显然不同于已有对发达国家企业创新行为的识别。此外，计量检验还进一步证实了，企业在产品与工艺上的原始创新意愿也随着企业规模增加而增加，但是小企业自主研发支出和自主研发活动概率的增强是为了增强原始创新，降低对引进技术的依赖，而大企业为了进一步增强引进技术活动，使得吸收消化再创新意愿进一步增加。其中，中等规模企业呈现出过渡性变化特征，其自主研发和引进技术，相对于小企业来说，对集成创新意愿的影响上改变了小企业下降趋势；相对于大企业来说，对原始创新意愿的促进效应较为显著，对引进吸收消化再创新意愿的促进上已经呈现出显著性。

本章揭示的后发国家的企业创新的规模异质性假说，要求后发国家在促进企业自主创新的政策选择时要考虑到不同规模类型企业创新行为的差异，对于吸收国外先进技术和产品的创新活动，政策思路在小企业上体现为支持其低成本进入中间产品生产，在大企业上体现为支持其进行自主研发，加快引进吸收消化再创新，进入技术前沿，在偏向于引进吸收消化再创新的中等规模企业上支持其迅速成长为大企业；对替代国外先进技术和产品的创新上，政策重点在小企业和中等规模企业上，增加对其自主研发投入，降低自主研发支出的成本，从而使企业将有限的创新资源更多投向于自主研发，而不是引进技术。

参考文献

[1] Acemoglu, D. , Aghion, P. and Zilibotti, F.. Distance to Frontier, Selection, and Economic Growth[J]. Journal of the European Economic Association, 2006, 4(1).

[2] Acemoglu Daron, Aghion Philippe and Fabrizio Zilibotti. Distance to Frontier, Selection, and Economic Growth[J]. NBER Working Paper No. 9066,2002.

[3] Arrow, Kenneth J. The Economic Implications of Learning by Doing [J]. Review of Economic Studies, 1962,29(3).

[4] Anthony J. Venables. Equilibrium Locations of Vertically Linked Industries [J]. InternationalEconomic Review, 1996,37(2).

[5] Audretsch and Feldman. Innovation in Cities: Science-based Diversity,Specialization and Localized Competition[J]. Euro Economic Review, 1999.

[6] Audretsch D. B. and Acs Z. J. Innovation and Size at the Firm Level[J]. Southern Economic Journal, 1991.

[7] Acs Z. J. Audretsch D. B. and Feldman M. P. R&D Spillovers and Recipient Firm Size[J]. Review of Economics and Statistics, 1994.

[8] Akcigit U. and Kerr W. R. Growth through Heterogeneous Innovations[J]. PIER Working Paper No. 10—035, 2010.

[9] Altenburg, T. ,Schmitz, H. and Stamm, A. Breakthrough? China's and India's Transition from Production to Innovation[J]. World Development, 2008.

[10] Aitken, B. J. and Harrison, A. E. Do Domestic Firms Benefit from Direct Foreign Investment? Evidence from Venezuela[J]. American Economic Review, 1999.

[11] Arora, A. , Gambardella, A. , & Torrisi, S. In the footsteps of Silicon Valley? Indian and Irish software, in the international division of labor [A]. T. Bresnahan, & A. Gambardella. Building high-tech regions [M]. Cambridge: Cambridge University Press, 2004.

[12] Amaldoss W. Collaboration to compete[J]. Marketing Science,2000,19(2).

[13] Acs, Zoltan and David Audretsch. Innovation in Large and Small Firms: An Empirical Analysis[J]. American Economic Review, 1998.

[14] Acemoglu, Daron, Pol Antràs, Elhanan Helpman. Contracts and Technology Adoption[J]. American Economic Review, American Economic Association, 2007.

[15] Amiti, Mary. Regional specialization and technological leapfrogging[J]. Journal of

Regional Science, 2001.

[16] Aghion, P. and Howitt, P.. A Model of Growth through Creative Destruction[J]. Econometrica, 1992.

[17] Aghion, P., C. Harris, P. Howitt and J. Vickers. Competition, Imitation and Growth with Step-by-Step Innovation[J]. Review of Economic Studies, 2001

[18] Acemoglu Daron, Philippe Aghion and Fabrizio Zilibotti. Vertical Integration and Distance to Frontier[J]. NBER Working Paper, No. 9191,2002.

[19] Akcigit Ufuk and William R. Kerr. Growth Through Heterogeneous Innovations[J]. NBER Working Paper, 2010.

[20] Altenburg Tilman, Hubert Schmitz and Andreas Stamm. Breakthrough? China's and India's Transition from Production to Innovation[J]. World Development,2009.

[21] Barro, R. J., Sala-i-Martin, X. Economic Growth [M]. Cambridge: The MIT Press, 2004.

[22] Bottazzi L. and Peri G.. Innovation and spillovers in regions: evidence from European patent data[J]. European Economic Review, 2003.

[23] Bogliacino Francesco, Giulio Perani, Mario Pianta and Stefano Supino. The evidence from innovation survey[J]. European Journal of Development Research, Innovation and development,2011.

[24] Blonigen,Bruce, Alyson Ma. Please Pass the Catch-up The Relative Performance of Chinese and Foreign Firms in Chinese Exports[J]. NBER Working Paper,2007.

[25] Brezis,Elise S.,Krugman,Paul R and Tsiddon,Daniel. Leapfrogging in International Competition: A Theory of Cycles in National Technological Leadershio[J]. American Economic Review,American Economic Association,1993.

[26] Benhabib Jess,Jesse Perla and Christopher Tonetti. Catch-up and Fall-back through Innovation and Imitation[J]. NBER Working Papers,2012.

[27] Cohen and Levinthal. Innovation and Learning: The Two Faces of R&D[J]. Economic Journal, 1989.

[28] Cohen and Levinthal. Innovation and Learning: the Two Faces of R&D[J]. Economic Journal, 1989.

[29] Cohen W. M. and Klepper S. Firm Size and the Nature of Innovation within Industries: The Case of Process and Product R&D[J]. The Review of Economics and Statistics, 1996

[30] Cohen, Wesley and Steven Klepper. A Reprise of Size and R & D[J]. Economic Journal,1996a.

[31] Cohen, Wesley and Steven Klepper. Firm Size and the Nature of Innovation within Industries: The Case of Process and Product R&D [J]. Review of Economics and Statistics,1996b.

[32] Caselli Francesco and Coleman II,Wilbur John. The World Technology Frontier[J]. American Economic Review,2006,93.

[33] Caselli,Francesco and Coleman II,Wilbur John. Cross-Country Technology Diffusion:

The Case of Computers[J]. CEPR Discussion Papers, 2001.

[34] Comin, Diego A. and Bart Hobijn. "An Exploration of Technology Diffusion", NBER Working Papers 12314, National Bureau of Economic Research, Inc. 2006b.

[35] Debasis Mondal and Manash Ranjan Gupta. Innovation, Imitation and Intellectual Property Rights: A Note on Helpman's Model [J]. Journal of Economics, 2006, 87(1).

[36] Duranton and Puga. Nursery Cities: Urban Diversity, Process Innovation, and the Life Cycle of Products[J]. The American Economic Review, 2001.

[37] Duranton and Puga. Micro-foundations of Urban Agglomeration Economies [M]. Handbook of Regional and Urban Economics, 4, Amsterdam: North Holland, 2004.

[38] Daron Acemoglu, Philippe Aghion, Fabrizio Zilibotti. Vertical integration and distance to frontier. Journal of the European Economic Association [C]. Cambridge: MIT Press, 2003.

[39] Eaton J. and S. Kortun, Trade in Ideas: Productivity and Patenting in the OECD [J]. Journal of International Economics, 1996.

[40] Edwin Mansfield, Mark Schwartz and Samuel Wagner. Imitation Costs and Patents: An Empirical Study [J]. The Economic Journal, 1981.

[41] Fujita M., P. R. Krugman, and A. J. Venables. The Spatial Economy: Cities, Regions, and International Trade [M]. Cambridge, Mass: Massachusetts Institute of Technology Press, 1999.

[42] Fujita, M., and J. F. Thisse. Economics of Agglomeration [M]. Cambridge: Cambridge University Press, 2002.

[43] Fritsch M. and Meschede M. Production Innovation, Process Innovation, and Size [J]. Review of Industrial Organization, 2001.

[44] Falck O. Routinization of innovation in German manufacturing: the David-Goliath symbiosis revisited[J]. Industrial and Corporate Change, 2008.

[45] Fu Xiaolan and Yundan Gong. Indigenous and Foreign Innovation Efforts and Drivers of Technological Upgrading: Evidence from China[J]. World Development, 2011.

[46] Feenstra, Robert C. and Shang-Jin Wei. China's Growing Role in World Trade[M]. Chicago: University of Chicago Press, 2010.

[47] Gramlich, E.. Infrastructure investment: a review essay [J]. Journal of Economic Literature, 1994, 32(3).

[48] Glaeser, Kallal, Scheinkman, Shleifer. Growth in Cities [J]. Journal of Political Economy, 1992.

[49] Gerben. Agglomeration Externalities: Marshall versus Jacobs [J]. Journal of Evolutionary Economics, 2004.

[50] Guan Jian Cheng, Yam R. C. M., Tang E. P. Y. and Lau A. K. W. Innovation Strategy and Performance during Economic Transition: Evidences in Beijing, China[J]. Research Policy, 2009.

[51] Guellec, D. and van Pottelsberghe de la Potterie, B. R&D and productivity growth:

Panel data analysis of 16 OECD countries[J]. OECD STI Working Paper No. 3,2001.

[52] Griffith, R. , Huergo, E. , Mairesse, J. and Peters, B. Innovation and Productivity across Four European Countries[J]. Oxford Review of Economic Policy, 2006.

[53] Gereffi G. International Trade and Industrial Upgrading in the Apparel Commodity Chains[J]. Journal of International Economics, 1999.

[54] Ganotakis, P. and Love, J. R&D, Production Innovation, and Exporting: Evidence from UK New Technology Based Firms[J]. Oxford Economic Papers, 2011.

[55] Greene, W. H. Econometric Analysis (5th ed.) [M]. New Jersey: Prentice-Hall, 2005.

[56] Gerschenkron, A. Economic Backwardness in Historical Perspective. In: Hoselitz, B. F. (Ed.), The Progress of Underdeveloped Areas [M]. Chicago: University of Chicago Press.

[57] Götz Georg. Monopolistic Competition and the Diffusion of New Technology[J]. The RAND Journal of Economics, 1999.

[58] Grossman, G. M. and Helpman, E.. Innovation and Growth in the Global Economy [M]. Cambridge Mass. : MIT Press,1991.

[59] Helpman Elhanan. Innovation, Imitation and Intellectual Property Rights [J]. Econometrica, 1993.

[60] Henderson and Turner. Industrial development in cities [J]. Journal of Political Economy, 1995.

[61] Hall B. H. Innovation and Productivity[J]. NBER Working Paper No. 17178, 2011.

[62] Hansen, M. T. and Birkinshaw, J. The Innovation Value Chain[J]. Harvard Business Review, 2007.

[63] Harris, R. I. D and Trainor, M. Innovations and R&D in Northern Ireland Manufacturing: a Schumpeterian Approach[J]. Regional Studies, 1995.

[64] Helpman Elhanan. Innovation, Imitation, and Intellectual Property Rights[J]. Econometrica, Econometirc Society, 1993.

[65] Iammarino, S.. An Evolutionary Integrated View of Regional Systems of Innovation: Concepts, Measures and Historical Perspectives[J]. European Planning Studies, 2005, 13(4).

[66] Irwin, D. A. and Klenow, P. J. High-tech R&D Subsidies-Estimating the Effects of Sematech[J]. Journal of International Economics, 1996.

[67] Inui Tomohiko, Atsushi Kawakami and Tsutomu Miyagawa. Do Competitive Markets Stimulate Innovation? An Empirical Analysis Based on Japanese Manufacturing Industry Data [J]. RIETI Discussion Paper, 2008, 08 - E - 012.

[68] Jones. Time Series Tests of Endogenous Growth Models[J]. Quarterly Journal of Economics, 1995a.

[69] Jones. R&D-Based Models of Economic Growth [J]. Journal of Political Economy, 1995b.

[70] Jaakko Simonen, Philip McCann. Firm innovation: The influence of R&D cooperation

and the geography of human capital inputs [J]. Journal of Urban Economics, 2008.

[71] Julio Rosa & Pierre Mohnen. Knowledge Transfers between Canadian Business Enterprises and Universities: Does Distance Matter? [J]. CIRANO Working Papers 2008s－09, CIRANO, 2008.

[72] J MacKinnon. Numerical Distribution Functions for Unit Root and Cointegration Tests[J]. Journal of Applied Econometrics, 1996.

[73] J. Fagerberg. Innovation: A Guide to the Literature. Oxford Handbook of Innovation [M]. London: Oxford University Press, 2006.

[74] Joshi, A. W. and Sharma, S. Customer Knowledge Development: Antecedents and Impact on New Product Performance[J]. Journal of Marketing, 2004.

[75] Jung Moosup and Keun Lee. Sectoral systems of innovation and productivity catch-up: determinants of the productivity gap between Korean and Japanese firms[J]. Industrial and Corporate Change, 2010.

[76] Krugman. Geography and Trade[M]. Cambridge: The MIT Press, 1991.

[77] Katila and Ahuja. Something Old, Something New: A Longitudinal Study of Search Behavior and New Product Introduction [J]. Academy of Management Journal, 2002.

[78] Koput. Chaotic Model of Innovative Search: Some Answers, Many Questions[J]. Organization Science, 1997.

[79] Katz and Allen. Investigating the Not Invented Here (NIH) syndrome: A Look at the Performance, Tenure, and Communication Patterns of 50 R&D Projects[J]. R&D Management, 1982.

[80] Kuroiwa, I. , Nabeshima, K. and Tanaka, K. Innovation Networks in China, Japan, and Korea: Evidence from Japan Patent Data[J]. IDE Discussion Paper, No. 285, 2011.

[81] Kun Chen and Martin Kenney. Universities/research institutes and regional innovation systems: the cases of Beijing and Shenzhen [J]. World Development, 2007.

[82] Keller, Wolfgang. International Technology Diffusion[J]. Journal of Economic Literature, 2004.

[83] Karshenas Massoud and Paul L. Stoneman. Rank, Stock, Order, and Epidemic Effects in the Diffusion of New Process Technologies: An Empirical Model[J]. The RAND Journal of Economics, 1993.

[84] Klaus Desmet, Stephen L. Parente. Bigger is Better: Market Size, Demand Elasticity and Resistance to Technology Adoption[J]. Centre for Economic Policy Research, Discussion Paper, 2006.

[85] Klette, Tor Jakob and Samuel Kortum. Innovating Firms and Aggregate Innovation [J]. Journal of Political Economy, 2004.

[86] Kuroiwa, Ikuom, Kaorum Nabeshima and Kiyoyasu Tanaka. Innovation networks in China, Japan, and Korea: evidence from Japanese patent data[J]. IDE Discussion Paper, 2011.

[87] Lorenz D.. Economic Geography and the Political Economy of Regionalization: The Example of Western Europe[J]. American Economic Review, 1992, 82.

[88] Laursen and Salter. Open for Innovation: the Role of Openness in Explaining Innovation Performance among U. K. Manufacturing Firms. Strategic Management Journal [J], 2006.

[89] Love, J. H. and Roper, S. Location and Network Effects on Innovation Success: Evidence for UK, Germany and Irish Manufacturing Plants[J]. Research Policy, 2001.

[90] Leonid Hurwicz. The Design of Mechanisms for Resource Allocation [J]. The AmericanEconomic Review, 1973.

[91] Lee Keunjae, Sang-Mok Kang. Innovation Types and Productivity Growth: Evidence from Korean Manufacturing Firms[J]. Global Economic Review, 2007.

[92] McDonald, J. and Moffitt, R. The Uses of Tobit Analysis[J]. The Review of Economics and Statistics, 1980.

[93] Michael Storper. Regional technology coalitions: an essential dimension of national technology policy [J]. Research Policy, 1995 .

[94] Mondal, Debasis and Ranjan Gupta, Manash. Endogenous Imitation and Endogenous Growth in a North-south Model: A Theoretical Analysis[J]. Journal of Macroeconomics, Elsevier, 2009.

[95] Motta, Massimo, Jacques-Francois Thisse and Antonio Cabrales. On the Persistence of Leadership or Leapfrogging in International Trade[J]. International Economic Review, 1997.

[96] Nobelius, D.. Towards the Sixth Generation of R&D Management[J]. International Journal of Project Management, 2004, 22(5).

[97] Noble, G. W. Conspicuous failures and hidden strengths of the ITRI model: Taiwan's technology policy toward hard disk drives and CD-ROMs UCSD [R]. The information storage industry center report, 2000 - 02 (March).

[98] Paul M. Romer. Increasing Returns and Long-Run Growth [J]. The Journal of Political Economy, 1986, 94(5).

[99] Paul Krugman . Increasing Returns and Economic Geography [J] . The Journal of Political Economy, 1991, 99(3).

[100] P. D'Este, P. Patel. University-industry linkages in the UK: What are the factors underlying the variety of interactions with industry? [J]. Research Policy, 2007.

[101] Paci and Usai. Externalities, Knowledge Spillover and the Spatial Distribution of Innovation[J]. Geo Journal, 1999.

[102] Parisi, M. L. , Schiantarelli, F. and Sembenelli, A. Productivity, Innovation and R&D: Micro Evidence for Italy[J]. European Economic Review, 2006.

[103] Pari Patel and Keith Pavitt. Patterns of technological change: their measurement and interpretation [A]. Stoneman P.. Handbook of the economics of innovation and technological change [C]. Oxford: Blackwell, 1995.

[104] Parente, Stephen L and Prescott, Edward C.. Barriers to Technology Adoption and Development[J]. Journal of Political Economy, 1994.

[105] Robert E. Lucas Jr. On the mechanics of economic development [J]. Journal of Monetary Economics, 1988, 22(1).

[106] Romer P. M., Endogenous technological change [J]. Journal of Political Economy, 1990.

[107] Rosenthal and Strange. Evidence on the Nature and Sources of Agglomeration Economies[M]. Handbook of Regional and Urban Economics, 4, Amsterdam: North Holland, 2004.

[108] Roper, S., Du, J. and Love, J. H. Modelling the Innovation Value Chain[J]. Research Policy, 2008.

[109] Roper, S. and Arvanitis, S. From Knowledge to Added Value: A Comparative, Panel-data Analysis of the Innovation Value Chain in Irish and Swiss Manufacturing Firms[J]. Research Policy, 2012.

[110] Rodrik Dani. What's So Special About China's Exports? [J]. NBER Working Paper,2006.

[111] Scarpetta, S. and Tressel, T. Boosting Productivity via Innovation and Adoption of New Technologies: Any Role for Labor Market Institutions? [J]. World Bank Policy Research Working Paper 3273,2004.

[112] Saxenian, A. Taiwan's Hsinchu region: imitator and partner for silicon valley [A]. T. Bresnahan, & A. Gambardella. Building high-tech regions [M]. Cambridge: Cambridge University Press, 2004.

[113] Schott Peter K. The Relative Sophistication of Chinese Exports[J]. NBER Working Paper,2006.

[114] Sugata Marjit, Hamid Beladi. Technology adoption and LDC firms[J]. Research in Economics, 1999.

[115] Thomas,Louis A.. Adoption order of new technologies in evolving markets[J]. Journal of Economic Behavior & Organization, 1999.

[116] Uzawa, Hirofumi. Optimal Technical Change in an Aggregative Model of Economic Growth [J]. International Economic Review, 1965, 6.

[117] Van de Ven, Polley, Garud and Venkataraman. The Innovation Journey [M]. New York: Oxford University Press, 1999.

[118] Wolcott L.. Regionalism: Political Implement[J]. American Economic Review, 1945, 35(2).

[119] Zheng, Jinhai, Bigsten, A. and Hu, A. "Can China's Growth be Sustained? A Productivity Perspective." World Development, 2009.

[120] Weiss,Allen M. "The Effects of Expectations on Technology Adoption: Some Empirical Evidence",Journal of Industrial Economics,1993.

[121] (美)威廉·鲍莫尔;郭梅军,译. 资本主义的增长奇迹——自由市场创新机器[M]. 北京:中信出版社,2004.

[122] (英)Adam Smith. 国富论[M]. 唐日松,译. 北京:华夏出版社,2005.

[123] (英)克里斯托夫·弗里曼;张宇轩,译. 技术政策与经济绩效:日本国家创新系统的经验[M]. 南京:东南大学出版社,2008.

[124] G. M. 格罗斯曼;何帆,等,译. 全球经济中的创新与增长[M]. 北京:中国人民出版

社,2009.

[125] 安同良,施浩,Ludovico Alcorta. 中国制造业企业 R&D 行为模式的观测与实证——基于江苏省制造业企业问卷调查的实证分析[J]. 经济研究,2006(2).

[126] 奥利佛·威廉姆森,等编;李自杰,等,译. 交易成本经济学[M]. 北京:人民出版社,2008.

[127] 陈柳,刘志彪. 本土创新能力、FDI 技术外溢与经济增长[J]. 南开经济研究,2006(3).

[128] 陈钊,陆铭. 中国区域发展中的城市整合和工业集聚[M]. 上海:上海人民出版社,2006.

[129] 道格拉斯·诺思;钟正生,邢华,等,译,杨瑞龙、郑江淮校. 理解经济变迁过程[M]. 北京:中国人民大学出版社,2008.

[130] 丁旭,黄波,孟卫东. 基于投资溢出的供应链研发联盟利益分配方式研究[J]. 预测,2011(5).

[131] 冯进路. 企业联盟:知识转移与技术创新[M]. 北京:经济管理出版社,2007.

[132] 傅家骥主编. 技术创新学[M]. 北京:清华大学出版社,1998.

[133] 傅十和,洪俊杰. 企业规模、城市规模与集聚经济:对中国制造业企业普查数据的实证分析[J]. 经济研究,2008(11).

[134] 高彦彦,刘志彪,郑江淮. 技术能力、价值链位置与企业竞争力——来自苏州制造业的实证研究[J]. 财贸经济,2009(11).

[135] 郭斌,等. 知识经济下产学合作的模式、机制与绩效评价[M]. 北京:科学出版社,2007.

[136] 国家统计局编. 中国统计年鉴 2006[M]. 北京:中国统计出版社,2007.

[137] 国务院发展研究中心课题组. 工业企业技术创新的基本状况及主要特征[J]. 中国产业经济动态,2008(1).

[138] 何瑞卿,黄瑞华,徐志强. 合作研发中的知识产权风险及其阶段表现[J]. 研究与发展管理,2006,18(6).

[139] 贺卫,伍山林. 制度经济学[M]. 北京:机械工业出版社,2003.

[140] 黄波,孟卫东,任玉珑. 基于投资溢出的并行研发联盟成员投资策略研究[J]. 预测,2009(2).

[141] 江静,刘志彪. 提升江苏企业自主创新能力对策研究[J]. 南京社会科学,2007(9).

[142] 金麟洙(Linsu Kim),理查德·R. 尼尔森(Richard R. Nelson). 吴金希,戴德余,译. 技术、学习与创新:来自新兴工业化经济体的经验[M]. 北京:知识产权出版社,2011.

[143] 李春涛,宋敏. 中国制造业企业的创新活动:所有制和 CEO 激励的作用[J]. 经济研究,2010(5).

[144] 李红玲. 基于两个知识转移模型的企业战略联盟反思[J]. 科学与科学技术管理,2007(10).

[145] 李金滟,宋德勇. 专业化、多样化与城市集聚经济:基于中国地级单位面板数据的实证研究[J]. 管理世界,2008(2).

[146] 李平,崔喜军,刘健. 中国自主创新中研发资本投入产出绩效分析[J]. 中国社会科

学,2007(2).

[147] 李珣瑛. 奈米碳球研发联盟成立[N]. 联合报，2002-11-14，22版.

[148] 梁强,李新春,郭超. 非正式制度保护与企业创新投入——基于中国民营上市企业的经验研究[J]. 南开经济研究,2011(3).

[149] 林毅夫. 潮涌现象与发展中国家宏观经济理论的重新构建[J]. 经济研究,2007(1).

[150] 林毅夫,张鹏飞. 后发优势、技术引进和落后国家的经济增长[J]. 经济学(季刊),2005(4).

[151] 林毅夫,张鹏飞. 适宜技术、技术选择和发展中国家的经济增长[J]. 经济学(季刊),2006,(3).

[152] 刘君德. 中国行政区划的理论与实践[M]. 上海：华东师范大学出版社,1996.

[153] 刘培林. 地方保护和市场分割的损失[J]. 中国工业经济,2005(4).

[154] 刘影. 研发联盟中企业间博弈关系研究[D]. 哈尔滨：哈尔滨工程大学管理科学与工程专业,2010.

[155] 刘志彪. 用科学发展观统领发展方式的转换——以电子信息产业发展方式转型为例[J]. 产业经济研究,2008(4).

[156] 刘志彪,张杰. 全球代工体系下发展中国家俘获型网络的形成、突破与对策——基于GVC和NVC的比较视角[J]. 中国工业经济,2007(5).

[157] 龙志和,蔡杰. 知识动态溢出对产业发展的影响：来自中国省级面板数据的证据[J]. 南方经济,2006(4).

[158] 陆立军,周国红. 技术密集型行业对制造业竞争力影响程度研究——以浙江省为例[J]. 科研管理,2006(2).

[159] 路风. 走向自主创新：寻求中国力量的源泉[M]. 桂林：广西师范大学出版社,2006.

[160] 路江涌. 外商直接投资对内资企业效率的影响和渠道[J]. 经济研究,2008(6).

[161] 吕海萍,龚建立,等. 产学研相结合的动力障碍机制实证分析[J]. 研究与发展管理,2004,16(2).

[162] 罗利,鲁若愚. Shapley值在产学研合作利益分配博弈分析中的应用[J]. 管理科学,2001(15).

[163] 骆品亮,余林徽. 我国产学研合作的制约因素及其政策研究[J]. 上海管理科学,2004(6).

[164] 迈克尔·波特. 竞争论[M]. 北京：中信出版社,2003.

[165] 聂辉华,谭松涛,王宇锋. 创新、企业规模与市场竞争：基于中国企业层面的面板数据分析[J]. 世界经济,2008(7).

[166] 彭裕民. 研发经费配置,政府必须深思[J/OL]. 工商时报，http://nano-taiwan.sinica.edu.tw/index.php? lid=73&page=60，2003-03-08.

[167] 芮明杰,刘明宇. 模块化网络状产业链的知识分工与创新[J]. 当代财经,2006(4).

[168] 沈坤荣,赵博. TFP、技术选择与长三角地区的经济增长[J]. 江苏社会科学,2006(4).

[169] 舒元,才国伟. 我国省际技术进步及其空间扩散分析[J]. 经济研究,2007(6).

[170] 宋林飞. 长三角年鉴2007[M]. 南京：河海大学出版社.

[171] 统计署编著;李自杰等译. 奥斯陆手册[M]. 高昌林,等译. 北京：科学技术文献出版社,2011.

[172] 王红领,李稻葵,冯俊新. FDI与自主研发：基于行业数据的经验研究[J]. 经济研究,2006(2).

[173] 韦默主编;费方域,等,译. 制度设计[M]. 上海：上海财经大学出版社,2004.

[174] 卫兴华,孙咏梅. 转变经济增长方式与自主创新(学习贯彻中央经济工作会议精神)[N]. 人民日报，2007-2-2(9).

[175] 温军,冯根福. 异质机构、企业性质与自主创新[J]. 经济研究,2012(3).

[176] 沃尔特·罗斯托. 经济成长阶段[M]. 北京：商务印书馆,1962.

[177] 吴国栋. 南台湾纺织研发联盟,做度祭——展开周年庆活动暨会员大会[N]. 经济日报,2007-04-23，B11版.

[178] 向蓉美. 国民经济核算及分析[M]. 成都：西南财经大学出版社,2005.

[179] 谢燮,杨开忠. 中国城市的专业化和多样化特征[J]. 软科学,2003(1).

[180] 徐冬青. 提升自主创新能力与区域经济发展——以江苏为例[J]. 南京社会科学,2007(11).

[181] 徐咏梅,钟拥军. 基于Swarm的企业战略联盟的结构演化仿真[J]. 科技管理研究,2007(3).

[182] 许春,刘奕. 企业间研发合作组织模式选择的知识因素[J]. 研究与发展管理,2005(5).

[183] 杨其静. 企业成长：政治关联还是能力建设？[J]. 经济研究,2011(10).

[184] 杨煜,等. 区域研发联盟与经济增长方式转变：理论与长三角纺织业的实证. 科研管理,2010(5).

[185] 杨煜,张宗庆. 区域研发联盟中的政府：理论、台湾的案例及其对长三角地区的启示[J]. 科学学与科学技术管理,2009(9).

[186] 于培友等. 企业战略联盟中的知识转移[J]. 情报科学，2006(5).

[187] 张海洋. R&D两面性、外资活动与中国工业生产率增长[J]. 经济研究,2005(5).

[188] 张海洋. 人力资本吸收、外资技术扩散和中国经济增长[J]. 科学学研究,2005,23(1).

[189] 张辉. 全球价值链理论与我国产业发展研究[J]. 中国工业经济,2004(5).

[190] 张杰,周晓燕,李勇. 要素市场扭曲抑制了中国企业R&D？[J]. 经济研究,2011(8).

[191] 张军果,任浩. 供应链上下游企业合作研发博弈分析[J]. 华中师范大学学报(自然科学版),2007,41(2).

[192] 张明之,乔蔚虹. 基于区位竞争优势的产业竞争力：整合与升级[J]. 南京政治学院学报,2004(3).

[193] 章立军. 创新环境、创新能力及全要素生产率——基于省际数据的经验证据[J]. 南方经济,2006(11).

[194] 中国科技发展战略研究小组. 中国区域创新能力报告2005—2006 [M]. 北京：中共中央党校出版社，2002.

[195] 周必健. 对浙江高技术产业发展的五个解说[J]. 浙江经济,2007(6).

[196] 周黎安,罗凯. 企业规模与创新[J]. 经济学(季刊),2005.

[197] 周亚虹,贺小丹,沈瑶. 中国工业企业自主创新的影响因素和产出绩效研究[J]. 经济研究,2012(5).

[198] 朱恒鹏. 企业规模、市场力量与民营企业创新行为[J]. 世界经济,2006(12).

[199] 朱慧. 机制设计理论——2007 年诺贝尔经济学奖得主理论评介[J]. 浙江社会科学,2007(6).

[200] 朱有为,徐康宁. 中国高新技术产业研发效率的实证研究[J]. 中国工业经济,2006(11).

后　记

本书是教育部人文社会科学研究基地重大项目“长江三角洲区域研发联盟构建与提升自主创新能力研究”(07JJD790133)的成果。自2008年以来,我和我的课题组成员围绕长三角区域研发联盟进行了多方面的研究。在包括《管理世界》在内的国内刊物上发表了一系列研究论文,并围绕课题形成了三篇相关的硕士论文。本书就是在这些研究成果的基础上形成的。

各章的写作如下:第1章张宗庆、杨煜;第2、3章张宗庆、郭伟;第4章杨煜、张宗庆;第5章潘月、杨煜、张宗庆;第6、7章张宗庆、张寅;第8章张宗庆、高彦彦;第9章杨煜、张宗庆;第10、11章张宗庆、朱妮俊;第12章张宗庆、郑江淮。

我要特别感谢南京大学的刘志彪教授,他促使我开展了这项研究;特别感谢郑江淮教授及高彦彦博士对我的大力支持。值此成书之际,我要感谢我的课题组成员所做的工作,特别是杨煜博士自始就参与了课题的研究,在成书过程中又做了大量工作。

我要特别感谢东南大学的王兴平教授,他所领导的国家社科基金重点项目“中国创新型都市圈发展的路径设计与规划导控研究”,为本书的及时出版提供了经费支持。

感谢顾金亮教授的细心编审和辛勤工作,他所提出的许多建设性意见,对本书的完善助益良多。

张宗庆

2013.10